SFV

LUISE RINSER

WINTERFRÜHLING

1979–1982

Für Heribert Neufahrer
von Luise Rinser
nach Jahrzehnten des
Sich-Kennens!

10.10.82

S. FISCHER VERLAG

Satz und Druck: G. Wagner, Nördlingen
Einband: G. Lachenmaier, Reutlingen
Printed in Germany 1982
ISBN 3-10-066025-0

Winterfrühling

1979

Nicht für die Ewigkeit geschrieben. Viele meiner Leser beklagen, daß ich meine Kraft vergeude beim Schreiben von Tagebüchern. Bisweilen denke ich selbst, ich sollte den Rest meines Lebens darauf verwenden, meine »eigentliche« Arbeit zu tun: Erzählungen schreiben und Romane und auch Stücke. Ich habe viele Einfälle im Kopf, einige tragende Entwürfe sogar schon auf dem Papier, von einem Roman habe ich bereits siebzig Seiten geschrieben. Warum mache ich denn die Zeit nehmende Arbeit des Tagebuchschreibens? Weil auch dies zu meiner »eigentlichen« Arbeit gehört. Weil es eine Art ist, mit Menschen zu sprechen und zu leben. Weil ich in der Tagebuchform unmittelbar mit ihnen kommunizieren kann. Weil die Leser gerade der Tagebücher mir in Tausenden von Briefen sagen, was sie denken über das, was ich denke. Weil ich aus ihren Briefen erfahre, wie man heute lebt als Student, als Strafgefangener, als Hausfrau, als Bundestagsabgeordneter, als Fließbandarbeiterin, als Bundeswehrsoldat, als Schüler, als Theologe, als DDR-Bürger, kurzum: als Mensch von heute. Kommunikation, das ist mein Leben. Was kümmerts mich, was später aus meinen Büchern wird, ob noch einer sie liest, falls noch einer lebt. Auf Ruhm und Nachruhm pfeife ich. Hier und jetzt will ich leben und gelesen werden. Hier und jetzt will ich mich verschwenden. Ich werfe mit meinen Einfällen um mich, ich verstreue sie auf dem Marktplatz. Was wert ist, gefunden zu werden, wird gefunden werden. Was keiner brauchen kann, das wird der Zeitenwind verwehen.

Bolivien. Warum eigentlich habe ich diese Einladung angenommen? Ein fremder Leser, Deutscher, ehemals Geschäftsmann in La Paz, der mich zwei Jahre lang beharrlich einlud. Jetzt sitze ich da in einem Luxus-Bungalow. Noch

habe ich den Schock des plötzlichen Höhenunterschieds nicht ganz überwunden: der Flughafen liegt viertausend Meter hoch. La Paz liegt im Taltrichter, ich befinde mich schätzungsweise dreitausendfünfhundert Meter hoch, höher als die Zugspitze, der höchste Berg, auf dem ich je gestanden habe. Gestern früh war mir so elend, daß man mir die Sauerstoffmaske brachte. Und wer sie mir brachte! Ich hatte die Hausfrau in der Nacht der Ankunft nicht gesehen; der Hausherr, Herr X, hatte mich abgeholt am Flughafen. Er ist so sympathisch wie seine Briefe. Die Frau: ehemals Deutsche auch sie, Amerikanerin geworden, eine eisige Schönheit, die mich haßt, das ist sofort zu spüren. Aber warum? Ich bedanke mich für die Einladung. Sie sagt scharf: ICH habe sie nicht eingeladen.
Das ist der Empfang. Soll ich abreisen, in ein Hotel ziehen? Ich bin noch zu angegriffen, um mich zu irgend etwas entschließen zu können. Ich schaue aus den Fenstern. Vor mir der neuangelegte Garten. Ein Indio arbeitet. Auf dem Rasen stelzen rosabeinige Flamingos herum. Auf dem Nachbargrundstück baut einer der Söhne des Herrn X da ein großes Haus. Herr X hat eine Menge Kinder aus erster Ehe, aus der zweiten keines. Das schafft Probleme, scheint mir.
Hinter dem Haus eine seltsame Gebirgslandschaft. In der Nacht meiner Ankunft schien mir, als liege dort oben eine Stadt, ich sah deutlich einen gotischen Dom und hohe Türme und Mauern mit Zinnen. Es ist nichts als zerklüfteter Sandstein, von der Erosion ausgewaschen. Phantastisch.
Das Indiomädchen holt mich zum Frühstück. Herr X freut sich, daß es mir schon wieder gut geht.
Das Haus ist wunderbar, wenn man Luxus mag. Überall stehen Silbersachen, schön gearbeitete, alte Stücke. Das ist spanische Arbeit.
Herr X sagt: Bolivien war reich an Silber und Gold.
Ja, sage ich, das war einmal.
Herr X nimmt mich mit nach La Paz hinunter. Da hat er sein Geschäft, ein Warenhaus, voll von Kram. Wer kauft das

Zeug? Diese kitschigen Lampenschirme, die billigen Kühlschränke, den Blech- und Glasschmuck, das schlecht gearbeitete Kochgeschirr? Die Reichen kaufen das nicht. Wer also? Die Indios. Für die Indios also die Ausschußware. Und brauchen sie derlei? Man redet es ihnen ein. Man lockte sie an mit diesem Kram. Sie kaufen. Im ›Spiegel‹ las ich einmal: »Bolivien fest in deutscher Hand«. Herr X arbeitet nicht mehr im Betrieb, das wird mir klar, er kommt aber täglich in sein Büro, liest und schreibt ein paar Privatbriefe, begrüßt seinen Sohn, der jetzt der Leiter ist und der, das muß mir auffallen, recht unfreundlich zu seinem Vater und noch unfreundlicher zu mir ist. Ungut ist das alles.

Herr X hat mir in seinen Briefen viele Male von den »Islas Verdes« erzählt: seinem Versuch, den Indios zu helfen, die sich selber nicht helfen können oder nicht mehr helfen wollen nach so langer Zeit der Unterdrückung und Ausbeutung durch Spanien, die USA, die BRD.

Wir fahren auf den Altiplano. Grenzenlose baumlose Hochebene. Wir fahren auf verwachsenen alten Wagenspuren oder einfach quer über Steppenland mit fast ausgetrockneten Flußbetten. Hie und da an den Boden geduckt Indiohütten. Kein Dorf. Wir sehen die Reste einer Inka-Tempelanlage: das Sonnentor, Tiahnanaka. Die Sonne brennt herunter, von den Anden her streicht ein kalter Wind. Die uralten Mauern aus einer reichen Zeit, in denen große Götter verehrt wurden. Und daneben ein Indiodorf, das einzige, das wir sehen auf der Ebene. Ein armes Dorf.

In der Nähe treffen wir bei einem Halt eine Frau mit ein paar Schafen. Ein ganz junges ist dabei. Ich möchte es streicheln. Um Gottes willen, nicht, sagt Herr X, das hat schon einmal eine Europäerin getan, mein Gast, und es gab eine Hexenjagd. Warum? Weil es dem Tier Unglück bringt, von einem Fremden berührt zu werden. Es hat den Indios immer Unglück gebracht, mit Europäern in Berührung zu kommen. Einmal waren die Indios reich und mächtig, da kamen die Spanier und

nahmen ihnen alles weg: ihr Gold, ihr Silber, ihr Ebenholz und ihre Menschenwürde. Jetzt wissen sie kaum mehr, wer sie sind. »Identitätsverlust«.
Herr X will ihnen Gutes tun, nicht mit Almosen und auch nicht mit staatlicher »Entwicklungshilfe«, sondern konkret mit seinem eigenen Geld und mit seinem eigenen Einsatz an Liebe. Er hat seit langem den Plan, da oben auf der Hochebene, in Yanamuyo, ein Indiodorf zu gründen. Bis jetzt stehen da ein paar Häuser, ein Kirchlein und ein großer Stall für die Schweinezucht. Die Schweine sind mager. Es ist zu kalt für sie auf viertausend Meter Höhe. Und Kartoffeln und Getreide, womit sie gefüttert werden, wachsen auch schlecht da oben. Warum nützt man die Sonnenenergie nicht? Warum wendet man die Ergebnisse der Versuchsfarm nicht an, die wir sahen bei La Paz? Da hat man doch gelernt, Sorten zu pflanzen, die den schroffen Wechsel von Tageshitze und Nachtfrost ertragen. Und was man in Sibirien kann, das muß man doch auch hier können, oder? Das Problem liegt nicht da. Das Problem sind die Indios selbst. Sie wollen nicht arbeiten, nicht in der Landwirtschaft, sie gehen, wie überall auf unserer Erde, lieber in die Fabriken, in die wenigen Städte, da arbeiten sie stumpf vor sich hin und haben keine Verantwortung. Oder sie machen Heimarbeit, vergeben von ausländischen Firmen, oder sie arbeiten in den Häusern der Reichen als Dienstboten, da haben sie ein sicheres Leben. Außerdem trinken sie. Ihre Gesichter sind wie die von Schlafwandlern. Ihre Intelligenz ist eingeschlafen, und niemand weckt sie, denn es wäre gefährlich für die herrschende Klasse, wenn die Indios begriffen, daß sie Sklaven sind, ausgebeutet von Ausländern und den mit Ausländern versippten einheimischen Reichen.
Die Indios sind mißtrauisch, wenn ein Weißer ihnen etwas Gutes tun will, sie wittern es, daß man Geschäfte machen will auf ihre Kosten. Herr X will das nicht, er nicht, er hat nur Verluste bis jetzt, und er weiß, daß er nie einen Gewinn für sich herauswirtschaftet. Er hat ein großes Stück Land da oben

gekauft, ein Europäer hat es ihm verkauft, ehe es der Bodenreform anheimfiel, die vor einiger Zeit unter einem vorübergehenden sozialistischen Regime stattfand. Herr X schenkte das Land den Indios, einer Kooperative, und begann mit ihr zu arbeiten. Rodung, Düngung, Umzäunung, Bau einiger Häuser, der Anfang des geplanten Runddorfes. Im Verwaltungsgebäude sehe ich den Plan, er ist sinnvoll.

Warum eigentlich macht Herr X das? Er ist doch Geschäftsmann, und so einer macht doch nichts Unrentables!? Seine Frau und die Kinder aus erster Ehe halten ihn für verrückt. Sie wollten ihn entmündigen lassen. Sie brachten ihn in eine Nervenheilanstalt. Da schrieb er an alle Wände »Islas Verdes«, Grüne Inseln, Inseln der Hoffnung. Man ließ ihn wieder heraus, aber man hält ihn weiter für einen Wahnsinnigen, der sein Geld sinnlos vergeudet an diese Indios, diese Untermenschen. Die Kämpfe mit seiner Familie haben Herrn X einen Herzinfarkt eingebracht. Und jetzt begreife ich den Haß seiner Frau mir gegenüber: sie sieht in mir eine Bundesgenossin des Wahnsinnigen. Recht hat sie: ich bin auf seiner Seite. Er ist ein Sozialist im Kapitalistenpelz. Er hat ein schlechtes Gewissen, das ein so gutes ist, daß ich ihn dafür liebe. Er und seine Sippe haben schon viel Geld herausgeholt aus diesem Land und in Europa in Sicherheit gebracht, für den Fall einer jederzeit möglichen Revolution. Jetzt aber, für den Rest seines Lebens, will Herr X das gutmachen an den Indios, soweit er kann. Warum hat er mich so beharrlich eingeladen? Jetzt verstehe ich: er will, daß ich darüber schreibe. Ich verstehe: das ist nicht nur ein Akt der Selbstbestätigung und sublimer Eitelkeit, das ist wirklich ein Zeichen, ein Aufruf an andre. Eine machtlose Stimme in der Welt des brutalen Kapitalismus. Man belächelt den Mann, aber man hat ihn gern. Ein Don Quijote, sagen die Deutschen von La Paz. Seine Frau mag man nicht, sie ist die typische nordamerikanische Reiche. »Ich bin sehr beschäftigt«, sagt sie zu mir. »Am Montag ist Bridgeclub, am Dienstag Konzert, am Mittwoch Treffen der Nordameri-

kanerinnen, am Donnerstag Reiten, am Freitag Einkaufen, am Samstag literarischer Zirkel . . .« Sie spricht für viele ihresgleichen.
Wir machen eine Fahrt über Land, auf der ganz neuen Autostraße von La Paz zur Peruanischen Grenze. Unser Ziel: der Titicacasee. Den gibt es also wirklich! Natürlich sah ich ihn auf der Landkarte gezeichnet, aber das ist ein andrer See als der, den ich seit meiner Schulzeit im Sinne habe; der liegt auf jener Landkarte, auf der magische Orte verzeichnet sind, solche, die es nur in der Phantasie gibt. Was für ein zauberisch fremder Klang: Titicacasee. In den Indianergeschichten las ich, daß es dort Schilfboote gibt, ganz ohne Holz und Nägel gemacht, wirklich nur aus Schilf geflochten, wasserdicht, sicher und schön. Und jetzt stehe ich also an diesem See und er ist so zauberisch wie in meiner Kinderphantasie. Da liegt er kobaltblau zwischen flachen grünen Schilfufern unter einem unermeßlich großen blauen Himmel. Regungslos das Wasser. Stille, die man hört. Und da sind also die Schilfboote. Es ist seltsam, wenn es einmal glückt, eine lang und still gehegte Vorstellung mit der äußern Wirklichkeit zur Deckung zu bringen. Groß ist dieser See. Daß nur ein sehr kleiner Teil zu Bolivien gehört, der größere zu Perú, das ist mir gleichgültig. Ich sehe keine Grenze. Die Ufer dehnen sich weit hinaus. Grenzenlos.
Schon längere Zeit, während ich so am Ufer sitze, fühle ich eine Unruhe in der unbewegten Luft. Plötzlich höre ich etwas, eine Art Musik, scheint mir, aber es ist, als klinge die Landschaft, als kämen Töne aus der Erde. Was ist das? Heute ist Allerseelen, sagt Herr X, das feiern die Indios auf ihre Art, Sie werden sehen. Die Musik kommt näher, jetzt unterscheide ich den dumpfen Klang einer großen Trommel, den hellern scharfen einer kleinen, und die schrillen Töne kleiner Flöten. Da kommen sie den Hügel herunter, eine ganze Prozession von Indios in Feiertagstracht, die Frauen mit ihren steifen runden schwarzen Hüten und ihren weiten bunten Röcken, die Män-

ner in ihren Ponchos. Sie ziehen auf einen kleinen Friedhof zu, der vor einer längst verlassenen Kirche liegt. Über den Grabhügeln sind Zelte aus Zuckerrohr errichtet. An Stangen hängen Girlanden von Zwiebeln und Orangen; die kommen aus dem Südosten, aus dem Regenwaldgebiet, der tropischen Zone, dort, wo der deutsche Pater Augustin haust, der mich eingeladen hat dorthin. Aber daraus wird nichts, sagt Herr X, denn dort ist um diese Zeit immer das Fieber, es sind die Ratten, die die Krankheit übertragen, sie kommen aus dem Urwald, wenn die Indios die Speisen für die Toten auf die Gräber legen. Hier sind noch keine Ratten, nur Hunde und Kinder, die sich ihren Anteil an den Totenopfern holen. Die Indiofrauen mit ihren weiten Röcken hocken wie Gluckhennen zwischen den Gräbern. Die Musik geht weiter, aufreizend monoton, immer nur ein paar Klänge, immer der gleiche Rhythmus, man wird betäubt davon, als hätte man getrunken. Die Indios trinken ihren selbstgebrauten Zuckerrohrschnaps, es ist Fusel, sehr stark und gefährlich, und er macht aus den stumpfen Indios aggressive Wilde. Gehen wir, sagt Frau X, die Angst hat vor ihnen. Gehen wir, die schauen schon zu uns her, sagt sie. In der Tat: sie schauen her, und ich bilde mir ein, sie überlegen, wen von diesen drei Europäern, diesen unbefugten Zeugen uralter Riten, sie den Göttern opfern sollen. Gehen wir, sagt auch Herr X, wenn sie betrunken sind, werden sie wirklich gefährlich. Wir fahren also weiter. Aber die Musik verfolgt uns, sie vervielfacht sich: überallher kommen nun solche Prozessionen mit ihrer eigenen Musik, die Landschaft ist voll von diesen dumpfen und schrillen Tönen. Unendliche Wiederholung. Es ist immer eine Familie, ein Clan, der da auf seinen Friedhof pilgert. Diese kleinen Friedhöfe sieht man sonst nicht, sie sind versteckt in Erdmulden, aber jetzt erkennt man, wo sie liegen, denn dort ist plötzlich ameisenhafte Bewegung.

Diese Musik, warum greift sie einen so an? Herr X sagt, das ist eine alte Inkaweise, der Ruf der Sehnsucht nach den alten

Göttern, die dem Volk einst so großes Glück gewährten, ehe die Spanier kamen mit ihren Priestern, ihrem fremden Gott, ihren fremden Waffen, da zogen die alten großen Götter fort, die Armut kam, und sie blieb. Aber eines Tages kehren die alten Götter zurück, die wahren Götter . . . Diese Musik ist Beschwörung und heißes Gebet.
Auf halbem Weg nach La Paz kommt uns mitten auf der Autostraße so eine Prozession entgegen, schon aufgelöst, schwer betrunken, alle taumeln und tanzen torkelnd zur wildgewordenen Musik, an der Spitze tanzt einer, der ein gebratenes Schwein an einem Stock über der Schulter trägt. Im Tanzen trinken sie weiter. Herr X fährt an den Straßenrand, er hat Angst. In diesem Zustand, sagt er, sind sie zu allem fähig. Aber sie ziehen vorbei, ohne Notiz von uns zu nehmen.
In La Paz sehen wir von der oberen Straße aus einen kleinen Friedhof, wir schauen von oben hinein. Ein Anblick wie nach der Auferstehung der Toten: leere Grüfte, zerborstene Grabsteine, zerwühlte Gräber. Dazwischen die Indios, ganze Familien, die dort auf den Gräbern ihr Essen ausbreiten für die Toten und die Lebenden. Gespenstermahl.
Plötzlich schäme ich mich, hier zu stehen, europäisch nüchterne Beobachterin, Eindringling, Angehörige jener Religion, die hier mit finsterm Fanatismus das schöne Alte zerstört hat. Diese armseligen Gestalten da unten, diese Armut, diese Erniedrigung eines einst so starken stolzen Volks, das alles haben WIR auf dem Gewissen, wir christlichen Europäer. Mein Gott, was wir alles verdrängen müssen, um überhaupt noch leben zu können.
Ich bin umgezogen zum deutschen evangelischen Pastor Dümchen, ich ertrug einfach den Luxus im Hause X nicht mehr. Herr X ist traurig, aber er versteht mich. Die Dümchens haben ein hübsches Pfarrhaus, aber es ist brechend voller Menschen: das Ehepaar und drei eigene Kinder, dazu zwei Indiokinder, die sie vorm Hungertod gerettet hatten, dazu ein Vietnamkind, dazu Teresa, eine Einheimische mit ihren bei-

den unehelichen Kindern, und die alte Köchin. Und nun noch ich. Aber da ist immer ein Platz übrig. Es geht sehr einfach zu, aber friedlich und heiter. Das ist ein Modell für ein Pfarrhaus, für ein christliches Haus. Und es geht gar nicht fromm zu, nur Tisch- und Abendgebet werden eingehalten, aber zwanglos. Wer nicht mitbeten und mitsingen will, muß still sein und respektieren, was die andern tun. Am Abend kommen Gäste: ein deutscher Entwicklungshelfer, der auf eigene Faust und eigene Kosten arbeitet, und die Leiterin von Amnesty International, eine Spanierin, die schon im Gefängnis war, sie erzählt mir von den tapferen Frauen der Bergarbeiter, und sie sagt auch: Sie müssen nach Miljuni fahren, zu den Zinnbergwerken.

Ein Ausflug also mit dem Ehepaar Dümchen, Herrn X und seinem Aymara-Chauffeur. Ein Ausflug . . . So beginnt die Fahrt: wir fahren bergauf, immerzu bergauf. Dann sind wir auf der Hochebene, viertausend Meter hoch. Die Anden sind verschneit. Der wunderbare Illimano, das Wahrzeichen Boliviens, der Berg, der wie ein sitzender großgeflügelter Adler aussieht, leuchtet. Die Anden oder Kordilleren, so klingts mir aus der Schulzeit her. Da mußten wir die Gebirge der Erde auswendig lernen.

Die Sonne steht brennend am wolkenlosen Himmel. Hier gibts keinen Städtedunst, keinen Fabrikqualm, die Luft ist klar und scharf, nichts hindert die Sonne, ihre volle Macht zu zeigen. Die Sonne und die Stille . . . »Numen adest«. Hier sind Götter, hier ist der Gott. Diese nackte Hochebene ist ehrfurchtgebietend. Der Atem stockt einem.

Es hat geschneit, aber der Schnee schmilzt schon wieder. Überall kleine Rinnsale, die wie Silberadern blinken. Der Schnee blendet mächtig. Alles hier oben ist ganz für sich, nicht für den Menschen. Sehr abweisend ist das. Kalt und heiß in Einem. Unerträgliches Licht.

Hinter dem ersten Hügel zwischen dem Altiplano und den Anden, den Siebentausendern, eröffnet sich eine Dantesche

Höllenlandschaft: eine flache Talmulde mit einem seichten See, schwefelgelb, giftiggrün, lehmbraun, stumpf grau gefleckt. Totes Wasser. Abwasser aus dem Zinnbergwerk, hineingemischt ins hellgrün ankommende Schmelzwasser der Andengletscher. An den Ufern wächst nichts. NICHTS. So wird unsre Erde aussehen, wenn wir sie vollends umgebracht haben. Wohnen da Menschen? Können da Menschen wohnen? Das ist eine Gespensterzone.
Zwischen See und Gebirge liegt ein Hügel, er versperrt die Aussicht. Auf dem Hügel ein Heer von kleinen Kreuzen, schwarz gegen den brennend blauen Himmel: der Friedhof. Hier wird viel und früh und elend gestorben. Hier wohnen mehr Tote als Lebende. Die Kinder sterben bald nach der Geburt, die Männer mit dreißig an der Staublunge. Auf dem Friedhof kauert neben einem frischen Grab eine junge Indiofrau. Unser Aymara-Fahrer spricht sie an in ihrer Sprache. Er sagt, sie sei eine von denen, die teilgenommen haben an der großen Demonstration der Frauen in La Paz. Ja, sagt sie, das haben wir erreicht, das schon, wir bekamen unsre Männer frei, als man sie bei einer Demonstration festgenommen hatte, aber das ist auch alles, und alles blieb wie es immer war: Ausbeutung, Hungerlöhne, Krankheiten, Elendsquartiere, keine Renten, keine ausreichenden Versicherungen. Unsre Männer arbeiten im Turnus von acht Stunden in den Zinnminen, ihre Lungen füllen sich mit Staub, sie können nichts essen, während sie arbeiten, sie kauen Colablätter, das stillt Hunger und Durst, aber es ist eine Droge, wenn sie herauskommen aus den Schächten, haben sie die Backen voller zerkauter Blätter und sind wie betrunken, und mit dreißig liegen sie hier. Man sagt, daß wir unser Schicksal selbst in die Hand nehmen müssen. Aber wie? Revolution? Sie lacht bitter. Eine Regierung wechselt die andre ab, die eine ist faschistisch und tut Böses, die andre ist ein bißchen links und tut nichts Gutes, und so gehts weiter, ewig weiter. Warum wir nicht wegziehen? Wohin, bitte? In die Stadt, in den Fabriken arbeiten? Es

gibt Arbeitslose genug dort. Für uns ist überall die Hölle. Wem gehören diese Zinnbergwerke, die einmal Silberminen enthielten? Dem Staat? Oder einer privaten Firma? Ach, das ist ganz gleich, beide beuten aus.
Das Dorf, die Siedlung, mein Gott, ich habe die Slums in Seoul gesehen und in Indonesien, in Djakarta, und in Dublin und in Rom, bei uns daheim. Aber dies hier! Um einen lehmigen Platz in Hufeisenform die Hütten aus Wellblech und Stein, eine an die andre geklebt, als gäbe das Schutz. Ein Dauer-Provisorium. Jede Hütte hat zwei Räume, unbeheizbar, obwohl Bolivien Erdgas hat in Fülle. Keine Dusche, kein laufendes Wasser im Haus, draußen ein Hydrant mit einem Trog, da waschen die Frauen ihre Wäsche, das Wasser ist eiskalt, die Frauen haben blaurote Arme, daneben hocken kleine Kinder auf dem kalten Erdboden, Rotzglocken unter den roten Nasen, blaurot im Gesicht, stumpf an irgend etwas kauend. Noch leben sie.
Es gibt ein kleines Krankenhaus mit einem Arzt und einem Pfleger. Es ist sauber. Aber die Apotheke hat außer Aspirin und billigsten Medizinen für den Notfall nichts. Der Arzt, noch jung, ist resigniert. Er klagt nicht einmal mehr, er stellt nur fest, was ist. Das IST eben so hierzulande.
In der ganzen Siedlung gibts kein Klo, auch nicht das primitivste. Die Leute müssen aufs freie Feld, auch nachts, auch bei Eiswind. Im Hause der X's gibt es vier Bäder und vier Klos, und alles ist so schön warm durchgeheizt, und die Speisekammer ist brechend voll. Zwei Arbeiter kommen auf einem Motorrad aus La Paz, sie haben Zeitungen, sie verstecken sie vor uns. Kommunistische? Ich weiß nicht. Sie fürchten uns, das ist klar, und wirklich, was zum Teufel wollen wir hier, wo wir doch nicht helfen können.
Du sollst nicht töten, du sollst keine Revolution machen . . .
Wer einmal in so einem Ort war, der kann nicht mehr weiterleben wie bisher. So eine Erfahrung ritzt scharfe Spuren und macht einem zum Fremden in der Bürgerwelt.

Fahrt nach Sucre, das ist die frühere, die alte Hauptstadt, sehr schön, leuchtendweiße Häuser im spanischen Kolonialstil. Häuser Reicher, hier lebt sichs besser als in La Paz. Wir sind eingeladen im Haus eines eingewanderten Italieners, reich geworden hier. Er führt uns ins Museum, da gehen Geister um, sagt er in allem Ernst, es gibt Nächte, in denen man hier Waffengeklirr hört, Wissenschaftler haben die Sache untersucht, ohne Ergebnis, die Waffen klirren weiter. Viele Zeugen gibts dafür. Wen kanns wundern, wenn hier die alten Mörder, die Eroberer, nicht zur Ruhe kommen.
Von Sucre aus fahren wir mit dem Jeep des Italieners noch höher, immer noch höher. Nichts mehr als Steinfelder und Schafweide. Ganz oben, wo mans schon nicht mehr erwartet, ein Dorf. Markttag. Was gibts zu kaufen? Indio-Handarbeiten, Ponchos, kleine Taschen, handgewebt. Frauen hocken in schwarzen Klumpen auf der Erde. Eine stillt ein Kind, ich schaue hin, sie zieht sofort das Tuch über das Kind und schaut mich finster an. Europäer haben den bösen Blick, Europäer sind immer Feinde . . . Ich bitte durch eine Geste um Verzeihung. Jetzt lächelt sie ein wenig. Um Frieden zu stiften, bedarf es nur der Liebe. NUR.
Hier kaufe ich für Stephan eine Charanga: eine Art Mandoline, deren Resonanzboden die Rückenschale eines Gürteltiers ist. Der Klang ist faszinierend.
Wir treffen einen deutschen Entwicklungshelfer. Er haust hier allein mit einer Indio-Haushälterin. Er versucht, den Indios rationelle Methoden der Bodenbebauung beizubringen. Viel Erfolg hat er nicht, sagt er. Aber er ist gern hier. Er hat Bücher und Schallplatten, er hat seine europäische Welt ohne deren Mängel. Ein Einsiedler.
In der Universität La Paz. Man hat mich eingeladen zu einem Gespräch mit Studenten und Lehrern. Die Uni sieht aus wie die Sorbonne [Nanterre] 1968: die Wände vollgeklebt mit selbstgemalten Plakaten, mit revolutionären Parolen, der Boden dick bedeckt mit weggeworfenem Papier, abgerissenen

Plakaten. Die nachgeholte, die endlich mögliche Studenten-Unruhe. Für kurze Zeit haben sie eine linke Regierung, die das alles erlaubt. Vor der Uni stehen drei »Linke«. Auf dem Plakat des einen ist Hammer und Sichel und Lenins Bild, auf dem des anderen Trotzkis Gesicht, auf dem des dritten das Mao Tse Tungs. Unter den Marxisten gibts viele Spaltungen und Unterspaltungen: unter den Trotzkisten allein gibts drei verschiedene Gruppen. Wie soll da etwas herauskommen, etwas Konkretes zum Wohl des Landes? Gerede, Gerede. Auch das Gespräch mit den Studenten gibt wenig her. Einig sind alle in der traurigen These, daß das bolivianische Volk nicht reif sei zur Demokratie und auch nicht zur Revolution. Mir will scheinen, das sei die Ausrede dafür, daß die Intellektuellen den politischen Kampf nur halbherzig betreiben. Aber wie denn könnte man die Indios aktivieren, die zumeist noch Analphabeten sind in abgelegenen Gebirgsdörfern? Nun: haben die Demonstrationen der Frauen nicht zumindest die Freilassung der Streikenden erreicht? Wer sagt, daß nichts erreicht werden kann in diesem Land? Natürlich: es ist schwer, denn Bolivien gehört nicht den Indios. Das ist klar. Was wir brauchen, sagen viele hier, das ist ein guter Diktator, der unser Vertrauen hat und Ordnung schafft.
Der gute Diktator, der große Führer, der große Bruder, der zessias . . . Der alte Traum.
Einladung zu einem Filmabend mit Büfett. Einlader ist die bolivianisch-koreanische Vereinigung. Koreanisch? Südkoreanisch natürlich, was denken Sie denn? Nordkorea ist eine furchtbare marxistische Diktatur. Und Südkorea, was ist das? Nun, ein Land, mit dem wir Freundschaft haben. Freundschaft? Ja, wißt ihr denn nicht, was dort geschieht? Greuelmärchen, von Nordkorea verbreitet. Ach so . . . Der Film ist natürlich schön. Wie ich das alles kenne von meiner Reise her, diese herrlichen Landschaften im Frühling, im Herbst, die schönen Mädchen auf den Schaukeln in der Luft fliegend, die schönen Trachten, die schönen Tänze, die schönen Hotels mit den schönen Frauen, den teu-

ren Edelhuren für die Devisenausländer . . . Und wo sind die Gefängnisse für die Studenten, die Regimegegner, wo sind die Dörfer mit den Armen, wo sind die Kinder mit den Hungerödemen, wo die Folterkammern, wo die Angst des Präsidenten Park Chang Hee vor den präsumptiven Mördern, wo die Angst des Volks vor dem Geheimdienst, wo ist Kim Chi Ha, der gefolterte und eingesperrte lungenkranke Dichter? Wo sind meine Freunde, die verhafteten Universitätsprofessoren, die Christen . . . Wo?

Ich gehe hinaus. Ich verzichte gern auf das reiche Büfett. Mir hats den Appetit verschlagen. Draußen treffe ich einen deutschen Jesuiten, der auch Südkorea kennt. Wir reden uns unsern Zorn von der Seele.

Hernach versuche ich mit Herrn X darüber zu reden. Er wehrt ängstlich ab. Wir wollen doch Geschäfte machen mit Südkorea, wir brauchen es. So gehts also: Geschäft, Geschäft.

Ja aber . . . Er läßt mich stehen und gesellt sich zu Geschäftsfreunden am Büfett.

Gang durch die Stadt La Paz. Die Altstadt liegt im Talkessel, wie die Villen der Reichen zumeist auch, denn je weiter unten, desto erträglicher das Klima. Die Armen, die wohnen in Hütten an den Berghängen, die sehen wie räudig aus von der unkontrollierten Anhäufung miserabler Baracken und Lehmhütten und Wellblechschuppen. La Paz hat nur wenige ebene Plätze. Man muß steile enge Straßen hinauf- und hinuntersteigen. Das sagt sich so einfach: es ist sehr anstrengend, denn die Luft ist sauerstoffarm, jede schnelle Bewegung macht Atemnot. Darum gehen die Indios so langsam, darum bleiben sie so oft stehen, und darum haben sie so pflaumenblaue Gesichter. Ich habe auch schon blaue Backen.

In der Altstadt gibts viele kleine Lädchen und Büdchen. Sonderbare Sachen gibts da: viele Arten getrockneter Wurzeln, die mir Alraune zu sein scheinen, und was ist denn das da? Das sind getrocknete Lama-Embryos. Was macht man mit ihnen? Niemand erklärt es mir. Natürlich gehört das alles zu magischen Praktiken. Man ist ungeheuer abergläubisch hier. Ich will etwas kaufen von diesen Sachen, von den Kräutern und dem Weihrauch. Die Frauen, die mein spanisiertes Italienisch recht gut verstehen, schütteln die Köpfe und wehren ab: mir, der Ausländerin, verkauft man nichts.

Herr X erzählt mir nachher von einem Erlebnis: Er ist über den Altiplano geritten und sah plötzlich einen Baum mit zwei dicken Ästen, zwischen denen etwas ausgespannt war: ein ausgeweideter Hund, im Innern Kinderkleider und Kräuter und Münzen. Er begriff sofort: ein Mann hat das Kind seines Feindes verhext, indem er sich der Kleider bemächtigte. Daß er seinen Hund opferte, obwohl man Hunde hier abgöttisch liebt, bedeutet, daß ihm ungemein viel lag an dieser Sache. Ein Racheakt vermutlich.

Und die Lama-Embryos? Das soll ich noch erfahren.

Mir fallen die vielen Bettler auf, die, einer neben dem andern, auf den Treppenstufen vor den Kirchen hocken. Meist daneben eine andre Person, vor allem Frauen, die aber nicht betteln.

Herr X sagt: Die Bettler sind Blinde.

Soviele Blinde? Die Folge einer Krankheit? Lepra zum Beispiel kann zur Blindheit führen, ich sah das in Südkorea in einer Lepra-Station.

Die Bettler haben verkrüppelte Hände, das stützt meine Annahme. Aber nein, sagt Herr X, das sind Opfer ihres Leichtsinns: die Bolivianer lieben Feuerwerk, aber sie sind unvorsichtig und verbrennen sich die Hände und blenden die Augen.

Warum glaube ich das nicht? Ich frage später unsern Aymara-Chauffeur, mit dem mich eine Art stiller Freundschaft verbindet. Die Unterdrückten wittern in mir sofort die Bundesgenossin. Auf diese Weise erfahre ich vieles. Jetzt erfahre ich den wahren Grund der Blindheit: das sind lauter Minenarbeiter, die bei den Sprengungen Schaden litten. So also ist das. Weiß Herr X das nicht? Er wirds nicht wissen wollen.

Und was tun die Blinden eigentlich? Sie betteln nicht wirklich. Nein, sie sind Hellseher, sagt mein Aymara-Freund. Hellseher?

Ja, aber keine guten, gute sind ganz selten. Wollen Sie einen kennenlernen?

Am nächsten Tag bringt er mich (Herr X ist auch dabei) in einen abgelegenen Winkel der Stadt. Da sitzt auf einem Mäuerchen so ein Blinder, neben ihm eine Indiofrau. Der Blinde hat ein Kreuzchen an einer Kette um den Hals, das nimmt er auf, küßt es, hebt es an die Stirn, dann murmelt er etwas. Die Frau steht auf, legt einen Geldschein neben den Blinden. Jetzt sind wir an der Reihe. Zuerst Herr X. Drei Fragen darf man stellen, sie müssen präzise sein. Herr X fragt, ob er sein Unternehmen auf dem Altiplano weiterführen soll. Der Blinde drückt das Kreuz auf den Mund und auf die Stirn, lauscht oder schaut nach innen, sagt dann entschieden JA. Aber warum, so fragt Herr X, gedeiht es nicht recht? Weil, sagt der Blinde, Unfrieden dort ist zwischen leitenden Männern. Stimmt. Und was muß ich tun, damit alles besser geht? Dieses Mal antwortet der Blinde überraschend mit einer Frage: Hast du der Patschamama geopfert? Herr X ist bestürzt: er hat es nicht getan, er wird es sofort tun. Was bedeutet das, wer ist die Patschamama? Sie ist die Erdgöttin, die Große Mutter, die Madonna auch. Wer ein Haus baut, muß ihr opfern: zum Grundstein gehört ein Lama-Embryo, dazu etwas Goldenes für die Sonne, etwas Silbernes für den Mond, und Kräuter. Warum der Embryo? Weil es etwas sein muß, das das Tageslicht noch nicht sah. Etwas aus dem Mutterschoß Geschnittenes.

Glaubt Herr X an derlei? O ja, alle Bolivianer, auch die in Europa erzogenen, sind abergläubisch. Ein Freund, Mathematiker, sagt, wenn man einem Hund, der Geister sieht, den Schlafsand aus den Augen reibt und die eigenen damit bestreicht, kann man auch Geister sehen. Und wie weiß man, wann ein Hund Geister sieht? Haben Sie noch nie bemerkt, daß Hunde oft stundenlang auf einen Punkt starren? Doch, mein Hund Vanno tat das auch: er starrte einmal einen ganzen Tag an die Zimmerdecke, bis ich ganz verrückt war. Er hat da etwas gesehen, zweifellos. Aber was?

Nun bin ich dran mit den Fragen an den Blinden. Was soll ich fragen? Ob meine Söhne ihren Lebensweg gut machen. O ja, da brauchen Sie keine Sorge zu haben. Herr X souffliert: Ob Sie noch mal heiraten? Es kommt noch ein Mann, ja, spät, und glücklich. Na schön. Mir ist wichtiger, daß er auf meine Frage, wie mein Lebensabend sein wird, antwortet: friedlich.

Aber wieso ist dieser da ein echter Hellseher, die andern nicht? Mein Aymara-Freund erklärt es mir: Der ist nicht im Bergwerk blind geworden. Sondern? Wenn bei einem Gewitter ein Mensch auf der baumlosen Hochebene geht, trifft ihn der Blitz, weil er der höchste Punkt ist. Die meisten Getroffenen sterben sofort. Wenige überleben. Aber dann sind sie blind. So ein vom Blitz Geblendeter ist dann ein echter Hellseher.

Saulus, vom göttlichen Blitz getroffen, wurde blind für drei Tage, er sah den Christus und wurde zu Paulus. Blindheit und Hellsichtigkeit: auch bei Teiresias, dem griechischen Sänger und Weissager.

Der Pastor Dümchen schenkt mir so ein Kreuzchen, wie es dieser Hellseher trug. Der Christuskörper ist kaum mehr zu erkennen, er ist abgegriffen von Indiohänden, abgeküßt in der Not.

Hier stürze ich wieder einmal in den Abgrund: der Christus, geholfen hat er den Indios nicht, er gab keine Arbeit, kein Brot, keine gute Regierung. Einmal, sagte Herr X, hatte Bolivien eine sozialistische Regierung, sie hat Land aufgeteilt an die Indios, ist das nichts? Aber die Indios, sie tun ja nichts mit dem Land.

Ja, sage ich. Der alte Schah, der Vater von Reza Pahlewi, hat auch eine Bodenreform gemacht im Iran, und das war dann alles. Maschinen hätte er dazugeben müssen, für ein gutes

Bewässerungssystem hätte er sorgen müssen. Was tut ein Kleinbauer mit einem Stück armen Lands, wenn er kein Wasser und keine Maschinen hat? Er verkauft das Land an einen, der Geld hat. Das ist wieder ein Großgrundbesitzer. So kommt das Land wieder an den ersten Herrn zurück. So bleibt alles beim alten. Die Regierung kann sagen: Wir haben die Bodenreform gemacht, aber diese faulen Leute arbeiten ja nicht, wozu also Reformen, das Volk will sie ja gar nicht.
Ich, sagt Herr X, gebe meinen Indios da oben nicht nur Land, sondern Maschinen und Anweisungen. Aber es ist wirklich eine Sisyphusarbeit.
Herr X, sagen Sie mir: könnten die Bolivianer eine echte Revolution machen? Mir scheint, der Aufstand der Bergarbeiterfrauen unter der Führung dieser tapferen Noema Vizzier war eine Probe. Ich las ihr Buch ›Wenn man mir erlaubt zu reden‹ in Deutsch.
Ach, sagt Herr X, das war eine Episode.
Ich bin dessen so sicher nicht.
Wir schauen während des Gesprächs von oben auf die Stadt hinunter: La Paz. Ihr ganzer Name ist: Ciudad de Nuestra Señora de la Paz. Die Stadt unserer Frau vom Frieden.

Afghanistan. Im TV ein Schnappschuß, vermutlich unbeabsichtigt inmitten eines Berichts vom Kriegsschauplatz: die Wüste weithin, in der Bildmitte, weit weg, ganz klein, ein zerschossener verlassener Panzer, und ganz vorn am Bildrand ein Vogel, der eine Taube sein kann.

Aufstiegschancen. Ein Sonnenstrahl, der durch eine Spalte meines Fensterladens fällt, zeigt mir Tausende tanzender Staubkörnchen. Wären meine Augen hundertmal schärfer, sähe ich Millionen noch winzigerer Gebilde. Die Luft ist voll von ihnen. Ich lebe mit ihnen in immerwährender engster

Gemeinschaft. Ich frage mich: bewegen sie sich nur mechanisch, weil Wärme- und Kälteströmungen sie treffen, oder bewegen sie sich aus eigener Kraft und weil es sie freut? Mir scheint, sie tanzen. Ich schaue ihnen lange zu. Sie bewegen sich rhythmisch. Sie bewegen sich vermutlich nach demselben Rhythmus, nach dem die Sterne sich bewegen. Es ist der universale Rhythmus des Lebens. Könnte ich das Universum so sehen, wie ich diesen Sonnenstrahl sehe, so sähe ich vermutlich den Sternentanz. Könnte ich ins Innere eines Atoms schauen, sähe ich den Neutronentanz.

Je länger ich zuschaue, desto stärker wird mein Gefühl, daß diese eben noch für mein Auge sichtbaren Teilchen der Materie LEBEN. Es gibt nichts Totes. Es gibt aber Übergangsformen innerhalb des Lebensstromes. Unendlich viele Übergangsstufen vom Bakterium, vom Virus, von den unvorstellbaren Winzigkeiten bis zum Einzeller, zur Pflanze, zum Tier, zum Menschen, zum Gott. Das Wort »Stufen« schrieb ich so hin, ohne zu bedenken, daß ich damit behaupte, das Leben mache Sprünge. Es gleitet nicht, es springt. Was ich vor langer Zeit zuerst bei Teilhard de Chardin las, das SEHE ich jetzt plötzlich: diese tanzenden Winzigkeiten, die ja vergleichsweise riesig sind, da ich sie sehen kann, haben die Tendenz zum Sprung in sich. Der élan vital verleiht ihnen die Spannung, die zum Sprung auf die nächst höhere Seinsstufe nötig ist. Was da also in meinem Sonnenstrahl tanzt, das ist Leben, und zwar höherdrängendes Leben. Wie lange wird es dauern, bis einige dieser Stäubchen sich zusammenschließen zu einer organisierten Zelle? Wie lange, bis daraus eine Pflanze wird? Wie lange, bis daraus ein Tier wird, ein Mensch? Wie lange, bis aus einem Menschen ein Gott wird, wie es im Evangelium steht? Ich schaue meine Staubwinzigkeiten mit Ehrfurcht an: in ihnen drängt das Leben zum Aufstieg in den göttlichen Bereich. Um mich herum also geschieht unendlich viel, unendlich Großes, es geschieht die Vorbereitung zum Quantensprung. Mich erfaßt eine grenzenlose Liebe zum Leben.

Ich denke, ob ich auch einmal als eine Winzigkeit aus Staub irgendwo in der Atmosphäre getanzt habe, und ob ich, nicht mehr als Winzigkeit an Materie, aber eine Potenz an Geist einmal in einem Lichtstrahl tanzen werde, und ob das die versprochene »ewige Seligkeit« sein könnte.
Immer stärker wird mein Gefühl für die Geistigkeit der Materie.

Zum Thema Autorität: einen Aufsatz von Friedrich Engels gelesen und ein Gespräch geführt mit dem italienischen Maurer F. Übereinstimmung beider.
Engels kritisiert jene Sozialisten, die [es war in den frühen siebziger Jahren des vorigen Jahrhunderts] »einen regelrechten Kreuzzug gegen das eröffnen, was sie das Autoritätsprinzip nennen. Sie brauchen nur zu sagen, dieser oder jener Akt sei *autoritär*, um ihn zu verurteilen.« [Man könnte meinen, der Satz stamme aus den sechziger Jahren unseres Jahrhunderts.] Engels' Definition der Autorität ist simpel: »Überordnung eines fremden Willen über den unseren; Autorität setzt auf der anderen Seite Unterordnung voraus.« Er fügt hinzu, daß beide Wörter einen üblen Klang haben und daß sie ein Verhältnis zum Ausdruck bringen, das für den untergeordneten Teil unangenehm ist. Engels fragt: Gibt es ein Mittel, anders auszukommen? Er fragt als einer, der im technischen Zeitalter lebt, in dem nichts möglich ist ohne Organisation. Er fragt weiter, ob das Verhältnis zwischen Autorität und Unterordnung sich ändere, wenn durch die soziale Revolution die Kapitalisten entthront sind, deren Autorität die Produktion und die Zirkulation der Reichtümer lenkt. Er stellt sich versuchsweise auf die Seite der »Anti-Autoritarier« und nimmt an, Grund und Boden sowie Produktionsmittel seien kollektives Eigentum der Arbeiter geworden. Wird dann, so fragt er, die Autorität verschwunden sein oder wird sie nur die Form gewechselt haben? Seine Antwort: Die erste Bedingung für

das Funktionieren eines Betriebes ist die Organisation. Aber Organisation setzt einen dominierenden Willen voraus. Dabei ist es gleichgültig, ob da ein einzelner regiert oder eine Delegation. Es sei auch, sagt er, gleichgültig, ob da einer sich selber zur Autorität ernennt oder ob ihn die Arbeiter »delegieren«. Frage: ist es gleichgültig, ob eine vom Volk gewählte Regierung herrscht oder ein selbsternannter, aber von der Geschichte und vom Volk bestätigter Diktator?
Ist ein Parlament keine Autorität? Wird es nicht in Notfällen klar, daß eine Autorität bestimmt und daß alle gehorchen?
F. sagt: Als ich im Krieg bei der Marine war, kams mir zugute, daß ich einen strengen Vater gehabt hatte, ich konnte mich unterordnen, ohne mit den Zähnen zu knirschen, denn mein Vater war eine gute Autorität, er war mir in allem ein Vorbild. Und stellen Sie sich vor, wie ein Schiff fahren könnte ohne die Autorität des Kapitäns, und besonders im Kriegsfall, da mußte einer sein, der befahl. Italien, das ist heute ein Schiff in Seenot, und es hat zehn Kapitäne, und keiner ist eine Autorität.
Ach so, sage ich, der Ruf nach dem starken Mann: nach Mussolini.
Warum nicht, sagt F. unerschrocken.
Ich denke an Nordkorea. Das hat seinen autoritären Kapitän seit Jahrzehnten, und das Schiff fährt gut.
Engels schreibt: »Wer da fordert, daß die erste Tat der sozialen Revolution die Abschaffung der Autorität sei, der vergißt, daß Revolution das autoritärste Ding ist, das es gibt; sie ist der Akt, durch den ein Teil der Bevölkerung dem andern seinen Willen vermittels Gewehren, Bajonetten und Kanonen, also den denkbar autoritärsten Mitteln, aufzwingt, und die siegreiche Partei muß, wenn sie nicht umsonst gekämpft haben will, dieser Herrschaft Dauer verleihen durch den Schrecken, den ihre Waffen den Reaktionären einflößen . . .«
Nordkorea: Hier ist Ordnung möglich ohne Schrecken. Komme ich da dem Problem der Autorität näher? Ich meine ja.

Die Nordkoreaner: ein Volk in einem durch eine große Revolution entstandenen Staat, haben nicht das Gefühl zu GEHORCHEN, vielmehr: sie folgen einem großen Vorbild. Dem Satz kann widersprochen werden von Leuten, die Nordkorea nicht erlebten an Ort und Stelle und bei freier Möglichkeit der Information.

Zurück zur Familie F.s: Ich kenne sie seit fast zwanzig Jahren, ich kenne sie gut. Nie haben die Eltern ernstlich gestritten, nie fielen böse Worte, die vier Kinder wurden nie geschlagen, niemals, nicht im geringsten, und nie hart angefahren. Sie gingen ihren Weg in Freiheit. Aber keines hat je die Autorität des Vaters bezweifelt oder bekämpft. Der Vater ist der Vater, der Kapitän. Wie konnte das sein?

Ich habe erlebt, daß der dritte Sohn, damals fünfzehn (heute Medizinstudent im sechsten Semester), von der Mutter gebeten wurde, das Kinderwägelchen mit dem nachgeborenen Jüngsten am Meer entlang zu schieben. Mitten im Fußballspiel kam ihm der Befehl zu. Die Antwort: »Ja, Mama.« Und die Kameraden wagten nicht zu feixen, sie liefen und schoben mit. Kürzlich erlebte ich, daß eben dieser Sohn den Vater fragte, ob er nach Rom fahren könne. Der Vater sagte: »Aber ich brauch dich heut zur Arbeit.« Kein Befehl, der Sohn blieb selbstverständlich zu Hause. Wie funktioniert das?

Der Vater tut, worum die Frau ihn bittet, die Mutter tut, worum der Mann bittet. Das ist das Vorbild. Keiner hat das Gefühl, zum Gehorsam gegenüber PERSONEN gezwungen zu werden. Alle gehorchen der Notwendigkeit. Ausnahmen werden kurz diskutiert.

Dem entspricht etwa Engels' Vorschlag: daß »die soziale Organisation der Zukunft die Autorität einzig auf jene Grenzen beschränken wird, in denen die Produktions-Bedingungen sie unvermeidlich machen.«

Es bleibt aber die Tatsache, daß in jeder Gruppe einer die Autorität wird, entweder durch Gewalt, das ist meist nicht von Dauer, oder durch seine echte Überlegenheit, die sich auch

darin zeigt, daß er den von ihm Geführten einen gewissen Freiraum läßt. Aber eben dies ist das Problem: Wie groß darf oder muß dieser Freiraum sein?
F. sagt: Ich bestimme eigentlich nichts.
Aber er ist anwesend, und er ist anwesend als VORBILD.
Lao Tse sagt das so: Der beste Herrscher ist jener, der nicht herrscht und dessen Dasein man nicht bemerkt.

Sympathie, was ist das. Mein Hund und ich schauen uns an. Aug in Aug verharren wir. Tierpsychologen behaupten, daß das jeweils schwächere Tier den festen Blick des stärkeren nicht aushält, es unterwirft sich. Mein Hund denkt nicht daran, den Blick zu senken, er schaut mir direkt und lange in die Augen. Schließlich sage ich seinen Namen, leise und zärtlich. Da verändert sich etwas in seinen Augen: sie werden tiefer und leuchtender, von innen her feucht. Es ist der Blick der Liebe. Wie geht das zu, daß ein Tier liebt? Es ist natürlich, daß ein Haustier dem Brotgeber anhängt. Das ist etwas anderes. Diese Augenblicke intensiver Liebe haben damit wenig zu tun. Das ist ein begehrensfreier Blick, das ist ein reines Geben von seiten des Tieres. Eine Übergabe. Ich bin kein Sexualobjekt für meinen Hund, seine Liebe ist reiner Eros. Aus diesen Hunde-Augen spricht etwas, das ich »göttlich« nennen muß, um es zu verstehen. Die unendliche Sympathie, welche die gesamte Schöpfung verbindet, sammelt sich im Auge meines Hundes. So muß es einst gewesen sein, als das Lamm neben dem Wolf schlief, der Mensch neben dem Löwen. Das nannte man Paradies. Die unendliche Sympathie, welche die Schöpfung im friedlichen Gleichgewicht hielt. Wir haben die Harmonie gestört. Nur wenn wir lieben, finden wir eine Erinnerungs-Spur. Mein Hund erinnert sich an uralte Zeiten, da kein Tier etwas zu fürchten hatte vom Menschen.

Kriegsdienstverweigerung. Brief einer deutschen Leserin, die zwei Söhne hat, die den Kriegsdienst verweigern. [Ich bin schon mehrmals belehrt worden, daß es sich nicht um KRIEGS-Dienst handelt, sondern nur um WEHR-Dienst. So wäre das eine Dienst bei einem Angriffskrieg, das andre bei einem Verteidigungskrieg? Groteske Demagogie. Ich bleibe bei dem ehrlichen Wort KRIEGSDIENST.] Die Nachbarin und Bekannte machen es den beiden jungen Männern schwer. Was sie da hören müssen: Aber wenn wir keine Soldaten hätten, wären die Russen längst im Land ... Bei den Soldaten werdet ihr doch richtige Männer ... Man hat doch viele Vorteile, wenn man bei der Bundeswehr ist und war, die verscherzt ihr euch ... Wozu diese Aufregungen, man soll immer den Weg des geringsten Widerstands gehen ...
Keiner sagt: Gut so, ihr seid wahre Christen, ihr wollt nicht töten und nicht töten lernen.
Und keiner sagt das Vernünftige: daß es gar keinen konventionellen Krieg mehr geben wird. Falls es überhaupt einen Krieg gibt, wird es ein nuklearer sein. Was wollt Ihr da mit braven Soldaten der Bundeswehr? Soldatenbilderbuch-Vorstellung von 1914.
Wollt ihr den totalen Krieg? fragte Hitler 1939. Wir wollten ihn. Und heute, wenn uns heute einer fragen würde: Wollt ihr den totalen Krieg? Das hieße: Wollt Ihr die totale Zerstörung der Erde?
Manchmal denke ich, daß die westliche Welt psychotisch ist. Krieg als Massen-Selbstmord. Zerstörungswahn. Die übrige Welt wird Zug um Zug angesteckt.
Nach einem Gespräch mit Michael Ende über das Dramatische. Seine Frage: wer [was] übernimmt heute jene Rolle, welche im antiken Drama die Götter innehatten? Unsre Zeit: die götterlose Zeit. Aber ist sie gottlos? An Stelle Gottes der Mensch. Der Mensch, der sich in dem selben Maße vergöttlicht, als sich Gott incarniert.

Aber der konkrete Mensch, die konkrete Menschheit: wo sind die Zeichen der Vergöttlichung? Haben wir die große Chance des Aufstieges nicht schon verspielt? Wer hat uns denn den Aufstieg garantiert? Befinden wir uns nicht auf dem Weg des Abstiegs, des Abfalls? Ist der herrliche Glaube etwa Teilhard de Chardins vom Aufstieg in den »Göttlichen Bereich« nicht nur eben sein christlicher Glaube, ein eigensinniges Aufstellen und Festhalten einer These? Nicht viel besser, jedenfalls nicht fundierter als Nietzsches Glaube an den künftigen Übermenschen? Die Schlange im Paradies, was hat sie gesagt: Ihr werdet sein wie Gott. Keine Spur davon wurde wahr. Oder, halt: DOCH! Der Mensch wurde sich seiner selbst bewußt. Da begann doch eine Entwicklung, ein ungeheurer Aufstieg, da begann der GEIST im Menschen. Wenn diese Entwicklung noch nicht abgeschlossen wäre? Wenn wir noch gar keine Menschen wären? Wenn der Gott in uns noch nicht erlöst wäre?

Ich denke und denke. Ich denke mich aus der Verzweiflung heraus. Immer wieder die Versuchung der Resignation. Aber gäbe ich ihr nach, so wäre mein Leben verspielt, wären alle Anstrengungen des Geistes vergeblich, alle Opfer umsonst. In Dantes ›Vita nuova‹ den Satz gefunden: »Ich habe den Fuß an jene Stelle des Lebens gesetzt, über welche keiner hinausgehen kann, der die Absicht hat, wiederzukehren.«

Unverdaubare Erfahrungen. Ein Blinder, Psychotherapeut, schreibt mir. Seine Eltern lasen ihm aus meinen Büchern vor und er schickt mir seine Diplomarbeit. Darin steht unter anderem, daß Nicht-Blinde kein unbefangenes Verhalten gegenüber Blinden aufbringen. Entweder bedauern sie den Blinden und meinen, er bedürfe ihres Trostes und ihrer Hilfe, oder sie betrachten ihn als einen Auserwählten, dem statt der verschlossenen physischen Augen seelisch-geistige gegeben sind, vielleicht das mystische »Dritte Auge«.

Am gleichen Tag ein Brief meiner Freundin Magdalena Dietl, die las, daß Unterbrechung der Schwangerschaft erlaubt sei, wenn man am Embryo mit Hilfe moderner technischer Mittel eine Anomalität festgestellt habe. So ist das also, schreibt sie: im Jahr der Behinderten erklärt man lauthals, daß Behinderte vollwertige Menschen seien, während man gleichzeitig ungeborene Kinder mit Defekten als »unwertes« Leben betrachtet und sie töten kann.
Ob das nur eine Überlegung von Medizinern und Juristen ist und ob der Vorschlag wirklich durchgeführt wird, weiß ich nicht. Aber ich weiß nicht, was ich täte, wäre ich eine junge Frau und schwanger, und der Arzt sagte mir, das Kind sei deformiert. Ich weiß es wirklich nicht. Denkend, wie großartig beispielsweise Magdalena ihr Leben als polimelitisch Gelähmte meistert, würde ich vielleicht wagen, das Kind auszutragen. Aber die Miserablen, die Debilen, die Contergankinder betrachtend . . . Ich erforsche mich selbst: habe ich ein unbefangenes Verhältnis zu deformierten Leibern, zu kranken Seelen? In mir mischen sich Schrecken, Mitleid, Liebe, Abneigung, überforderte Zuneigung. Ich tu vor mir selber, als sei Krankes normal. Aber es gelingt mir nicht, unbefangen zu sein. »Mit Krankheit geschlagen sein«, was heißt das? Wer schlägt? Und warum?
Ich denke auch an die A.s: zwei mongoloide Kinder haben sie. Warum, weshalb? Ich weiß es nicht, niemand weiß es. Aber ich weiß wozu. Die A.s selber sagen es so: An diesen Kindern lernten wir Eltern und die gesunden fünf Kinder die große Liebe.

Ein hartes Urteil. Rein juristisch besehen: gerecht. Als ich den Mann näher kennenlernte, erfuhr ich, daß er seine Mutter gehaßt hatte und sie zu töten wünschte. Er hat sie nicht getötet, er hat sogar später ein normales Verhältnis zu ihr gefunden. Und nun der Mord im schweren Rausch. Der

lebenslang verdrängte Mordwunsch wurde im Rausch freigesetzt, das Opfer war die nächstbeste Frau. Sie glich seiner Mutter.
Ein anderer Mörder, den ich kenne: Heimkind, herumgestoßen, landet bei einer jugendlichen Bande, begeht kleine Delikte, befreit sich von der Bande, scheint auf dem Weg der Normalisierung. Bei einer Razzia findet die Polizei in seiner Jackentasche Juwelen. Er wird verhaftet und eingesperrt. Auf dem Weg vom Gefängnis zum Gericht drückt ihm jemand einen Revolver in die Hand, die gefesselt ist. Der Polizist reagiert: er schlägt auf die Waffe, ein Schuß löst sich und trifft den anderen Polizisten, er ist tot. Die Geschichte klingt phantastisch, ist aber wahr, ich las die Gerichtsakte. Juristisch gesehen ein Mord. Was aber war es wirklich? Wie sich später herausstellte, hatte der Junge die Juwelen tatsächlich nicht gestohlen, er war also unschuldig verhaftet worden, und das, als er eben dabei war, ein »anderes Leben zu beginnen.« Er ist erbittert, er beginnt alle zu hassen, die ganze Welt haßt er, und wenn er könnte, er würde sich rächen. Das Schicksal gibt ihm die Gelegenheit zur Rache: er schießt, ohne es zu wollen, einen Vertreter der Justiz, der Gesellschaft, nieder. Sein Tötungswunsch erfüllt sich.
Schaffen wir uns unsre Dämonen selbst? Sind wir verantwortlich für unser Unbewußtes?
Wer an Reinkarnation und Karma glaubt, muß annehmen, daß unsre Taten in diesem Leben die Früchte der Taten aus dem vorigen sind, auch wenn wir uns der Herkunft unsrer Wünsche und Triebe nicht bewußt sind. Die Verantwortung liegt vorgegeben in uns selbst. Handeln wir also unfrei? Folgt ein Mörder zwanghaft dem Lauf seines Schicksals? Sind Mörder und Opfer karmisch aneinandergebunden, so daß die aktuelle Tat des einen die unumgängliche Antwort auf die unbewußte Vorderung des andern nach Sühne ist?
Oder kommt jeder Mord aus dem Trieb zur Selbstzerstörung?

Kann man sagen: wer mordet, mordet immer sich selbst im andern?
Mir fällt die schreckliche Geschichte ein, die mir S. erzählt: er habe in einer Stunde tiefster Verzweiflung einen kleinen Hund, an den er einen Stein gebunden hatte, im Meer ertränkt. Danach war er fähig, weiterzuleben. Er hatte nicht sich getötet, sondern den Hund geopfert. Ist der, den man tötet, immer auch wirklich gemeint? Ist der Getötete nicht immer nur der Sündenbock für die Gesellschaft, für die Menschheit, die dem Mörder Böses antat, die ihn nicht annahm, die ihn fallenließ? Ist ein Mord nichts als der Aufschrei der gepeinigten Kreatur, die keine Liebe findet?
Mit solchen Gedanken kann die Strafjustiz nichts anfangen. Sie sieht den Tatbestand und sucht nach dem Tatmotiv, aber was sie findet, liegt auf der Oberfläche und heißt: Absicht. Allenfalls zieht sie die allgemeine »Gesinnung« des Täters in Betracht und meint dabei seine moralische Einstellung generell. Aber zu den Wurzeln der Tat steigt sie nicht hinunter. Wo käme man da hin . . . Strafjustiz und Tiefenpsychologie sind offenbar Feinde. Juristen, Richter, sollten ihre eigenen Abgründe kennenlernen in einer Analyse. Aber würden sie dann milder urteilen? Vielleicht gerade nicht: sie würden im andern das verurteilen, was sie in sich selbst als Verbrechensmöglichkeit finden. Wir lieben und hassen in andern immer uns selbst.
Eben im Fernsehen ein Bild von den Philippinen: die Geißler gehen um in der Karwoche: sie schlagen sich blutig, aber nicht einer den andern, sondern sich selbst. Was ist das: Selbstbestrafung, Masochismus, Bußtat, pervertierte Sexualität? Oder vielleicht Teufelsaustreibung? Ausleben der verdrängten Mordlust durch stellvertretenden, symbolischen Selbstmord? Ist Selbstmord immer [oder oft] Selbstopfer? Statt andre zu töten, tötet man sich selbst. Unheimlich ist der Mensch.
Beim Anschauen der Geißlerzüge fällt mir ein, wie sonderbar das ist: da schlägt einer sich selbst, also ist da einer, der schlägt

und einer der geschlagen wird und einer, der dabei zusieht . . . Oft gedachter Gedanke, immer wieder erschreckend. Frage: wie viele bin ich?

Polenreise mit dem Papst 1979. 2. Juni. Warten auf dem Flugplatz Warschau. Barbarische Hitze. Warum kann das Flugzeug nicht pünktlich sein?
Ich habe eine unübersehbare Volksmenge erwartet. Die Zufahrtsstraßen sind gesäumt mit Menschen, aber der Platz selbst ist wohlgeordnet und keineswegs voll. Strenge Auswahl der Zuschauer, Kontrollen. Ein Staatsoberhaupt wird kommen: der Chef des Vatikanstaates. Das vergißt man leicht. Hier wirds demonstriert. Militär, diplomatische Vertretung vieler Länder, Polizei, Tribüne mit Mikrophonen, roter Teppich von der Gangway zur Tribüne. Das Jerusalemer Volk breitet seine Gewänder aus. Das polnische würde das auch tun, ließe man es. Viel Klerus natürlich auch, und Nonnen, und Kinder in Volkstrachten und mit Rosen. Wir Journalisten vertreiben uns die lange Wartezeit mit Austausch unsrer Informationen und unverbindlichen Meinungen. Nach frommer Pilgerfahrt sieht das nicht aus, hört man da sagen, das ist ein hochpolitischer Staatsbesuch. Warum Pilgerfahrt? Nun, zum Heiligen Stanislaw, dem Patron Polens. Was war mit dem? Das wissen Sie nicht? Eine politische Figur aus dem elften Jahrhundert, ein heiliger Rebell gegen den Staat, Bischof von Krakau war er, wie Karol Woityla, und sehr sittenstreng und mutig, er kritisierte den König Boleslav wegen seines ausschweifenden Lebens, aber ungestraft kritisiert man nicht staatliche und andre Autoritäten, ein kleiner Anlaß genügte, und Stanislaw wurde umgebracht, ein Märtyrer, und heutzutage gilt er, wie der Papst 1978 in seiner Weihnachts-Grußbotschaft an Polen sagte, »als Sprecher für die unveräußerlichen Menschenrechte und die Freiheit«. Aber der Satz wurde von den polnischen Behörden gestrichen wie alles, was sich auf

den heiligen Stanislaw bezog. Zündstoff. Eine katholische polnische Zeitung hat sich geweigert, den verstümmelten Text abzudrucken. Dieser Papst ist eine politische Figur, weiß Gott, was der hier anzettelt, er ist ungeheuer polnisch. Zu allererst Pole, dann lange nichts, dann Vatikanchef, dann erst Hirte der Gläubigen. Widerspruch von andrer Seite. Der Papst, eine umstrittene Figur. So die Journalisten-Gespräche.
Ob ihn Gierek selbst empfängt hier? Müßte er eigentlich. Endlich die Landung. Militärmusik. Wer steigt die Gangway hinauf? Der alte Kardinal Wyszyński. Der Papst kommt ihm nicht entgegen, er bleibt an der Schwelle des Flugzeugs. Das Protokoll will es so.
Rot und weiß, eine Umarmung. Die beiden haben sich nie sehr gut leiden können, sagt man. Und jetzt ist der soviel Jüngere der oberste Vorgesetzte des Alten, der einen langen heroischen Kampf gegen den Kommunismus geführt hat. Er wird zwiespältige Gefühle haben, aber er wird denken, daß Gefühle nicht zählen: dieser Jüngere auf dem Papstthron wird in seinem Sinne mächtig arbeiten. Also Bruderkuß. Der Alte geleitet den Jüngeren feierlich herunter und stellt ihm den am Ende der Gangway wartenden Ersten Staatssekretär vor. Dann schreitet der Papst protokollgemäß den Platz ab: das Militär salutiert, die Kapelle spielt, der Papst begrüßt die Diplomaten des Auslands, dann die Kinder, ich stehe ihm so nahe, daß ich meine Hand ausstrecken könnte, ihn zu begrüßen.
Dann die Ansprache, ein Meisterwerk der Diplomatie, vermutlich wurde da jedes Wort zehnmal auf die Waage gelegt, bis Vatikan-Außenminister Casaroli sein Placet gab. Zuerst der höfliche, kühle, unangreifbar distanzierte Gruß an die polnische Regierung, dann der viel wärmere an das gesamte polnische Volk, und dann aus vollem Herzen der an die Katholiken Polens.
Das Ganze ist eindrucksvoll. Ich vermag nachzufühlen, wie es dem Papst zumute ist. Es muß herzzersprengend sein, kaum zu ertragen das Glück, daheim zu sein, und das Machtgefühl,

und der sich ergebende höchste Anspruch an ihn. Politik und Religion, seine polnisch-katholische Religion, zusammengeschweißt. Was wird er damit tun in Zukunft? Mir ist nicht wohl. Obgleich ich, wider Willen, ergriffen bin vom Augenblick.

Am frühen Nachmittag das Treffen Woityla-Gierek. Wir dürfen nicht in Person zugegen sein, wir verfolgen die historische Szene im Fernsehen. Einer jener Staatsbesuche, von denen man zu schreiben pflegt, daß sie »in freundschaftlicher Atmosphäre erfolgten«. Eindrucksvoll das Aufeinanderzugehen der beiden Männer, ideologisch scharfe Gegner, aber einig in dem Bewußtsein, Pole zu sein und das polnische Volk zu vertreten, freilich jeder auf seine Weise. Die Szene ist bis ins Kleinste vorbereitet und die Akteure halten sich streng an die Regie-Anweisungen. Aber wie sich der Papst und der Staatschef anschauen, das war nicht vorherzubestimmen. Ich habe das Gefühl, als wolle Gierek den Papst umarmen und sagen: »Auch wenn du ein scharfer Antikommunist bist, so bist du doch ein Sohn Polens und ein toller Bursche. Schade, daß du nicht auf meiner Seite stehst.« Pole zu Pole, Aug in Aug. Aber das Protokoll muß abgewickelt werden. Ich notiere mir die wichtigsten Sätze aus der Papstrede:

Paul VI. zitierend: »Ein blühendes und ruhiges Polen ist auch im Interesse der Ruhe in ganz Europa zu wünschen.« Ein simpler Satz, richtig auch, aber wenn ihn der Pole auf dem Papstthron in Polen sagt, dem Kommunisten ins Gesicht, dann bekommt er eine konkrete Perspektive: Wann und wie und wodurch kann Polen »blühen« und »ruhig« sein? Die Rede wird nicht in die Sowjetunion übertragen.

Dann der Dank an Gierek für die Einladung [die freilich, das weiß man, weit eher eine mühsam errungene Einreise-Erlaubnis war.]

Dann der Dank an das polnische Militär, das sich im Zweiten Weltkrieg heroisch für die Verteidigung Polens eingesetzt hat. Dann der Gruß an das polnische Volk, für welches das Wort

Vaterland eine so besondere Bedeutung habe, da es für eben dieses Vaterland so viel gelitten hat durch seine Nachbarvölker. [Plural, nicht nur Nazi-Deutschland, vielleicht ist der Satz überhaupt nur an die Adresse Moskaus gerichtet]. In diesem Abschnitt der Rede sagt er zum ersten Mal »wir Polen« und am Schluß der Rede nennt er sich »einen Sohn Polens«. Mehrmals betont: die polnische Kirche habe immer einen sozialen Auftrag erfüllt, indem sie sich bemühte, die Polen zu guten Patrioten zu erziehen und gute polnische Familien zu gründen und zu fördern. [Zugleich Distanzierung vom Kommunismus und Erklärung des guten Willens, soweit möglich, mitzuarbeiten. Unangreifbar.]
Ein Satz, der aufhorchen läßt: »Die Kirche hat es sich angelegen sein lassen, die Menschen vertrauensvoller und mutiger zu machen, und bewußter hinsichtlich ihrer Pflichten UND RECHTE.« Ich höre das wohl, und das Volk hört es ganz gewiß. Bemerkenswert auch dieser Satz: »Ich freue mich über alles Gute, an dem meine Mitpolen teilhaben, ganz gleich, welcher Natur die Güter sind und aus welchen Initiativen sie stammen.« Das heißt: wenn der Kommunismus Polen wirklich Gutes bringt, will ich ihn positiv sehen. WENN und INSOFERN. Das ist mitzuhören.
Was sagen die Polen? »Jetzt kann die Partei nicht mehr hinter diesen Besuch zurück, jetzt kann sie die Tür nicht mehr schließen, die geöffnet ist.«
Am Nachmittag auf dem »Friedensplatz« die Pontifikalmesse. Gluthitze, über vierzig Grad. Kein Schatten. Ohnmächtige. Die Polizei öffnet die Hydranten, man trinkt, man taucht Tücher ins Wasser und legt sie sich auf Stirn und Nacken. Der Papst hochrot im Gesicht. Zuerst legt er am Grab des Unbekannten Soldaten einen großen Blumenstrauß nieder.
Ich schreibe meinen ersten Bericht für ›Christ und Welt‹, ich muß ihn morgen per Telex durchgeben. Ich bin mir bewußt, undifferenziert zu berichten.
2. Juni. Pfingstsonntag. Ich fahre nicht mit nach Gnesen, son-

dern gleich nach Tschenstochau. Ein Zimmer im Studentenheim, kärglich alles. Gegen Abend fahre ich mit dem Bus in den Ort und steige zur Schwarzen Madonna hinauf. Eine Polin als zufällige Begleiterin. Sie spricht gut deutsch. Ihre Familie ist im KZ umgekommen. Sie sagt es ohne Haß. Ich bin froh, ihr wahrheitsgemäß sagen zu können, daß ich nicht zu den Tätern von damals gehöre, sondern zu den Opfern.
Vor acht Jahren war ich auch hier mit polnischen Freunden aus Warschau. Damals habe ich stark erlebt, was dieser Ort den Polen ist, sogar den kommunistisch-atheistischen. Mit einem abgegriffenen Wort muß ich sagen: Hier schlägt das Herz Polens. Erklären kann ich das nicht, es IST so. Unvergeßlich die Messe gegen Mittag, und wie dann der Vorhang langsam Stück für Stück über das Gnadenbild rollte und wie sich die Gebetsglut der Menschen bis zur stummen Ekstase steigerte. Man wußte, worum sie beteten in schweigender Übereinkunft: um die Befreiung vom Kommunismus, um Freiheit, darum, sie selbst sein zu dürfen ohne Furcht. Damals zeigte man mir die Terrasse, von der aus der Kardinal Wyszyński predigte. »Sie ist viel größer als die, von der aus der Staatschef [Gomulka] redet.«
4. Juni. Die Papstmesse in Jasna Gora. Ich habe einen guten Platz nahe beim Altar, hoch über dem bunten Meer der Gläubigen und Ungläubigen. Neben mir ein polnischer Priester, der fließend deutsch spricht und mir die Papstpredigt Wort für Wort übersetzt, so daß ich die vorbereitete englische Übersetzung, die man uns gab, vergleichen kann mit der direkten Rede. Der Papst extemporiert oft. Wer nur die Übersetzung hat, kann nicht verstehen, warum das Volk bei dieser und jener Stelle leidenschaftlich klatscht oder auch laut lacht. Immer dann, wenn der Papst ganz Pole unter Polen ist. Verständlich das alles. Aber was hier natürlich und erlaubt ist, wie wirkt sich das in der vatikanischen Außenpolitik aus? Ist der Papst der Papst für die Polen, oder der Papst der gesamten katholischen Welt? Wird es ihm gelingen, seinen leiden-

schaftlichen Patriotismus, der zugleich leidenschaftlicher Antikommunismus ist, mit seiner universellen Stellung in Einklang zu bringen? Ist er nicht auch der Papst für Lateinamerika? Ich fühle Probleme, ohne sie schon formulieren zu können.

Ich habe mir aus der direkten Rede einiges notiert, was dann zwar allgemein öffentlich umging unter uns Journalisten, aber, weil nicht gedruckt, nie mehr schlüssig nachzuweisen war. Da es aber im Kontext der gesamten Ansichten des Papstes einen Platz hat, wird es damit schon seine Richtigkeit haben. Der mir wichtigste Satz ist: »Die polnische Volksfrömmigkeit soll das Modell für die Frömmigkeit der Gesamtkirche werden.«

Ja, ich verstehe schon, was er meint und will: die Kirche befreien von der Intellektualität, von der rationalen Theologie, vom Individualismus. Maria als Symbolfigur für alle »weiblichen« Eigenschaften: Demut, Gehorsam, Milde, Innerlichkeit. Typische Haltung der katholischen Kirche: nicht die reale Frau wird geschätzt, sondern ihre Überhöhung in der Madonna. Das wird Probleme geben für uns Frauen. Unter diesem Papst wird die Frau ihre mühsam errungene Position in der Kirche wieder verlieren. Bei diesem Papst wie bei vielen Klerikern alten Stils spielt das eigene Mutterbild eine große Rolle: diese Mütter von Priestern waren meist demütig-fromme Seelen. Das ist DAS Modell. Aber so gehts nicht mehr. Es rührt mich, den Papst sagen zu hören, daß er, als er noch in Krakau lebte, so oft er konnte, hierher kam und betete und sagte: Totus tuus. Ganz der Deine. Ich verstehe das, aber es wird mir wehmütig unbehaglich dabei, wie immer, wenn ein Versuch gemacht wird, das Rad der Bewußtwerdung zurückzudrehen.

Ein wenig unbehaglich ist mir auch beim Anblick der Polen und Polinnen in Tracht, die, Paar um Paar, ihre Gaben vor dem sehr erhöhten Papstthron niederlegen, auch Butter ist dabei, große Wecken, und Brot und Blumen. Man sollte das

vor der Madonna niederlegen, nicht vor dem Papst, das wirkt anachronistisch heidnisch. Als opferte man einem Gott.
6. Juni. Gespräche mit jungen Polen. Sie können noch und schon wieder Deutsch. Ob sie glücklich sind über »ihren« Papst? Ja, nein. Seine Entscheidungen über Pille, Abtreibung, Scheidung, sie entsprechen nicht der polnischen Wirklichkeit von jetzt: Wohnungsnot, niedrige Löhne, Inflation, politische Probleme . . . Ein Fall für viele: ein Studentenpaar wollte früh heiraten, um nicht vorehelichen Verkehr zu haben. Aber es gab keine Wohnung. Die Frau lebt weiter im Studentenheim, der Mann bei seinen Eltern. Jahr um Jahr. Sie hatten längst ihren Beruf im Lehrfach, aber keine Wohnung, nicht einmal ein Zimmer für sich. Dann wollten sie die Wohnung erzwingen, indem sie sich zu einem Kind entschlossen. Endlich bekamen sie ein Zimmerchen, dreimal vier Meter. Gemeinschaftsküche. Gemeinschaftsdusche, Gemeinschaftsklo. Wie lebt man zu dritt so? Kindergeschrei, Enge, Nervosität, Streit. Mehr als ein Kind undenkbar. Also was? Enthaltsamkeit für junge Liebende? Ohne Pille? Keine Abtreibung? Wir sind gute Katholiken, sagt die Frau, aber wie können wir dem Papst hierin folgen? Und er, der doch die polnische Not kennt, wie kann er sie vergessen haben und so eine Theorie aufstellen?
In den allgemeinen Jubel sind Bitterkeiten und auch politische Befürchtungen gemischt: was wird NACHHER sein, was wird Moskau tun? Werden wir diese Reise teuer zahlen müssen mit neuen Repressionen?
7. Juni. Auschwitz-Birkenau. Vor dieser Fahrt war mir angst, ich war schon einmal da. Müßte ich nicht für die Zeitung berichten, so würde ich mir diese Fahrt ersparen.
Die Busse müssen weit weg vom Lager parken. So wandern wir längs eines Wassergrabens durch das sumpfige Gelände unter brütender Hitze, von Mücken geplagt. Ich lausche: dieses Mal höre ich nicht den unheimlichen Unkenruf aus Tümpeln, in die man einst [so lang ist es gar nicht her] die Asche

der Vergast-Verbrannten geschüttet hat, den Boden zu sanieren ...

Der Festakt ist in Birkenau. Ich stehe nahe der kleinen Kapelle, die als Sakristei dient. Nahebei auch die Straße, die durchs Gelände führt, die Straße, auf der die Tausend-Tausende gegangen sind vom Bahnhof zu den Todesbaracken. Als ich hier ging vor acht Jahren, weinte ich vor Scham und Zorn. Jetzt ist diese Straße dicht mit Blumen bestreut. Für wen? Für den Papst und einige Bischöfe. Da herrscht ein peinliches Mißverhältnis. Ecclesia triumphans heute. Damals hat sie kaum etwas getan für jene, die hier gingen. Fast nichts. Hier ging Pater Kolbe, der sich für einen Familienvater opferte und statt seiner sich zum Erschossenwerden meldete. Zu seinem Andenken soll der Blumenteppich gelten. Die Kirche selbst, sie hat kein Recht, hier auf Blumen zu gehen: sie hat das Konkordat mit Hitler geschlossen, sie hat nichts getan dagegen, daß auf dieser Straße Antifaschisten, Juden, Zigeuner als Schlachtvieh gehen mußten. Was denkt der Papst jetzt, da er Papst ist, über seinen Vorgänger Pius XII.? Macht es ihm nicht eine Denkschwierigkeit, jenen nicht zu verurteilen? Karl Woityla stammt aus der Diözese, in der Auschwitz liegt. Es hätte leicht sein können, daß auch er hier hätte sterben müssen. Ein Fünftel des polnischen Volkes ist ausgerottet worden. »Untermenschen« nannte Hitler die Polen. Als Willy Brandt in Warschau auf die Knie fiel dort, wo das Ghetto war, da wagten Deutsche zu sagen: »Vor den Polacken auf die Knie fallen, was für eine Schande.« Was für eine Schande, nicht die Schande zu fühlen, die wir damals über uns selbst gebracht haben. Jetzt ist ein Untermensch auf dem Papstthron, und die Deutschen jubeln ihm zu.

Diese und andre bittere Gedanken kommen mir beim langen Warten. Endlich erscheint der päpstliche Hubschrauber, silberweiß, die Pfingsttaube, Friedenstaube vielleicht. Sie landet dicht vor der Lagerumzäunung mit den Wachtürmen. Dieser Zaun war einmal elektrisch geladen. Von diesen Wachtürmen

aus wurden jene erschossen, denen man zynisch die Flucht zu erlauben schien. Der Papst, silberweiß, steigt aus. Vor der Sakristei muß er warten. Auch Päpste müssen bisweilen warten, denke ich. Ich stehe drei, vier Meter von ihm entfernt, ich hätte mir einen Händedruck erbitten können, die Absperrenden hätten mich durchgelassen. Aber wozu. Ich schaue ihn an, lange. Er ist rotgebrannt von der Sonne, aber müde. Jetzt, da keine Filmkamera auf ihn gerichtet ist, gestattet er sich sein eigenes Gesicht. Wie ist es? Hart oder weich, streng oder milde, oder wie? Ein kompliziertes Gesicht. Slawische Backenknochen natürlich. Gewisse Härten. Etwas Eigensinniges, auch Schlaues. Geballtes Selbstbewußtsein. Aber auch Weichheit. Hochdiszipliniert. Erotische Strahlung auch, fühlbar. Das alles jetzt gemildert durch Müdigkeit. Es ist schier unerträglich heiß. Endlich tut jemand, was zu tun ich mich scheue: man spannt einen Regen-Sonnenschirm über ihm auf. Nun erst das Zeichen zum Abmarsch auf dem Blumenteppich. Die Predigt durch Lautsprecher weithin hörbar. Totenklage, keine Anklage, kein Wort gegen die Deutschen. Wäre auch nicht angebracht in Anwesenheit einiger deutscher Bischöfe [Ratzinger aus München], da es doch gerade die deutschen Bischöfe waren, die auf seine Wahl drängten: ein mit dem Marxismus vertrauter, scharf antikommunistischer Papst war gewünscht. Übrigens haben die Polen ja auch Schlimmes getan: sie waren immer Antisemiten und haben einige Judenpogrome auf ihrem Gewissen.
Einige Sätze in der Predigt gegen jene Regierungen, welche die Menschenrechte verletzten, keine Nennung der Adressaten. Er müßte kein Pole sein, um nicht unter dem weißen Gewand der supremen völkerversöhnenden Väterlichkeit in seinem Blut den alten Groll der Polen gegen »die Russen« zu haben.
Rückfahrt nach Krakau in der Frühsommernacht. Weißblühendes am Straßenrand. Sternenhimmel. Die niederen Bauernkaten festlich erleuchtet. Glühbirnenkränze, farbig. Die

Armut und die Angst verschleiert mit Blüten und Lichtchen. Unendlich schwermütig.
Bis spät in die Nacht hinein im Hotel Journalistengespräche. Journalisten sind nicht sehr respektvoll, das bringt der Beruf mit sich, sie sehen zu viel, durchschauen zu viel. »Was für ein Schauspieler, dieser Woityla: in Warschau ganz Staatsoberhaupt, Diplomat, in Gnesen ganz jung unter den Jungen, Sänger, Tänzer, in Tschenstochau ganz bäuerlich frommer Pole unter Polen, in Birkenau ganz großer verhalten sprechender Tragöde, was für eine Rolle denkt er sich für Krakau aus?«
Andere Fragen, wichtige: Und die Folgen dieser Reise? Die Reaktion des »Großen Bruders« Moskau? Warum haben die dem Papst überhaupt die Einreise und alles Folgende gestattet? Sie müssen doch wissen, daß das politische Konsequenzen hat. Warum: weil sie mitschuldig sind, daß die Polen so arm sind; weil sie Polen ausbeuten. Wenn sie den Polen jetzt auch noch verbieten, ihren Papst zu sehen, ist der verzweifelte Aufstand zu fürchten, das kann jetzt nicht riskiert werden.
Und die Polen? Ihr nationales Selbstgefühl wird mächtig gestärkt. Der polnische Katholizismus, ohnehin intakt geblieben, wird sich noch stärker zusammenballen: eine feste Mauer gegen den Osten, gegen die eigene Regierung, gegen die Partei. Jetzt ist eine neue Fackel entzündet. Dieser Besuch ist ein Aufruf zum Widerstand. Gefährlich.
Dieser Papst wird Geschichte machen: Politik, nicht Theologie. Eine Wiener katholische Journalistin, emphatisch, sagt, der Papst gehöre zum Opus Dei, dem auch sie angehöre. Was ist das? Das Opus Dei wurde gegründet in Spanien in der Franco-Zeit. Eine antikommunistische kirchliche Institution, die mit Franco arbeitete.
Dieser Papst: ein unhandlicher Felsblock.

Lektüre von Thomas Manns ›Tagebüchern 1933 bis 1934‹. Das erste, zwanzig Jahre nach seinem Tod veröffentlicht, andre folgen, spätere, und ein früheres. Was davor und was dazwischen liegt, also die Notizen über die Jahre 1922 bis 1932, gibt es nicht mehr. Er selbst hat das alles 1945 in Kalifornien verbrannt. Warum? Und warum das spätere nicht? Was war zu verbergen? Wessen hatte er sich zu schämen? Was hatte er zu befürchten? Ich vermute, daß es politische Aussagen waren, die er nicht mehr vertreten konnte und die er einfach auslöschen wollte.

Die Lektüre ist faszinierend und höchst ärgerlich: typisches Literatendasein, stock- und stinkbürgerlich. Im seidenen Schlafrock frühstücken, diese und jene Zigarettenmarke einkaufen, diese und jene Ehrung empfangen, berühmte Leute treffen und über sie lästern, viele Wehwehs haben, und ». . .«, was immer Sexuelles bedeutet, wie einem klar wird und was ruhig hätte ausgeschrieben werden dürfen, auch wenn es keineswegs braven ehelichen Beischlaf bedeutete, der ist eigens aufgeführt jedesmal. Nun meine Frage: Wen interessiert das alles? Wenn ein Erbe, ein beauftragter Herausgeber eigenmächtig dieses Tagebuch veröffentlicht und verändert hätte, ja das wäre verständlich. Aber es war ja Thomas Mann selbst, der erlaubte, daß zwanzig Jahre nach seinem Tod all das publik würde. Wollte er zeigen, daß auch ein großer Schriftsteller Schwächen hat, ein Mensch ist? Mir fällt eine Stelle aus dem ›Empedokles‹ (Hölderlin) ein, ich muß sie heraussuchen. Da ist sie:

(1. Fassung)

Delia fragt Panthea:

»Wie lebt er mit andern?«

»Ich begreife nichts von diesem Mann. Hat er wie wir auch seine leeren Tage, wo man sich alt und unbedeutend dünkt? Und gibt es auch ein menschliches Leid für ihn?«

Das gibt es alles bei Thomas Mann, vor allem das kleine, das ganz alltägliche Leiden. Davon berichtet er minutiös. Und

egozentrisch. Die Welt existiert nur, insofern sie ihn angeht. Narzismus. Alles in allem: ein Ärgernis.
Jedoch: durch diese unerfreulichen Nebel sieht man eine Gestalt, die einen rührt. Eine höchst gebrechliche Gestalt, eine einsame. Durch die Eisschicht blickt man in eine Unterwasserwelt, die ihre Monstren birgt, ihre Schrecken, ihre Schönheiten auch.
Die Bürgerlichkeit, die stramme Arbeitsdisziplin, das breit beschriebene Behagen an gutem Essen, an seidener Unterwäsche, an Zigarretten und Schokolade und Schlagsahne, das aufmerksame Notieren der Preise für auswärtiges Essen [Lübecker Kaufmannssohn in Fleisch und Blut übergegangen die Kontoführung] das alles, so überflüssig, so peinlich es scheint, es ist für den Hochsensiblen, den Dekadenten, den Gefährdeten der Schutzwall gegen den möglichen Untergang. Immer drohten die Dämonen, vor allem jener der Sexualität. Das Wort »Geschlechtlichkeit« kommt auffallend oft vor. Wir wissen jetzt: seine so mühsam unterdrückte Homosexualität [›Tod in Venedig‹], seine intensive Beschäftigung mit der Freudschen Psychologie, seine Bruderschaft zu Wagner, der gleich ihm vom Tod fasziniert war [Erich Fromm würde ihn einen Nekrophilen nennen können], das alles zerquälte ihn, und kein Ruhm, kein Nobelpreis, kein Ehrendoktorhut, auch nicht das Bewußtsein, der größte lebende deutsche Schriftsteller zu sein, vermochte ihm zu helfen. Immer wieder die Notiz: Depression, Schlaflosigkeit, Einnahme von Beruhigungsmitteln, Müdigkeit, Unlust zur Arbeit. In dieser Not griff er zu leiblichen und ästhetischen Genüssen. Da konnte ein seidener Schlafrock, ein neuer Smoking, ein Luxusessen schon einmal ein flüchtiger Trost sein. Helfe was helfen mag. Da gibts nichts zu verurteilen von seiten des spätern Lesers.
Wieder Thomas Mann. Zwei Tagebücher eingetroffen, das von 1918 bis 1921 und das von 1937 bis 1939. Der erste Band ist mir besonders nahe, denn der Schauplatz ist mir sehr vertraut: München, der Herzogpark, Bogenhausen, der Kufstei-

nerplatz, die Poschingerstraße mit dem Haus Nummer eins, der Weg längs der Isar, »Bauschan«-Weg [Herr und Hund], den bin ich oft gelaufen, als Schülerin, in Jugendverzweiflung, bis zum Föhringer Wehr, wo ich sterben wollte, und später, als ich mit Carl Orff in der Mauerkircherstraße wohnte, ehe wir das Diessener Haus bauten, und die Frau, die unsre Vermieterin war, wird auch bei Thomas Mann erwähnt, »die kleine Frau Courvoisier«, die mir auch vieles erzählte von der Familie Mann, von den ungebärdigen, überall gefürchteten Mann-Kindern, und wie einst ihre gemeinsame Milchfrau am Kufsteinerplatz aus dem Fenster deutete: »Da schauns, die Frau Mann, schon wieder, und sowas will ein feiner Herr sein«, nämlich: Katja Mann war schon wieder schwanger, mit dem fünften oder sechsten Kind. Daß der »feine Herr« sich Gewissensbisse machte, seine Frau wieder geschwängert zu haben, das erfahren wir aus dem Tagebuch. Da seine »Geschlechtlichkeit« ihn wieder überfallen hatte, ging er zum Arzt und ließ sich ein Verhütungsmittel verschreiben. Das zu lesen, rührt einen denn doch.

Und wie viele der erwähnten Leute habe ich selbst noch gekannt: all diese Schauspieler [Ulmer, Tilla Durieux, Falckenberg, Gustl Waldau] und die Musiker [Pembaur, Bruno Walter, Pfitzner, Braunfels, Ludwig Landshoff], die Hanfstaengls, den Sauerbruch, den Leonhard Frank, die Gräfin Moy, den Wilhelm Speyer, und die Schauplätze: Zechbauer [wo er seine Zigaretten kaufte], das Preysingpalais, das damals Restaurant war und wo er bisweilen teuer aß, das Odeon, wo es die großen Konzerte gab, die Buchhandlung Steinicke in der Adalbertstraße . . . ach, unser München mit den Föhnstürmen, dem Herbstglanz auf der Theatinerkirche und dem Moosgeruch des Englischen Gartens . . .

Diese Tagebücher: deutsche Geschichte dreier Jahrzehnte, geschrieben von einem, der sich selbst einen Unpolitischen nennt und der es doch nicht lassen kann, über Politik zu schreiben. Ärgerlich und rührend seine Versuche, sich mit der

Räterepublik und mit allem, was »Kommunismus« heißt, auseinanderzusetzen. Sein Schwanken zwischen schroffer Ablehnung und fast begeistertem Verstehen bis zu dem Wunsch, der Kommunismus möge sich durchsetzen. So 1918/19. Auch 1939 wünscht er, der Kommunismus möge über Deutschland kommen, aber als Strafe. Abscheulich dann seine Sätze über Karl Liebknecht und die großartige Rosa Luxemburg. »Gesindel« nennt er sie, die Sprache späterer Politiker vorwegnehmend. Ich frage mich, wo er heute stünde. Dort, wo sein Sohn Golo steht? Das bürgerliche Erbe: das Bewahrenwollen des Besitzes, die Angst vor großen Veränderungen, denen ein Bürger nicht gewachsen ist. 1938 schreibt er im Hinblick auf den drohenden Krieg: »Was ich wünsche, ist: nicht zu verarmen.« Ja, schon, man versteht das: für einen innerlich derart Ungesicherten bedeutet Besitz Sicherheit. Aber für einen Thomas Mann scheint mir so eine Äußerung doch eine Nummer zu klein, selbst wenn man seine Ängste und Leiden zur Erklärung und Entschuldigung anführen kann.
Gelitten hat er viel. Gerade in den Jahren seines Höhepunkts schrieb er Sätze wie diese: »Tage von großer Bedrücktheit, Schwermut, Gemütsleiden.« Und: »Den ganzen Tag ein schweres furchtsames Herz.« Auch von »Todestraurigkeit« ist die Rede, von »nervösem Zusammenbruch«, von Tränen. Derlei lesend, empfinde ich großen Respekt vor dem Mann, der als ein so Zerbrechlicher sein Leben tapfer hinbrachte. Wie eine schwere Schulaufgabe führt er es durch, wie eine lange Prüfung.
1938 schreibt er: »Bei Tische stellten wir die 33 Jahre unseres Verheiratetseins fest. Das Erschrecken, der Schwindel dabei: Das Leben – ich sagte, ich möchte es nicht wiederholen, das Peinliche habe zu sehr überwogen.« Er sagt das zu seiner Frau und erwägt dann im Tagebuch, ob dieses Wort sie nicht gekränkt haben müsse.
»Das Peinliche«. Nicht etwa: das Leiden, oder: die Schwere, die Schwierigkeit, die Not, der Schmerz. Nein: das Peinliche.
Beim Wiederlesen meines Vortrags für die Berliner Reihe:

»Hesse und . . .« Ich hatte das Thema gewählt: Hesse und der ferne Osten. Dazu las ich, einer Eingebung folgend, Thomas Manns Erzählung ›Die vertauschten Köpfe‹. Parallelen zu Hesses ›Siddharta‹: beide Geschichten spielen in Indien und haben indische Stoffe. Hesse ist wie immer an der Grenze zum Kitsch [aber was ist eigentlich Kitsch?], während Thomas Mann pure Kunst bietet, brillant, meisterlich, mit hohem Entzücken zu lesen. Aber kalt, eiskalt. Oder besser gesagt: Eis über einer brennenden Wunde. Manns Problematik: die zerreißende Disharmonie zwischen seiner »Geschlechtlichkeit« und seiner allgemeinen Sinnlichkeit, und seiner exzessiven Intellektualität. Oder anders gesagt: zwischen seiner Bürgerlichkeit und seinem Hang zum Anarchischen. [Man kann viele Worte dafür finden.] Diese Novelle ist die perfekte Darstellung der Neurose Thomas Manns: das Nicht-Zusammenpassen von Leib und Seele [oder Geist], der Wunsch, zum feinen Kopf des einen der beiden Helden der Geschichte die robust schöne Leiblichkeit des andern zu haben. Leider: es war nicht zu machen: durch die Vertauschung der Köpfe kam das feine Haupt auf den robusten Körper, der Stierkopf auf den asthenischen. Die Spannung, der Mangel, mußte lebenslang ertragen werden.

Hesse tat sich da leichter: Neurotiker auch er, zeitweise sogar in psychotherapeutischer Behandlung, konnte sich im entscheidenden Augenblick fallenlassen und für eine Weile skrupellos anarchisch leben. Thomas Mann konnte das nicht, er brach nie aus, er blieb sein eigener Gefangener.

Das Kitschige an Hesse ist wahrer und tiefer als das Hochkünstlerische an Thomas Mann.

Ein Thema, wert langer Überlegungen.

Eben fand ich eine Notiz in Manns Tagebuch vom Juli 1939: er saß bei druchdringender Sonnenhitze auf der Terrasse. Plötzlich, so schreibt er: »Aufgefahren mit eigentümlicher nervöser Schreckenssensation, als ob Feuer sich meinem Munde näherte.« Kein Kommentar seinerseits.

Ich assoziiere: die feurige Kohle, mit der dem Propheten Jesajas der Mund gereinigt wurde.
Nun: Einer, der sich den »ägyptischen Joseph« als Arbeitsstoff wählt und jahrelang sich mit einem religiösen Stoff beschäftigt, wenn auch nicht als ein selbst Religiöser, hat ja doch wohl mit jener Sphäre zu tun, die man Religion nennt. Irgendwo erwähnt Thomas Mann, daß ein Pastor einen Aufsatz geschrieben habe: ›Die Religiosität Thomas Manns‹. Hätte ich mehr Lebenszeit vor mir und brauchte ich sie nicht fürs wirklich Eigene, so schriebe ich eine Arbeit zu diesem Thema.
Thomas Mann im Tagebuch 1937: ». . . die mögliche historische Funktion des Fascismus, die unaufhaltsame Tendenz der Welt, sich ihm zu verschreiben, das unsinnige Opfer, das man – ohne zu wissen: wem – bringt, indem man sich mit seiner Bekämpfung das Blut verdirbt. Keine Vorspanndienste mehr! Keine Äußerungen und Antworten! Wozu Haß erregen? Freiheit und Heiterkeit! Man sollte sich endlich das Recht dazu nehmen.« Sollte man? Kann man? DARF man?
Er selber hat es nicht gekonnt, er mischte sich wieder und wieder ein. Was er damals ins Tagebuch schrieb, das war die Aufzeichnung einer Versuchung. Wie gut ich sie kenne. Laß sie streiten, die Politiker und ihre kleinen Parteigänger, hör auf, Pamphlete zu schreiben zu Tagesfragen, was geht dich das Treiben der Wahnwitzigen an, der Törichten, der Bösen. Du bist oft genug auf die Barrikaden gestiegen, hast Alarm geblasen, hast dich riskiert und um jeden Frieden gebracht, hast dir Feindschaften zugezogen, und WOZU? Weißt du nicht, daß das Rad sich dreht, immerzu, und daß »alles eitel« ist und ein NICHTS?
Ja, schon, ich weiß das. Aber ich weiß noch anderes: daß diese Erde mein Lebensort ist, und daß ich hier und jetzt die Aufgabe habe, mitzuarbeiten, daß das Bewußtsein sich verändere, damit die Zustände sich verändern.
Weiß ich aber auch, WOZU ich das mache? Führt es zu etwas?

Falsche Frage. Sie provoziert Teil-Antworten, ungenügend, billig sogar. Indem ich lebe und mich einsetze, weiß ich den Sinn. Leben und Einsatz sind Sinn genug. Wer leidenschaftlich verliebt ist, fragt nicht nach dem Sinn, er lebt ihn. Meine Liebe zum Leben ist mir die Antwort auf die Sinn-Frage.

Bonner Intermezzo. Einladung der Regierung zu Pertinis Staatsbesuch in der Bundesrepublik. Ich fliege hin: Pertini, italienischer Staatschef, ist gewissermaßen auch mein Präsident nach zwanzig Jahren meines Gastlebens in Italien. Ein Akt der Höflichkeit.

Abendessen und Konzert im Rokoko-Schlößchen Brühl. Große Auffahrt, Abendanzüge, Schmuck, Diplomatenglätte. Schön die Innentreppe, die man hinaufsteigen muß. Auf halber Höhe, auf einem breiten Treppenabsatz steht Carstens, der Bundespräsident, mit Frau, daneben Pertini, ohne Frau, die mag derlei nicht und hat genug zu tun mit den Drogensüchtigen, die sie betreut. Dann steht man herum. Kellner winden sich durchs Gedränge. Man schwätzt. Wozu bin ich gekommen . . .

Zu Tisch. Viele kleine runde Tische in drei Räumen. Tischkarten. An meinem Tisch gehts bunt zu: links von mir Kai-Uwe von Hassel, rechts der Regierungssprecher Bölling, gegenüber zwei lustige italienische Diplomaten und eine nette Frau, neben Hassel eine unnette, die mich leicht feindselig anschaut, warum eigentlich. Sie ist Hassels Tischdame. Mühsames Gespräch meinerseits nach links mit dem steifen Hassel, amüsant nach rechts mit Bölling, seitenverkehrt sozusagen, wie Bölling leise feststellt. Man ißt, ohne zu wissen, was. Dann hält Carstens die Tischrede.

Nach Carstens Pertini, ganz einfach, ganz warm menschlich.

Nach den nötigen verbalen Verbeugungen spricht er davon, daß seine Beziehungen zu Deutschland keine guten gewesen

seien: er war im italienischen Widerstand gegen Hitler, und sein Bruder auch, der wurde deportiert ins KZ Flossenburg, dorthin werde er morgen gehen, ans Grab des Bruders, das Massengrab, und übermorgen werde er nach Dachau fahren . . . Ohne Rankünе, ohne Spitze gegen einige deutsche Herren im Saal. Man klatscht Beifall, als habe er Schmeicheleien gesagt. Begreifen denn die Leute, wie großartig das ist, daß da einer, dessen Bruder man umgebracht hat, die Hand reicht und keine große Geste daraus macht, aber das Geschehen auch nicht verkleinert und verharmlost?
Die ›Rivista Culturale‹ bittet mich, einen Aufsatz über Pertini zu schreiben. Dabei fällt mir ein Satz aus dem ›Hamlet‹ ein: »Er war ein Mann, nehmt alles nur in allem.«
Er ist zweiundachtzig im Jahr 79. Kein Zeichen von Müdigkeit nach so anstrengenden Tagen. Auch beim Konzert hört er aufmerksam zu. Was für eine Disziplin. Und hernach eine erheiternde Szene: nach dem Konzert laufe ich zur Garderobe. An der Ecke kommt mir ein Schwall Menschen entgegen, ich werde einem Mann buchstäblich in die Arme geworfen. Es ist Pertini. Ich entschuldige mich. Er sagt: Aber es ist doch nicht Ihre Schuld, mein Adjutant hat sie gestoßen.
Das stimmt nicht ganz. Macht nichts. Welche Geistesgegenwart des alten Herrn, so höflich zu reagieren, so blitzschnell, so charmant. Um derlei zu können trotz aller Müdigkeit, dazu muß einer schon lebenslang Herzenshöflichkeit geübt haben.

Ein Telefon-Anruf. Eine Unbekannte, sie spricht ein fehlerhaftes Italienisch. Sie ist Brasilianerin. Was will sie von mir, wer gab ihr meine Adresse, wer ist sie? Sie redet und redet. Immer wieder der Satz: Ich werde ihn umbringen, ich muß es tun, verstehen sie? Allmählich verstehe ich, worum es da geht. Diese Frau, jung noch, liebt einen Priester in Rom. Er hat sie wieder zum Christentum zurückgeführt. »Aber er

lügt.« Was lügt er? »Er hat gesagt: nimm diese Hostie, iß sie, das ist Fleisch und Blut. Ich habe es geglaubt, ganz heftig habe ich geglaubt. Alles habe ich geglaubt, was er sagte. Er sagte: das ist wahr, das ist Fleisch und Blut. Er hat bei der Messe gesagt: Das ist MEIN Fleisch, das ist MEIN Blut. Ich habe mir die Hostie wieder aus dem Mund genommen und sie untersucht. Nichts. Ich hab hineingebissen. Da kam kein Blut. Das ist kein Fleisch. Wie kann er sagen, das sei Fleisch und Blut, das SEINE? Das nächste Mal, als ich zur Kommunion ging, warf ich ihm die Hostie ins Gesicht. Du lügst, habe ich gesagt, und dafür muß ich dich töten. Ich werde es tun.«
Eine Wahnsinnige? Was will sie nun von mir? Ich soll ihr recht geben. Ich soll sie bestätigen in ihrem Vorhaben. Wie kommt sie zu mir? Eine brasilianische Nonne gab ihr meine Adresse. Wieso? Die hat etwas von mir gelesen. Was soll ich der Wahnsinnigen antworten? Soll ich sagen: Kommen Sie doch erst mal zu mir, damit wir in Ruhe darüber reden? Ich bin zu feige dazu. Ich bin kein Exorzist. Denn auf einen Exorzismus liefe das hinaus, was da geschehen muß. Ich bin auch kein Psychotherapeut. Ich will mit dieser Sache nichts zu tun haben. Ich sage: Warum den Mann töten? Was hilft Ihnen das? Aber die Antwort ist: Ich MUSS ihn töten. Mir scheint jetzt, der Schlüsselsatz sei: »Er hat gesagt, das ist MEIN Fleisch und MEIN Blut.« Nämlich des Priesters, den sie liebt. Die perverseste Erotik, von der ich je hörte. Ich habe eine Weile darauf gewartet, daß sie wieder anriefe, sie habe den Mord begangen. Und ich hätte dann gewußt, daß sie es nicht getan hat. Denn das alles lief nur in ihrer Phantasie ab. Aber auch das ist Wirklichkeit.

Nach Jahrzehnten mein erneuter Versuch, Hegel zu verstehen. Höchst aufregende und schwierige Lektüre. Man muß sich durch Granit beißen, um etwas zu begreifen.
Was ich begreife [als philosophischer Laie] ist dies: Hegel ist

NICHT der erste »Marxist«, ganz im Gegenteil: seine Schüler haben ihn mißverstanden. Aber er ist ja auch mißverständlich in seiner Trinitätslehre. Seine theologische Grundlehre: Gott ist Freiheit: Vater, Sohn, Geist. Dieser Dreiheit entsprechen drei Erdenzeitalter. [Einfluß von Joachim di Fiore.]
Aus der göttlichen Dreiheit lösen Hegels Schüler den Dreischritt These, Antithese, Synthese heraus. Die Dialektik also. Hegels Lehre ist Religion. Sein Geschichtsverständnis: Weltgeschichte als Rechtfertigung Gottes. Die Schöpfung ist in ALLEM das vernünftige und gute Werk Gottes. In der Weltgeschichte erwacht der Geist zu seinem Bewußtsein. Die irdische Geschichte ist mehr als irdische Geschichte: ein kosmischer Prozeß. Dabei wird viel Material verbraucht: Menschen nämlich. »Es kann sein, daß dabei dem Individuum unrecht geschieht, aber das geht die Weltgeschichte nichts an, der die Individuen als Mittel in ihrem Fortschreiten dienen.« Suspekter Satz: Wasser auf die Denk- und Handelns-Mühle der spätern Marxisten-Leninisten. Bei Hegel aber großartig anders gemeint: der einzelne muß sich opfern für ein Höheres. DENN: Gott selbst hat sich geopfert in Christus. Gott hat das Leiden und den Tod der Menschheit auf sich selbst genommen. Aber Gott hat auch das Leiden geschaffen, er hat alles geschaffen, auch das Böse. [Ich wage es, Hegel zu kritisieren: Gott hat nicht DAS BÖSE geschaffen, sondern das zugelassen, was uns als böse erscheint: die Negativseite des Guten. Durch seinen Tod nimmt Gott alles, auch das Böse, wieder in sich hinein. Der Tod Christi als Tod des menschlichen Gottes, der ENDLICHKEIT Gottes in seiner UNENDLICHKEIT. Der Tod Gottes als die große Versöhnung.]
Mystische Theologie.
Mystisch auch Hegels Staatsauffassung: Abbild des Himmels. Wie im alten China. Überhaupt ist Hegel Konfuzianer, ohne daß ers weiß. Die Erde als Spiegel des Himmels, die irdische Ordnung [der Staat] als Wille Gottes, der irdische Herrscher als Stellvertreter des Himmelskaisers Gott. Und der Mensch

als freiwillig sich Unterwerfender. Nicht als einzelner etwas geltend, sondern nur im Ganzen und nur insofern er sich unterwirft, also OPFER. Mißverständnis im Marxismus: der Einzelne ist nichts, nur das Ganze zählt.
Jesus als Modell des sich Opfernden für das Ganze. Der einzelne als das Opfer. Das ergibt eine tragische Auffassung von Geschichte und Leben. Gewiß, sagt Hegel, und Gott selbst ist tragisch. Das Christentum als tragische Erscheinung: als Teilhabe an der Tragik Gottes.
Aber indem die Menschheit das Leiden Gottes mitleidet, entwickelt sich ihr Bewußtsein. Sie schreitet vorwärts, sie begreift sich und Gott. Der Ort der Entwicklung ist der Staat. Das ist nicht der Staat Nietzsches [»das kälteste aller Ungeheuer«], sondern der Gottesstaat. Alte Idee, immer virulent, siehe Chomeini, siehe Papst Woityla, siehe die marxistische Staatsauffassung, siehe die mittelalterliche REICHS-Idee, die bei Hitlers Ideologie-Mystikern wieder auftaucht.
Dieser verbohrte Versuch, die Erde unter EINE Idee, unter EINE Ideologie, unter EINE Partei, unter EINEN Kaiser zu bringen. Freilich meint Hegel [der junge Hegel] keinen konkreten Staat, und das eben ist die Ursache für das Mißverständnis aller, die dem Staat absolute Macht zuerkennen wollen.
Und hier komme ich wieder einmal zu meiner Erkenntnis: was wir auch sagen – wir meinen immer zweierlei, wir meinen eine Idee, und wir meinen eine irdische Realität. Zwischen den beiden korrespondierenden Reichen leben und irren wir.
Wie, Herr Professor, macht man das, daß man zugleich dem gottgegebenen Staat gehorcht und den vom Staat Unterdrückten und Armen hilft? Sie glauben an Evolution, weil Sie an die Vernunft glauben und weil Sie an Ihr Dogma glauben, daß der These die Antithese und ihr die Synthese logisch zwanghaft folge, und daß man die Geschichte, das heißt Gott, nur gewähren lassen müsse und alles würde gut.
Hier wieder die Doppelebene: wohl wird einmal alles gut, da uns der neue Himmel und die neue Erde versprochen sind.

Aber jetzt und hier? Geht der in den neuen Himmel ein, der jetzt alle viere von sich streckt?
Daß Hegel zum Vater der Marxisten wurde, ist absurd. Freilich: Engels, einer seiner Schüler, sagte, daß durch die Dialektik die Gesellschaft über sich hinausgetrieben würde. Nun, was mich an Hegel fasziniert, ist die Lehre der drei Zeitalter und das entsprechende Gottesverständnis. Der sich in der Menschheit entwickelnde Gott, der Gott, der uns braucht, um zu sich selber zu kommen. Erinnert an die Dorothee Sölle: Je mehr Gott Mensch wird, desto mehr wird der Mensch Gott. Weltgeschichte wäre also: Mensch und Gott zur Deckung zu bringen. Die innigste Arbeits- und Liebesgemeinschaft zwischen Mensch und Gott.
Jesus hat es vorgelebt: Ich und der Vater sind EINS. Der Mensch, in dessen Innerm sich die Bewußtwerdung Gottes abspielt. Der Mensch, der in die Freiheit des Geistes gelangt, indem er Gott in sich Freiraum gibt zur Entwicklung.
Der Mensch als der Berufene, die Welt zu erneuern, indem er sein Bewußtsein entwickelt und göttliche Verantwortung trägt. TRÄGT, sagt Hegel, nicht: übernimmt. Duldend, nicht aktiv sah Hegel den Menschen. Und da setzt das Mißverständnis ein: der Marxismus schaltet Gott aus und verabsolutiert den Menschen und seine Tat. Nicht mehr Gott tut, sondern der Mensch. Die Marxisten lassen Gott sterben, sie brauchen ihn nicht. Hegel läßt Gott mystisch sterben, damit in diesem Sterben die Sterblichkeit des Menschen aufgehoben wird.
Wer sich auf Hegel einläßt und zugleich konkret politisch sozialistisch denkt und handelt, sieht sich einer Zerreißprobe ausgesetzt. Man besteht sie nur, wenn man weiß [durch Erfahrung), daß alle Widersprüche nur Polaritäten ein und derselben Sache sind.
Daß man Hegel für eine restaurative Politik und Theologie in Anspruch nehmen kann, wird mir klar. Zum Beispiel seine Hochschätzung der Ehe und Familie und der Idee des Gehorsams und Opfers. Ist Papst Woityla nicht Hegelianer [der spä-

tern Zeit]? Ein paar Hegel-Zitate [aus den Vorlesungen]: »Im Tode Christi ist für das wahrhafte Bewußtsein des Geistes die Endlichkeit des Menschen getötet worden.
Gott selbst ist tot, so heißt es in einem lutherischen Liede, damit ist das Bewußtsein ausgedrückt, daß das Menschliche, die Schwäche, das Negative göttliches Moment selbst sind, daß es in Gott selbst ist, daß die Endlichkeit, das Negative, das Anderssein nicht *außer* Gott ist und als Anderssein die Einheit mit Gott nicht hindert. Es ist das Anderssein, das Negative gewußt als Moment der göttlichen Natur selbst. Die höchste Idee des Geistes ist darin enthalten . . . Der Tod ist ein Abstreifen des Menschlichen, aber zugleich ist der Tod selbst auch das Negative, diese höchste Spitze dessen, dem die Menschen als natürliches Dasein ausgesetzt sind: dies ist hiemit Gott selbst.«
In einer andern Vorlesung finde ich das Wort von der »unendlichen Energie der Sehnsucht«. Identisch mit dem Prinzip Hoffnung, scheint mir.
In einer andern redet er vom altrömischen Reich, in dem der Schmerz und die Ratlosigkeit der von Gott [den Göttern] Verlassenen zum Bruch mit der »gemeinen Wirklichkeit« führt und zur Hinwendung zum Geist. Teilhard de Chardin sagt das so: ist die Biosphäre aufgebraucht, wird sich die Noosphäre entfalten. Der neue Himmel, die neue Erde, unausrottbare Hoffnung, unausrottbar, weil als Urerfahrung uns mitgegeben, irrationales Urwissen.
Sehr nützlich und sehr aufregend, wenn man alte Denker wieder liest und ihre Aktualität ausgräbt aus manchem Denkschutt.
Sonderbar, wie man aus Hegel einerseits etwas so Mystisch-Irrationales wie die Reichsidee der Hitler-Ideologen herauslesen kann und zugleich die trockenste aller Philosophien: den Marxismus.
Und beides Mißverständnisse: Hegel, träumt über jede konkrete Staatsform hinaus in den neuen Aion hinein.

1980

Unauffindbar. Verzweifelter Brief eines Siebzehnjährigen aus Stuttgart. Ich setze mich sofort hin und antworte. Da merke ich, daß der Junge seine genaue Adresse nicht geschrieben hat. Ich rufe den Thienemann-Verlag in Stuttgart an, die müssen mir helfen, sie müssen den Namen im Telefonbuch finden. Sie finden ihn nicht. Sie müssen das Einwohnermeldeamt anrufen, auch dort findet man den Namen nicht. Auch die Polizei weiß nichts von ihm. Aber er schrieb doch: Stuttgart. Er muß doch zu finden sein. Ich stelle mir vor, wie er irgendwo sitzt und auf meinen Brief wartet wie auf einen Rettungsring. Und nun kommt der Brief nicht. Wie verraten kommt der junge Mensch sich vor. Ich kann aber doch keine Suchanzeige in die Zeitung setzen. Er liest doch sicher keine Zeitung. Ich fühle mich miserabel. Wenn der Junge wenigstens spüren könnte, wie ich mich um ihn sorge. Da liegt mein Brief an ihn. Er bekommt ihn nie. Und ich bin, wie er schrieb, der einzige Mensch gewesen, auf den er noch Hoffnung setzte.

Februar 1980. Einladung: in der Universität München zu sprechen zur Feier des 37. Todestages der Geschwister Scholl. Natürlich nehme ich an. Der Veranstalter ist keineswegs die Universität, und mich wundert, daß der Rektor Lobkowitz die Erlaubnis gab, daß diese Feier in seiner Universität stattfindet. Daß überhaupt das bayrische Ministerium derlei erlaubt! Da werden sich gewiß all die mißliebigen Antifaschisten einfinden, überlebende KZler [die sowieso alle Kommunisten waren . . .] und natürlich die neuen Linken und die aufsässigen Schriftsteller, diese »Sympathisanten«, und diese Rinser ist auch dabei, natürlich. Veranstalter ist der DGB zusammen mit dem VVN und Linken Studentenverbänden. Ich bin dann doch überrascht, daß im Lichthof, da, wo Hans und Sophie Scholl verhaftet wurden [als sie Flugblätter gegen Hitler verteilten], vor der Gedenktafel ein Kranz mit einer roten Schleife vom Studentenbund Spartakus liegt. Nun, ihn jetzt zu entfernen, gäbe einen Skandal, den sich selbst Lobkowitz nicht erlauben mag. Ich frage mich, wie viele junge Leute heute noch wissen, wer diese »Geschwister Scholl« waren. [Man vergißt dabei immer den wunderbaren Professor Huber und den Studenten Alexander Schmorell, die zusammen die Widerstandsbewegung ›Weiße Rose‹ gegründet hatten. Professor Huber übrigens ein Freund von Carl Orff, auch das ist vergessen.] Ich frage mich auch, wer von den Studenten, die heute studieren, den Mut zum Widerstand gegen einen Hitler hätte.

Aber dann höre ich, daß da doch jemand Mut hat: nachdem Iring Fetscher und ich gesprochen hatten, sprach die Vorsitzende des ASTA. Sie erinnerte daran, daß die Geschwister Scholl denunziert worden waren vom Universitätspedell, der ein Spitzel Hitlers war. Ja, das WAR. So denkt man, sagt sie. Aber das IST! Das ist heute! Schauen Sie dort hinauf, rief sie, da steht unser Pedell, und was ist der? Ein Spitzel! Er taucht überall auf, wo Studenten in Gruppen stehen, er folgt uns in die Cafés rund um die UNI, er ist überall und hört alles und überbringt es Lobkowitz.

Alle Augen [wir waren in einem großen Hörsaal] wandten sich um: oben, deutlich sichtbar, stand der also Angezeigte. PFUI, riefen wir, und der Mann verschwand.

Peinlich, aber notwendig, und sehr mutig von dem Mädchen. Ich hoffe, sie hat nicht unter Folgen zu leiden. Lobkowitz hat schon einmal einen Studenten im vorletzten Semester relegiert auf eine Art, daß der an keiner anderen Uni mehr weiterstudieren kann: der hatte eine linke Demonstration initiiert.

Zeiten-Ende. ›Heinrich von Ofterdingen‹ [Novalis]. Zum wievielten Mal lese ich das Buch jetzt, und jedesmal finde ich Neues, das mich angeht, mich und meine Zeit. Der alte Einsiedler sagt:

»Es ist erfreulich, jene allmähliche Beruhigung der Natur zu bemerken. Ein immer innigeres Einverständnis, eine friedlichere Gemeinschaft, eine gegenseitige Unterstützung und Belebung, scheint sich allmählich gebildet zu haben und wir können immer besseren Zeiten entgegensehen. Es wäre vielleicht möglich, daß hin und wieder noch alter Sauerteig gärte, und noch einige heftige Erschütterungen erfolgten; indes sieht man doch das allmächtige Streben nach freier, einträchtiger Verfassung, und in diesem Geiste wird jede Erschütterung vorübergehen und dem großen Ziele näherführen.«

Eben finde ich in einem sonderbaren Buch, das mir ein unbekannter Leser einmal zugeschickt hat, eine Stelle, die dazu paßt:

»Nicht vor dem Untergang des Abendlandes ist die Menschheit angelangt, wie manche wähnen, sondern sein späterer höchster Aufstieg erfordert die Opfer, die der wahre Mensch des Abendlandes heute zu beklagen hat . . . Hier ist Geduld und Glaube der Heiligen vonnöten.« Wer das schreibt, der nennt sich Bô Yin râ, aber er ist ein Deutscher, Joseph Anton Schneiderfranken. Das Buch ist 1922 in Basel erschienen. Was dieser Unbekannte sagt, stimmt überein mit dem, was Teilhard de Chardin sagt:

»Wenn das Ende der Zeit naht, wird auf die Grenzen des Wirklichen unter der Anstrengung der Seelen, die sich in ihrem Verlangen, der Erde zu entrinnen, verzweifelt anspannen, ein erschreckender geistiger Druck ausgeübt werden. Dieser Druck wird einmütig sein . . . Dann wird ohne Zweifel auf eine bis zum Paroxismus ihrer Fähigkeiten zur Vereinigung gebrachte Schöpfung die Parusie erwirken . . .

Das seit dem Ursprung der Zeiten verfolgte einzige Werk der Assimilation und Synthese wird endlich offenbar: der univer-

sale Christus wird wie ein Blitz in den Wolken der langsam geheiligten Welt aufleuchten . . .«
Die Wirren unsrer Zeit, die Naturkatastrophen, die Angst, die Weltuntergangsstimmung, das alles ist nichts als die Geburtswehen des »Gottesreiches«. Wir dürfen diesen Punkt Omega niemals aus den Augen lassen, niemals, sonst stehen wir diese »Endzeit« nicht durch. Und wenn nun wirklich unsre Erde zerstört würde durch »das Feuer vom Himmel«, wie es die Apokalypse sagt? Nun, was wird da zerstört? Nur die Materie. Nur das Biologische unsrer Existenz. Das Eigentliche, der Geist, unser göttliches Teil, das bleibt. Ich weiß, daß es so ist. Woher weiß ich das? Woher wissen es die andern, die großen Hoffenden? Woher nehmen die vielen Millionen, die heute unter der Katastrophendrohung weiterleben, als wäre nichts, die sogar fröhlich sind und an Fortschritt weiterglauben, woher nehmen sie die Kraft? Aus dem Glauben derer, die WISSEN.

Frauen. Aus einer Fernseh-Reportage von einer Versammlung italienischer Bergbäuerinnen in Bologna. Schöne, gescheite, energische Gesichter. Der Reporter [ein Mann] sagt: diese Frauen durften sich bisher nie selbst darstellen, nie sich artikulieren, das taten immer Männer, auf Männerart, jetzt reden die Frauen selbst, und es zeigt sich, daß sie wissen, was sie wollen, und können, was sie wollen.
Die Frauen sind ganz unaggressiv, kein Wort gegen die Männer, mit Polemik halten sie sich nicht auf, obwohl sie zur Frauenbewegung gehören, ausdrücklich. Sie geben sich mit der konkreten Wirklichkeit ab. Keine Abrechnung mit den Fehlern, die männliche Politiker gemacht haben. Aber auch keine großen Worte über den Feminismus, kein Auftrumpfen. Diese Bergbäuerinnen, die ein hartes Leben haben, nehmen einfach das Steuer in die Hand. Sie sind bewußt Bäuerinnen, und zwar Bäuerinnen im Gebirge, in besonders schwieriger

Lage. Viele von ihnen sind nicht mehr nur Ehefrauen von Bauern, sondern selbst Bauern, Unternehmer also, und sie wollen vom Staat keine Hilfe, sondern nur ihre Rechte. Wie die weiblichen Kräfte hier in Italien aufbrechen, das ist bewundernswert. Dieses Fallenlassen von Ressentiments, von Aggressionen und Anklage. Die Ärmel aufgekrempelt und an die Arbeit.

Das perfekte Antistück zu meiner Berliner Erfahrung mit Feministinnen dort. Was für ein Potential an Aggression ist in diesen jungen Frauen an der FU und im Frauenbuchladen Lilith angehäuft. Natürlich unterstehen junge Intellektuelle, Großstädterinnen, gar Berlinerinnen, andern Bedingungen als die italienischen Bergbäuerinnen, die es nicht mit Ideologien und Systemen, sondern mit Sachen zu tun haben, mit Heu, Kühen und dem steinigen Boden und dem Wetter. Die jungen Berlinerinnen haben es zu tun mit der gedanklichen Bewältigung ihres Schicksals, Frau zu sein im zerbröckelnden Patriarchat. Zudem begünstigt Berlin die Aggressionen: man ist im Käfig. Mich überfällt dort jedesmal Klaustrophobie.

Käfige im Zoo und Zellen im Gefängnis schaffen Neurosen. Aber auch Leistungssteigerung. Komprimierung der Verstandeskraft. Allerdings einer, die zu Obsessionen führt. Diese ausschließliche intensive Befassung mit den Frauenproblemen macht mir, gegen besseres Verstandeswissen, Unbehagen. Das spüren meine Zuhörerinnen, und es macht sie, bewußt oder unbewußt, aggressiv gegen mich. Sie verlangen sozusagen, daß ich ihren Männerhaß teile. Aber ich bin keine der Ihren, obgleich ich immer bewußt Frau war und emanzipiert. Ich brauche männliche Diskussionspartner, ich will den Gegenpol. Nur-weibliche Umgebung macht mich konfus und langweilt mich. Aber bei den Bergbäuerinnen würde ich gerne sein. Also ists nicht der Feminismus, der mich stört, sondern die Intellektualität. Das ists, was sie selber stört. Es ist ein geheimer Drang in ihnen, sich abzusondern, sich zu desintegrieren, den Mann auszuschalten, ihn zu übertrumpfen, ihn lächerlich

zu machen, ihn zu negieren. Wieder die alte Verwechslung der Begriffe: nicht der Mann ist der Feind, sondern das desintegrierte Männliche, die Alleinherrschaft des Männlichen in unsrer Menschheitsgeschichte. Das Männliche ist nicht ausschließlich im Besitz des Mannes, es ist auch in der Frau, positiv und negativ. Das männlich Zerstörerische ist auch in der Frau. Ich glaube nicht, daß es besser um unsre Welt stünde, wenn nur Frauen regierten. Nicht die Frau muß regieren, sondern das Weibliche muß lenken.
Was mich an vielen Feministinnen stört, ist ihr Männerhaß, geboren aus subjektiven Erfahrungen. Frustrationen. Nicht sachliche Überlegungen zur Geschichte und Anthropologie. Aber wie und warum auch immer: es gibt ein WOZU. Uns Menschen, uns Frauen ist jetzt auferlegt, die jahrtausendealte Unterdrückung des Weiblichen in der Gottheit und also der Menschheit ans Licht zu bringen.

Wo ist Gott? Gelesen, aber vergessen wo: eine Szene in Auschwitz: drei Gehenkte am Galgen, unter ihnen ein Kind. Alle KZ-Insassen müssen zuschauen. Alle weinen. Einer fragt: Und wo ist jetzt Gott? Jemand deutet auf das sterbende Kind: Hier hängt er.
Dazu die Frage: Kann man nach Auschwitz noch beten? Die Antwort: Ja, denn in Auschwitz wurde gebetet.
Andre Frage: Kann man nach Auschwitz noch Gedichte schreiben? Ja, denn in Auschwitz wurde gedichtet.
In Auschwitz wurde Musik gemacht.
Der französische Film ›Fanja Fénelon‹. Vor Jahren hat mir ein Holländer, der Komponist Mario Flothuis, den Stoff angeboten. Die Freundin seiner Frau hat in diesem Orchester gespielt, wenn ich mich recht erinnere. Ich konnte den Film nicht machen. Ich saß wie gelähmt vor diesem Stoff. Jetzt sehe ich den Film, den ein andrer gemacht hat. So gut hätte ich das gewiß nicht gekonnt. Der Stoff: Die SS-Leute in

Auschwitz wollen Musik hören. Sie suchen Frauen aus, die ein Instrument spielen. So entsteht ein kleines Orchester. Die Dirigentin ist Wiener Jüdin, Tochter eines berühmten Geigers.

Ich dachte, ich könnte den Inhalt einfach aufschreiben. Seltsame Erfahrung: mein sonst so gutes Gedächtnis versagt. Die Handlung war doch so einfach. Aber ich weiß sie nicht mehr. Ich sehe nur das große harte Gesicht der Schauspielerin, welche die französische Widerstandskämpferin spielte. Und ich sehe die sentimental verklärten Gesichter der Lageroffiziere im Konzert. Ich sehe auch noch das Gesicht der jungen Dirigentin, wie sie im Sarg liegt, vergiftet von der eifersüchtigen Lagerleiterin. Ich sehe, wie ein Offizier der Toten ihre Geige in den Sarg legt. [Sah ich das richtig?] Ich sehe auch noch den Einzug der Sowjettruppen, der Befreier. Ich sehe die Skelette der Verhungerten. Fetzen von Erinnerungen. Während ich den Fernsehfilm anschaute, drückte ich mehrmals auf den Telecommander: ich kann nicht mehr, ich ertrage das nicht. Aber man MUSS es ertragen. Warum eigentlich? Die Jugend von heute sagt: Laßt uns doch mit der alten Geschichte in Ruhe, wir haben sie nicht gemacht, wir sind nicht schuld, und euer Schuldkomplex geht uns nichts an.

Doch, er geht euch an, er geht uns alle an. Was damals geschah, geschieht in irgendeiner Form immer wieder: Es gibt nichts, was spurlos verschwände, keine Sünde gegen das Leben bleibt ungerächt. Keiner von uns kann sich herauslösen aus dem Ganzen. Alles geschieht immer allen. Ich denke an die Gruppe junger Deutscher, die voriges Jahr bei mir war. Wir kamen auf die deutsche Vergangenheit zu sprechen. »Wir haben dafür keine Verantwortung«, sagen die Jungen. Ich frage: »Habt ihr Verantwortung für die Gegenwart und die Zukunft?« Das Problem der Freiheit und der Konditionierung taucht auf, und die Frage, ob es nicht moralisch besser sei, sich aus allem herauszuhalten und ein Leben der Stille, der Meditation zu führen. Mein Beweis, daß das nicht geht, kommt aus der Physik. »Schlag auf den Tisch!« sage ich zu dem Verfechter der These von der Unverantwortlichkeit. Er tut es erstaunt. Worauf soll das hinauslaufen? Ich frage ihn: Was hast du getan? Ich habe auf den Tisch geschlagen. Ja, und was ist dabei passiert? Nichts. O doch: du hast die Moleküle dieser Holzplatte in Bewegung gebracht; glaubst du, daß diese Bewegung an der Tischkante endet? Sie geht in Wellen weiter. Bis wohin? Bis ins Universum. Und selbst wenn du nur in Gedanken etwas bewegst, setzt sich die Bewegung fort und bewirkt etwas. Jene Bewegung, welche die Generation von 1933 begonnen hat, wirkt weiter, und was ihr Jungen heute tut, wirkt weiter ... Keine Verantwortung?

Wer eine individuelle Psycho-Analyse beginnt, hat schreckliche Träume. Sie müssen ausgehalten werden, sie sind die Vorbedingung der Heilung.

Im Traum schreien. Brief einer Sechzehnjährigen. »Ich schreibe Ihnen in der Hoffnung, daß Sie mir helfen können. Ich habe schon viele Ihrer Bücher gelesen.«

Wobei soll ich helfen?

»Ich habe kein Ziel mehr, weiß nicht mehr, wozu ich da bin. Das Leben ist für mich ein Muß, keine Gnade. Die Menschen zu lieben, das wäre ein Ziel, aber ich kann es nicht ... Mein einziger Freund ist der Alkohol. Gewiß – ein gefährlicher Freund, ich weiß. Aber das ist mir inzwischen egal. Was ist aus mir geworden? Ich empfinde nichts mehr. Das Leben gleitet an mir vorbei ... Man sagt mir, es sei Weihnachten, und ich denke Weihnachten – schön, doch ich fühle nichts dabei. Ich empfinde nichts, wo ich doch früher trotz vorgetäuschtem Atheismus und Auflehnung gegen diese alten Traditionen und dieses spießige Gehabe noch etwas gefühlt habe. Mich berührt nichts mehr.«

Aus dem Rest des Briefes geht hervor, daß das Mädchen eine

schlechte Beziehung zu den Eltern hat. »Meine Eltern halten mich einfach für das Kind, das ihnen gehört, das erzogen werden muß, das gehorchen muß. Ich bin doch ein Mensch, das begreifen sie nicht.«
Sechzehn Jahre alt. Als ich so alt war wie sie, war ich auch verzweifelt. Es gibt ein paar Tagebuchblätter von mir aus jener Zeit: sie sind nicht sehr verschieden von diesem Brief. Ich wollte mich umbringen. Ich malte ein Bild von einem Großstadt-Hinterhof, der wie ein Schacht ist, ausweglos, ein Gefängnis, darüber ein zerfetzter Nachthimmel. Ich fand später in einem Buch mit Bildern Schizophrener eines, das dem meinen genau glich.
Ich schreibe das dem Mädchen. Ich zitiere Camus: »In der Welt herrscht das Absurde, aber die Liebe rettet davor.« Ich sage ihr: »Du findest den Sinn Deines Lebens nur in Liebestaten.« Ich sage ihr, daß der Alkohol für sie Ersatz ist für die ihr vorenthaltene Liebe, die »Muttermilch«, hätte ich sagen können. Ich rate ihr, eine Gruppe der AA [anonymen Alkoholiker] zu suchen.
Ich lege alle meine Wärme und Kraft in diesen Brief. Während ich diesen Brief schreibe [mit aller Intensität, Wärme, Vernunft], fällt mir plötzlich mein Anwalt Merkenschlager ein, der mir 1944, als ich im Gefängnis saß, helfen sollte. Er sagte: »Ich komme mir vor wie ein Mensch, der im Traum schreien möchte und nicht kann.«

Der Teufelsbaum. Im Fernsehen wieder einmal das Bild von der Atombombe auf Hiroshima. Plötzlich sehe ich: dieser Rauchpilz ist ein Baum, und das Ganze ist die Perversion des Naturvorgangs beim organischen Wachstum: eine Frucht, eine Nuß, eine Eichel, oder was immer, ein Ding prall gefüllt mit Energie, löst sich vom Ast, fällt auf die Erde, explodiert, läßt den Keim hochschießen, wächst auf, bildet Stamm und Krone, ist ein Baum, in seinem Schatten breitet sich Leben aus. Die Atombombe löst sich vom Träger, prallt auf unsre Erde, explodiert, läßt den Stamm hochschießen, bildet einen Schirm, darunter breitet sich der Tod aus. Der Teufel, Ahriman, kann immer nur den Schöpfergeist nachahmen, in hysterischem Ehrgeiz. »Was du kannst, kann ich auch.« Aber nie gelingt ihm das Organische, das Leben, nie kann er einen Baum schaffen, einen Vogel, einen Fisch, einen Menschen. Was er kann: Flugzeuge, Unterseeboote, Atompilze, Roboter. Die durchgehende Automation, die Pseudoschöpfung aus Eisen, Plastik, Elektronik. Statt Leben Tod.

Homo ludens. Der spielende Mensch. Im TV gesehen: Bei einer Ausstellung von neuen Erfindungen in Lausanne [oder Genf] gewann den ersten Preis ein Engländer, Charles Morgan, mit seinen »unnützen Maschinen«. Sie sehen aus wie komplizierte Apparate der chemotechnischen Industrie: Glaskolben, Röhren, Röhrchen, Räder und Rädchen, Riemen und Hebel, alles beweglich. Die Glasröhren sind mit bunten Flüssigkeiten gefüllt, die durch die ganze gläserne Maschinerie gepumpt werden, lautlos und zwecklos. Nichts als Spiel, Vergnügen, Verzauberung. Spiel um des Spielens willen. Vor keinem andern Gegenstand sind so viele Leute versammelt wie vor diesem Spielzeug. Es trägt den Sieg davon über alle noch so nützlichen Maschinen. Alle Besucher zeigen Freude.
Ich denke nach: das ist keine Parodie auf die Technik, das ist vielmehr die Überwindung der Dämonie der Technik, die Überwindung des zwanghaft Nützlichen. Vom Wesen her ist das KUNST. Der spielende Mensch, das ist der Künstler. Er ist zu nichts nütze. Aber rotte man einmal Spiel und Kunst und Traum und Phantasie aus –! Aus der Psychiatrie weiß man, daß ein Mensch sterben kann, wenn man ihm nicht zu träumen gestattet, indem man ihn jeweils sofort weckt, sobald die

Bewegungen seiner Augäpfel unter geschlossenen Lidern anzeigen, daß er träumt. Die Funktion der Kunst: die Menschen am Leben zu erhalten.

Kamikaze. In dem Buch der deutsch-schreibenden Japanerin Hisako Matsubara ›Blick aus Mandelaugen‹ jene Geschichte wiedergefunden, die mir undeutlich im Gedächtnis war seit Jahrzehnten: die Geschichte von dem japanischen Bombenflieger, der, als Japan den Krieg so gut wie verloren hatte, eine Verzweiflungstat beging, vielmehr begehen wollte, wie es andre damals taten: ein Kamikazeflieger, der sich mitsamt seinem bombengeladenen Flugzeug auf die feindlichen, die amerikanischen Schiffe stürzen wollte. Heroischer Selbstmord: der Flieger wurde mitsamt seinem Flugzeug von den eigenen Bomben zerrissen. Einer, das erzählt die Matsubara, saß also angeschnallt in seinem Bomber und wartete auf den Startbefehl. Der kam nicht, denn in diesem Augenblick war die Kapitulation Japans erklärt. Das von außen zugeschraubte Flugzeug wurde aufgeschraubt, der Pilot konnte aussteigen.

Er wurde Zen-Schüler. Goro Mano hieß er. Als ihn die Matsubara nach vielen Jahren fragte, was er damals gedacht hat, als das Startzeichen für seinen Tod ausblieb, weinte er.

Man hatte ihn um seinen Kamikazetod betrogen. Er war bereit gewesen zum großen Opfer, man hat es ihn nicht vollziehen lassen, die Götter [das Schicksal, wer immer das ist] hatten das Opfer zurückgewiesen.

Der Tod um eines hohen Zieles willen war ihm wertvoller als das Leben.

Wer weiß, WOFÜR er stirbt, kann singend in den Tod gehen. Es muß im Menschen das Wissen sein, daß das Leben [bios] nicht das wirkliche Leben ist. Wir müssen wohl ein eingeborenes Wissen haben von unsrer Unsterblichkeit, welcher der biologische Tod rein gar nichts anhaben kann.

Die christlichen Märtyrer wußten auch, was ihr Sterben war: das Hinübergehen in die höhere Bewußtseinsform.
Warum haben so viele Menschen Angst vor dem Sterben? Weil sie sich nichts anderes, nichts Höheres denken können als ihre irdische Existenz, die sie doch so schwer erträglich finden. Eine hohe göttliche Wesenheit muß, bei allem Mitleid, den Kopf schütteln über uns Ungereimte.

Ein Lehrfilm im TV: Termiten. Ein Alptraum. Ein Bild von Hieronymus Bosch. Da liegt die Termitenkönigin, mit normalem kleinem Kopf und mit riesig geblähtem weiblichem Leib voller Eier. Vierzehn Zentimeter lang ist dieser madenartige Leib. Scheußlich anzusehen in seinen Bewegungen. Ununterbrochen produziert er Ei um Ei, siebzigtausend am Tag, und da, wo die Eier austreten, warten die Ammen, jedes Ei wird sofort von einer Amme in Empfang genommen und weggetragen. Arbeiterinnen füttern nebenbei die gefräßige Königin, während andre den Leib der Königin säubern, indem sie die süßliche Flüssigkeit ablecken, die sie ausscheidet, das ist ihnen Nahrung. Und all das wiederholt sich unaufhörlich. Sekunde für Sekunde, Woche für Woche, Jahr für Jahr. Da wird am laufenden Band produziert. Warum, wozu? Blinder Befehl der Natur. Grauenhaftes Bild.
Aber dann kommt die Katastrophe: die Emigranten-Ameisen kommen, die Völkerwanderung, die Hunnen, Tausende von schwarzen kleinen Teufeln mit fürchterlichen Greifzangen. Wenn diese winzigen aggressiven Geschöpfe ein Schaf überfallen, ist binnen kurzem nichts mehr da als das Skelett. Sie überfallen den Termitenbau. Es gibt eine wilde Schlacht, ein blindwütiges Morden, die schwarzen und die roten Greifzangen verhaken und verknäulen sich, Tausende kämpfen, ein wirrer Haufen, kein General befiehlt, kein Termitenkönig erscheint auf dem Schlachtfeld. Die Königin liegt verlassen in

der Höhle und produziert weiter Leben, bis auch sie überfallen und getötet ist. Wenn die Königin tot ist, stirbt das ganze Volk auch ohne Kampf. Die Königin ist die Quelle des Lebens für das ganze Volk, das nicht aus Individuen besteht, sondern ein Gesamtorganismus ist, in dem die einzelne Termite nur eine Zelle darstellt.

Der Kampf ist beendet. Man sieht das Schlachtfeld mit den noch zuckenden Leibern, schwarzen und roten. Dann ist alles vorüber. Und wozu das Ganze? Wenn es nicht Termiten und Ameisen wären, sondern Menschen? Aufbau, Blüte, Zerstörung. Und immer so fort. Und was den einen Zerstörung ist, das ist für die anderen Garantie fürs Weiterleben. Und immer so weiter, ganz ohne Sinn. Leben ohne Geist. Blinde biologische Existenz. Stur stumpfer purer Überlebenswille. Aber WARUM, aber WOZU überleben? Damit die Art nicht ausstirbt? Warum darf sie nicht aussterben? Weil sie einer andern Art als Nahrung dient, und weil die mit ausstürbe, und so fort. Ausgeklügeltes fürchterliches System. WER hat sich das ausgedacht? Und gab es keine andre Art der Schöpfung? Mir macht das alles Angst. Naheliegender Gedanke: Eine tückisch sture Insektenwelt ist die Schöpfung eines Dämons, des »Herrn der Fliegen«. Plötzlich fühle ich mich nicht mehr geborgen auf dieser Erde. Ich möchte hinaus aus dieser Wirrnis von Geburt und Tod.

Lesung bei den »Spastikern« in München. Schon bei meinen zwei Lesungen in der Bahnhofsbuchhandlung waren einige junge Menschen in Rollstühlen da, und als sie sagten, daß jeweils nur eine bestimmte Zahl von »Behinderten« in Rollstühlen in einem Saal sein dürfe [polizeiliche Bestimmung wegen Gefahr bei einem Brand oder dergleichen] habe ich ihnen versprochen, im Spastikerzentrum zu lesen. Da stand ich nun vor etwa achtzig jungen Menschen im Rollstuhl. Freiwillige Anwesenheit, also literarisches Interesse. Ich aber bin befangen. Warum? Ist da eine Fremdheit zwischen dem Unbehinderten und dem Gelähmten? Ja, so ist es. Darüber kann ich mich nicht täuschen. Obwohl ich mit einer zeitlebens Gelähmten, der Magdalena Dietl, schon lange eng befreundet bin und also weiß, wie man so lebt, fühle ich mich hier vor den vielen Behinderten selbst behindert. Fast so, als hätten SIE recht und ich müßte mich meiner Gesundheit als eines Raubes schämen. Sonderbares Gefühl von Unterlegenheit ihnen gegenüber. Die Plattheit des Gesunden vor der Abgründigkeit des Leidens andrer, vieler. Dazwischen steigt einem das Mitleid hoch und auch der Zorn. Zorn auf die Chemie, die das Contergan erfand, fahrlässig verbreitete und daran groß verdiente, bis sich die irreparablen Schäden zeigten. Zorn auf eine Gesellschaft, die viel zu wenig tut, um die Behinderten einzufügen in Betriebe. Zorn, ach, Zorn über das »Schicksal«, das auf so böse Art eingriff in die Gene dieser Menschen und dort Verbildungen schuf. Zorn auf Gott, wer immer das ist. Blinder Zorn. Hilflosigkeit. Und wieder Mitleid. Und das Bemühen, es nicht zu zeigen. Mitleid als Herablassung und Entwürdigung der Leidenden. Verwirrung also. Ich lese wie sonst auch, aber es ist nicht wie sonst. In der Diskussion gescheite Anmerkungen, aber auch explodierende Aggressionen, nicht gegen mich, sondern untereinander, man widerspricht einander schroff, ein weinendes Mädchen muß hinausgefahren werden. Oder gelten die Aggressionen eigentlich mir, der Gesunden? Wenn ich nur dieses verdammte Mitleid losbrächte. Fast gelingt es mir. Am Schluß ein Schock: einer der Gescheitesten, etwa siebzehn, klatscht lebhaft Beifall. Mit den Armstümpfchen. Ein Contergan-Kind.

Einfall. Wäre es dem, den oder das wir Gott nennen, nicht in den Sinn gekommen, den Menschen zu schaffen, wäre die Geschichte der Erde anders gelaufen. Oder, wem der Satz vom Schöpfergott nicht schmeckt: hätte die »Natur« nicht den

Ehrgeiz gehabt, aufrecht herumgehende denkende Wesen hervorzubringen, hätte das Paradies der Tiere und Pflanzen weiterbestanden. Die Kräfte wären im Gleichgewicht geblieben. Mord wäre nicht nötig und nicht lustvoll gewesen. FRIEDE wäre gewesen.
Vielleicht war es doch die Schlange, die das Paradies zerstören wollte, indem sie diesen aufrecht herumgehenden Wesen den GEIST versprach. Wenn nun die Schöpfung rückwärts liefe, wir das Bewußtsein verlören, zu gutartigen Tieren würden oder zu Pflanzen?
Rückkehr zu den Müttern. Sollte die ganze Geschichte der Menschheit auf einer Fehlspekulation beruhen? Wenn sie zu korrigieren wäre?

März 1980. Sadat hat den Schah von Persien [den iranischen Diktator] bei sich aufgenommen, nachdem alle Länder sich weigerten, es zu tun, und die USA ihn zwar nicht ausdrücklich und direkt, aber de facto auslieferten, freilich nicht an den Iran, aber an alle Welt – wer sollte ihn aufnehmen? Sollte er als Ahasver von Land zu Land ziehen? Sadat öffnete ihm die Grenze. Er hat sich viel Haß zugezogen damit. Es ist denkbar, daß er die nächsten Wahlen verliert, aus diesem Grund. WARUM tat er es? Der Schah ist ein Sterbender, er hat Krebs mit Metastasen im letzten Stadium, das ist wahr. Es ist für Sadat ein Akt purer Menschlichkeit, ihn aufzunehmen. Es ist aber für ihn auch ein Akt seiner Religion, die gebietet, dem Glaubensbruder zu helfen. Sadat und der Schah sind Glaubensbrüder, Muslim beide. So weit so gut.
Aber Sadat ist auch Staatsmann, verantwortlich für sein Volk. Wenn er über der Schah-Geschichte stürzen sollte, kann sein Land durchaus andere Wege gehen. Damit muß er rechnen. Liegt hier ein echter Gewissenskonflikt vor? Oder hat Sadat einfach keine Wahl von seinem Gewissen her? Ich höre, er habe gesagt: »Die USA lassen den Schah jetzt fallen, obwohl

sie soviele Vorteile durch ihn hatten.« Er habe das mit trokkener Verachtung gesagt.
Auch die BRD versetzt ihm jetzt Fußtritte und hat ihn doch kurz zuvor hoch geehrt. Wie war es denn mit Hitler? Sagen wir es doch laut: Jahrelang benützten ihn die USA, auch Frankreich, auch England, auch die Schweiz, als wichtige Figur vor allem im Kampf gegen den »Weltkommunismus«. Solange Hitler siegte, war er gut. Als er zu verlieren begann, war er böse.
Für Sadat ist einiges zu fürchten. Er tut mir leid: er ist ein MENSCH. Seine Autobiographie ist schön und wahr. Was er über seine mystischen Erlebnisse im Kerker (als Widerstandskämpfer gegen die englischen Kolonialherren) schrieb, ist ergreifend echt. Es deckt sich mit dem, was der indische Freiheitskämpfer, der große geistige Führer Aurobindo, schrieb.

Karsamstag 1980. Was für ein Tag. Ein Tag ohne Eigenschaften. Grau in Grau. Kein Windhauch. Stagnierende Zeit, Unzeit, Untag, nicht zu sich selber kommend. Der unerlöste Tag. Todesbangen. Grabesruhe. Angehaltener Lebensatem. Der schlafende Gott. Versuch der Meditation über die »Auferstehung«: der materielle Leib im Grab. Die häretische Vorstellung vom »scheintoten« Christus: er ist nicht tot, er schläft, er verwandelt sich, seine materielle Form wird zu dem, was vorher DA war seit Ewigkeit: Geist. Einmal auf diese Weise verwandelt, kann sich der Geist wieder materialisieren: Thomas kann ihn berühren, Maria von Magdala ihn sehen und hören, die Jünger können ihn durch verschlossene Türen ein- und ausgehen sehen. Der Geist ist seiner selbst mächtig, da ihn die Materie nicht mehr hält. Der Heisenbergsche Satz: Materie ist Geist, der sich als Materie zeigt.
Im Felsengrab blieb nichts übrig von der Materie des Leibes Jesu. Ist das möglich? Doch, ja: wenn ein Mensch vom Wesen her ganz und gar Geist ist, so bleibt bei der Umwandlung der

Materie kein Erdenrest. Unsereiner, so sehr Materie noch, kann so gründlich und so rasch nicht verwandelt werden. Aber die Verwandlung geschieht! Askese war von alters her das Mittel, diese Umwandlung zu beschleunigen.
Dies alles bedenkend, fühle ich, wie mich plötzlich Freude überfällt. Eine Welle von Freude.

Ostermorgen. Vor Sonnenaufgang im Garten. Unter den Eichen ein Teppich aus blauen Anemonen. Ich erbitte mir ein Zeichen, einen himmlischen Gruß. Mitten unter Hunderten von Anemonen erscheint eine weiße. Eine einzige weitum.
Erinnerung an Jerusalem 1962: nicht gerade am Ostermorgen, aber einige Tage zuvor führte mich »mein« Armenier, mein Guide und schon Freund geworden, in den Ölhain, in dem das Grab Jesu ist, wie viele glauben, und was sein kann. Gleichviel: wir sitzen auf einer Bank in Grabesnähe, wir sind ganz allein zu solch früher Stunde, die Vögel singen, wir sind ganz still. Da taucht zwischen den Ölbäumen ein Mann auf, der Olivenhain-Wächter, der Gärtner. Wir schauen beide zugleich hin, dann schauen wir uns an, unsre Herzen klopfen. Ich stehe auf und gehe ein paar Schritte dem Gärtner entgegen. Aber er ist nicht mehr da.
Da ich vorher in Betlehem gewesen war und in Nazareth und am See Genezareth und in Kanaan und in Bethanien und im Garten der Todesangst und Verhaftung, und da ich den Kreuzweg gegangen war bis zum Gerichtsgebäude und dann zur Schädelstätte – warum sollte ich ihn am Ende nicht eingeholt haben hier beim Felsengrab?
Mein Armenier, guter Christ und guter leid-erfahrener Mensch [einer von denen, die als Kinder am Musa Dagh von den Türken verschleppt worden waren], er ist blaß geworden. Wir suchen den Garten ab, aber da ist kein Gärtner und kein Wächter.

Brief eines sechzehnjährigen Schülers. Sein Religionslehrer hat gesagt: »Wenn man angegriffen wird und den Angreifer tötet, wird man schuldig. Wenn man ihn nicht tötet und er dann [deshalb] andre tötet, wird man auch schuldig.« Der Junge schreibt verzweifelt: »Ist es denn möglich, daß man auf jeden Fall schuldig wird?«

Ich könnte antworten: Ja, mein Lieber, der Mensch wird auf jeden Fall schuldig, er tritt ja schon schuldig in dieses Leben ein, die Christen sprechen von der Erbsünde, die Buddhisten und Hindus vom Karma, die einen meinen die dem Menschen eo ipso an- und eingeborene Sündigkeit, die andern eine individuelle Schuld aus dem vorigen Leben. Daß wir die »Sünden unsrer Väter« an uns tragen und sie weitergeben, wissen wir auch: wir sind allesamt Kinder der Geschichte der Menschheit, und das ist eine Geschichte der Sünden, der Kriege, der Morde, der Ausbeutungen und Unterdrückungen. Wir mögen uns noch so wehren gegen das, was man Kollektivschuld nennt: sie bleibt. Und unsre Gene tragen die Stempel der Fehlhandlungen, der Krankheiten unsrer Vorfahren. Der Richtspruch heißt: Schuldig. Goethes Wort: »Ihr führt ins Leben uns hinein / und laßt den Armen schuldig werden.« Wer ist da angesprochen? Die »himmlischen Mächte«. Wer ist das aber?

Aber zurück zur Frage des Jungen. Wer tötet, wird schuldig. Auch wer in Notwehr tötet? Juristisch wird er nicht schuldig, das ist klar. Aber der Religionslehrer meint eine ethische Schuld. Er ist Christ, als Christ muß er das Schwert in der Scheide lassen und dem Angreifer, der ihn auf die linke Wange schlägt, auch die rechte darbieten. Wer anders handelt, wird schuldig.

Aber der andre Satz, stimmt der? Wer den Angreifer nicht tötet, wird auch schuldig, denn, nach dem Religionslehrer, wird der also nicht getötete Angreifer andre töten. Aber wie kann man das wissen, ob er tatsächlich dann einen andern tötet? Reine Hypothese. Undurchdacht. Ich stelle mir eine

Situation vor: Ich sehe, daß ein Terrorist hinter einem Auto lauert, die Waffe schußbereit und auf eine Tür gerichtet, aus der das Opfer kommen muß. Was tu ich? Vorausgesetzt, ich habe eine Waffe, wenigstens einen Stein zur Hand. Schieße ich, werfe ich den Stein an den Kopf des Terroristen? Frage: Weiß ich mit Sicherheit, daß er schießen wird? Ich nehme es an, alles spricht dafür, aber tut er es wirklich, kann ihn im letzten Augenblick nicht etwas hindern, ein Gewissensanruf? Nehmen wir es an. Und wenn ich ihn vorher töte, bin ich ein Mörder? Ich bin guten Glaubens, ein gefährdetes Leben zu retten, und dafür opfere ich ein andres. Leben um Leben. Wer urteilt über den wahren Wert eines Menschen?
Werde ich schuldig, wenn ich einen Menschen NICHT töte, ehe er töten kann? Bin ich verpflichtet, ein Leben zu vernichten, um ein anderes zu retten? Frage an jeden einzelnen. Weißt du, was das Gewissen dessen sagt der tötet, und was ihn zum Töten bringt?
Ausweg aus dem schrecklichen Dilemma: »Du sollst nicht töten.« Auf keinen Fall. Denn: Leben ist heilig. In jedem Menschen lebt der Gott. Und wenn die Soldaten den Treue-Eid schwören, was schwören sie da? Das Vaterland zu schützen gegen Angreifer. So sagt man. Sind sie Christen, so sündigen sie, wenn sie schwören, zu töten. Oder sie sagen sich im Augenblick des Eides vom Christentum los. Diese Frage ganz ernstgenommen und zu Ende gedacht, führt in die Dunkelheit der Menschheits-Tragödie.

Premio Europa in Italien 1980. Ich bekomme ein Schreiben, daß ich mit vier andern Schriftstellern für den Preis vorgeschlagen bin. Ein neuer, sehr hoch dotierter Preis. Elias Canetti und ich liegen an der Spitze. Zuletzt entscheidet man sich für mich. Wofür bekomme ich den Preis? Für meinen letzten Roman ›Der schwarze Esel‹. Es sei ein großes Buch, schreibt die italienische Kritik, und auch die schärfsten Kritiker sagen es. Ich muß lachen, bitter lachen. Dieser Roman bekam in Deutschland kein echtes Lob, eher vorsichtige Verrisse. Bei der Preisverteilung in Fiuggi werde ich von den italienischen Interviewern gefragt, welche Preise ich dafür in Deutschland bekommen habe. Keinen, sage ich. Warum denn nicht? Weil, liebe Freunde, darin Dinge gesagt werden, die man dort nicht hören mag. Sehr einfach. Da zählt dann die literarische Qualität wenig. Der ärgerliche Inhalt, die nackte Wahrheit, sind nicht preiswürdig. Dafür bekommt man Schelte. In Fiuggi ein hübsches Rand-Erlebnis, das doch nicht am Rande war, wie ich bald begriff. Außer den Preisen für Belletristik gibt es den Preis für Essayistik. Diesen Preis bekommt ein Mann namens Walter Lacqueur. Den Namen kenne ich: ich las sein Buch über den Terrorismus, als ich Material sammelte für meinen Fernsehfilm ›Kinder unsres Volks‹. Ein Franzose, denke ich. Aber er spricht Englisch. Doch ein verdächtiges Emigranten-Englisch. Ich rede Englisch mit ihm. Plötzlich lacht er: Geben Sie sich keine Mühe, sagt er in akzentfreiem Deutsch, ich bin weder Franzose noch Engländer, und ich kenne Sie lange aus Ihren Büchern. Sie sind Emigrant, und zwar aus Schlesien, sage ich. Und Jude, sagt er. Was für ein Zusammentreffen: zwei von Hitler verfolgte Deutsche bekommen einen hohen Preis in Italien. Absicht oder Zufall? Ich weiß es bis heute nicht.

Pasolini: In seinen »Freibeuterschriften« ein Gedicht aus dem Jahr 1968 gefunden:
». . . Als Ihr Euch gestern mit den Polizisten geprügelt habt/habe ich mit den Polizisten sympathisiert/weil die Polizisten die Kinder armer Leute sind . . ./Gestern erlebten wir demnach ein Stück Klassenkampf, und Ihr, Freunde/[obwohl auf der Seite der Vernunft]/wart die Reichen, während die Polizisten [auf der Seite des Unrechts] die Armen waren./Ein schöner Sieg also/den Ihr da errungen habt.«

Schon allein um dieser Zeilen willen liebe ich Pasolini. Sehr liebe ich ihn. In allen seinen Werken.
Meine Frage: warum werden junge Männer Polizisten? Weil sie sich bewußt auf die Seite von law-and-order stellen? Weil sie verhinderte Kriminelle sind, die in andern verfolgen, was selbst zu tun sie sich verboten haben, ehe sie sich des Triebs bewußt wurden? Weil sie eine gewisse Macht haben wollen? Weil sie prügeln wollen, da sie selbst einst geprügelt wurden?
Sind junge Polizisten von heute die Terroristen der andern Seite? Die Hohlform sozusagen? Wollen junge Polizisten, Kinder von Arbeitern und kleinen Angestellten, wirklich Kinder von Arbeitern und kleinen Angestellten prügeln und erschießen?
Wird man Polizist, wie man Schneider oder Kellner wird? Weil man halt eine Arbeit braucht, eine sichere? Oder weil man das Risiko liebt, das Abenteuer, das andre nur im Kriminalfilm erleben?
Ich schaute mir neulich bei einer Demonstration in Rom die Polizisten an: kein einziges Schlägergesicht, lauter nette Burschen, welche die Demonstranten bewachen und notfalls mit Wasserwerfern verjagen, so wie Straßenkehrer den Staub mit Sprengwagen wegspülen. Beruf ist Beruf. Wirklich? Dieser fürchterliche Hang im Menschen, zu gehorchen und die Verantwortung auf die Befehlenden zu wälzen. Infantil ist das. Menschenunwürdig.

Brief einer Gruppe junger Frauen aus Südtirol. Sie haben eine Friedenszeitung gegründet und werden heftig angegriffen, sie seien Kommunistinnen. Wie das? Sie sagen mir, sie seien keine, sie wollen nur ihren Beitrag leisten zur Erhaltung des Friedens. Ein Südtiroler Geistlicher schrieb ihnen, sie irrten schwer, wenn sie denken, Christus sei gekommen, um die Welt zu verändern, er habe nur den einzelnen Menschen

verändern wollen. Der sogenannte Sozialismus habe nichts zu tun mit dem Christentum.
Die jungen Frauen wollen meinen Rat. Was kann ich ihnen sagen? Ich sage, sie sollen den Geistlichen fragen, was denn ein von Christus veränderter Einzelner tun soll in unsrer Welt von heute. Der Geistliche wird ihnen sagen, was so ein Christ NICHT tun soll: er soll sich nicht in die Politik mischen, er soll das schmutzige Geschäft den Berufspolitikern überlassen.
Ja, aber wenn diese Berufspolitiker nicht vom Christus Veränderte sind und wenn sie böse Politik machen? Schweigt der Christ dazu? Sagt er nichts zu den großen Ungerechtigkeiten der Supermächte, nichts zu Folterungen in Diktaturen, nichts zur Frage der Revolution, wenn Revolution das einzige Mittel ist, um einem Volk zu menschenwürdigem Leben zu verhelfen? Was sagt der durch den Christus veränderte Mensch zum Krieg, zur Aufrüstung? Sagt er nicht genau das, was diese jungen Frauen in ihrer Friedenszeitung schreiben: daß Friede sein muß, daß Aufrüstung böse ist?
»Ja, aber wer für den Frieden ist, der stellt sich auf die Seite der Sowjets. Wie das? Weil die ja lügen, die reden von Frieden und wollen den Krieg, denn sie sind Imperialisten.« [Hundertmal habe ich das gehört.] Das fixierte, zementierte Feindbild. Die Gehirnwäsche im Westen: Wer für den Frieden redet, der schwächt die Abwehr gegen den Kommunismus. Die Logik ist absurd, aber sie funktioniert.
Wenn ich nun die These umkehre: wer antikommunistisch ist, der ist gegen den Frieden, also für den Krieg? Absurd. Aber nicht absurder als die andere These. Beides ist teuflisch dumm. Daher verwirrend. Es lebt sich leichter mit einem festen Feindbild als mit vernünftigen Abwägungen. Die sind anstrengend, weil nie fest greifbar.
Meine Frage an den Südtiroler Geistlichen: was soll nun ein von Christus veränderter Einzelner tun?
Wäre ich dieser Geistliche und erzkonservativ wie er, so würde ich sagen: Sehr einfach, wir haben das Gebot der Nächsten-

liebe, und wir haben den Katalog der Werke der Barmherzigkeit, der leiblichen und der geistlichen. Das sind klare Anweisungen.

Gut. Schauen wir den Katalog genau an. Hungrige soll man speisen, steht da. Wie macht man das in einem Wohlstandsland, in dem niemand um ein Stück Brot bettelt? Wo ist der Hunger? Er ist in der Dritten Welt. Wie sättigt man jene Hungernden? Indem man kirchlichen Organisationen Geld gibt. Sehr einfach. Aber man gibt schon seit Jahrzehnten Geld, und der Hunger der Dritten Welt wächst. Wie also? Da muß doch auf andre Weise eingegriffen werden. Da muß doch herausgefunden werden, was und wer schuld ist am Hunger dort. »Ausbeutung« ist ein Wort, das wir ungern hören. Aber wir SIND Ausbeuter. Wir spenden ein Scherflein und nehmen das Hundertfache zurück, ohne es zu wissen und wissen zu wollen: der Staat nimmts ein, die Industrie profitiert. SO ist das. Zum Beispiel. Unsre sanften frommen Gefühlchen werden rauh zerstört durch die politische Wirklichkeit. Hungernde speisen, das heißt, Politik verstehen und politisch handeln. SO ist das. Ja. SO. Gehen wir den ganzen Katalog der Nächstenliebe durch: wir stoßen auf harte politische Probleme. Der vom Christus veränderte Einzelne hat politisch zu denken und zu handeln. Wer dabei auf Widerstand stößt, muß dies riskieren. Das habe ich den Südtiroler Frauen zu sagen.

Brief eines dänischen Philologen nach der Tagung in Ludwigsburg im Herbst 1980. (Er hat mir erlaubt, seinen Brief als Tagebuchblatt zu veröffentlichen. Mehr als erlaubt: mich dazu angeregt.)

»Da ich als Literaturwissenschaftler den Großteil dieser Wissenschaft langweilig und nutzlos finde, gefielen mir am ehesten Ihre Lesung, Ihr Buch und das Schwimmbad . . .« [Ich hatte unter anderm jene Stelle aus ›Grenzübergänge‹ über den betenden Boß vorgelesen.] »Mein Vater [so schreibt der Däne

weiter] verkaufte zwar nicht Waffen, aber er gelangte durch Zufall an die Spitze des führenden dänischen Wein- und Spirituosenhandels. Er verkaufte zugleich durch die Hintertür billigen Alkohol, der Tausende von Familien in den Untergang getrieben hat. Er hält aber fest an der Meinung, daß diese alkoholischen Arbeiter an ihrem Untergang selbst schuld sind, da jeder gescheite Mensch sich doch zu mäßigen wisse. Als Waffenhändler hätte er vermutlich daran festgehalten, daß Waffen und Heere vernünftigerweise dazu da sind, um NICHT gebraucht zu werden. Er hätte sich aber im tatsächlichen lokalen Kriegsfall gut national auf die Seite der kriegführenden Regierung gestellt.
Natürlich weiß ich, daß Ihre [vorgelesene] Boß-Interpretation ein bißchen demagogisch ist. Das ist aber eben schön. Der Humanist muß den Mut zu jener Spontaneität wahren, die philosophisch gesehen demagogisch ist. Im Gegenteil: die total tiefgekühlte Begriffsanalyse wird von all den Hypergeistern geschrieben, an denen unsre Zeit so reich ist . . .«

Worte, Worte. Aus einer Zeitungsnotiz. In Bonn diskutiert ein CDU-Abgeordneter mit Schülern über das Energiesparen. Die Diskussion bricht jäh ab, als ein [nicht genanntes] »Hohes Tier« mit Begleitung vorfährt – in großen Limousinen, und die Motoren laufen unnötig lange weiter. Mein Freund Max Thürkauf, einst Professor für physikalische Chemie an der Universität Basel, ausgestiegen [wegen seiner scharfen Kritik am Wissenschaftsbetrieb verlor er seine Beamtenstellung], jetzt bei den Ökologen, erlaubt sich bei Ökologie-Konferenzen seine Kollegen zu fragen, ob sie ihn mit ihrem Wagen mitnehmen könnten, da er selbst keinen mehr fahre. Die Kollegen merken die Falle zu spät. Max steigt nicht in ihre mehr oder minder großen Wagen. Er fährt Rad oder geht zu Fuß.
Warum sind es gerade die Kinder hoher Politiker, die ausstei-

gen? Hätten die Kirchenfürsten Kinder – die wären alle längst ausgestiegen, aus Staat und Kirche.
Ich wünsche mir einen Staatsmann, der genauso wohnt und lebt wie der Durchschnitt der Bürger seines Landes. Zum Teufel mit den »Repräsentationspflichten«. Wie dumm, wenn eine Regierung der eines anderen Landes imponieren will mit großen Empfängen [auf Kosten lebenswichtiger Belange]. Auch in sozialistischen Staaten gibt es Privilegien und Repräsentationen allzu großen Ausmaßes. Wie dumm unser ganzes Imponiergehabe. Und wie dumm, nicht einzusehen, daß die Jugend BEISPIELE will, nicht Worte. Ich stelle mir vor: der Papst verläßt den Vatikan und lebt in einer Baracke wie ein Arbeiter. Ihm flögen alle Herzen zu. Worin besteht denn die nun schon achthundert Jahre andauernde Wirkung des Franziskus von Assisi? Darin: er LEBTE, was er sagte. Er stieg aus: er verließ sein reiches Vaterhaus und nahm nie mehr auch nur ein Stück Brot von dort an, wo man im Überfluß lebte.

Roswitha von Gandersheim. Mein Leben lang kein Literaturpreis [außer dem von 1947 durch Thomas Mann], und nun zwei auf einmal, ein italienischer und ein deutscher. Freuts mich? Schon, aber Tucholsky hat recht: Man kriegt alles, was man sich wünscht, nur wenn mans kriegt, ists eine Nummer zu klein.
Der italienische Preis heißt Premio mediterraneo. Mittelmeerpreis. Den bekommt immer ein Schriftsteller aus einem Land, das ans Mittelmeer grenzt: Sadat bekam ihn für seine Lebenserinnerungen, Vasilekis für seine Lyrik, Roger Garudy für seine politischen Schriften, und nun ich. Aber die BRD ist doch kein Mittelmeerland? Macht nichts: ich lebe in Italien, ich gehöre, sagen die Preisverleiher, ins Mittelmeergebiet, ich sei von der Mentalität her mittelmeerisch. Mag sein. Sonst lebte ich ja nicht hier seit mehr als zwanzig Jahren. Sehr hübsch und einfach die Feier in Palermo, das deutsche Fernse-

hen hats gefilmt, so wie es auch die andre Preisfeier gefilmt hat, die in Frankfurt, vorher. Den Gandersheimer Preis bekommen immer nur Frauen. Da werden sie bald zu Ende sein mit dem Auffinden . . . Der Christa Wolf soll man ihn geben, aber die ist in der DDR. Eigentlich kein Grund, ihn ihr nicht zu geben. Wird schon kommen.
Der Gandersheimer Preis zwingt mich dazu, mich mit dieser Roswitha zu befassen. Wer ist sie eigentlich? Natürlich weiß ich aus dem Literatur-Unterricht, daß sie eine adelige Stiftsdame war im 11. Jahrhundert und daß sie, hochgebildet, in Latein dichtete. Religiöses, Schul-Pflichtlektüre für mich, langweilig, erbaulich, vergessen. Nur der komische Name Pafnutius blieb mir.
Und jetzt: was finde ich? Eine Epiphanie. Großartige geistige Welt. Hohe Erkenntnis. Ich lese das dramatische Stück mit jenem komischen Namen »Pafnutius«. Da finde ich diese Zeilen [in vermutlich miserabler Schulmeister-Übersetzung, aber immerhin]:

Wer Dialektik kennt
Weiß, daß vom All nichts abtrennt,
Und daß in sich das reine Sein
Schließt alle Gegensätze ein.

Das ist der Extrakt meines lebenslangen Denkens über jene Weisheit, die mir, als ich siebzehn war, wie ein Blitz aufleuchtete und die ich in jeder Phase meines Lebens neu und tiefer verstand und die ich etwas später bei Nicolaus Cusanus wiederfand und noch später in der chinesischen Philosophie des Tao: Gegensätze gibt es nicht, nur Polaritäten, die wir, mit unzulänglicher Denkkraft, als Gegensätze sehen und die es also nur in unserm Intellekt, nicht aber in der Wirklichkeit gibt. Roswitha [sie lebte ja früher, nur der Taoismus ist viel älter, aber den kannte sie sicher nicht], sie weiß das alles. Sie spricht von Dialektik und meint das Gesetz der Polarität, das durchs Schöpfungsganze geht und das für den Makrokosmos so gut gilt wie für den Mikrokosmos. Roswitha ist, ein Jahrtausend vor Heisenberg, auf der Suche nach der WELTFORMEL. Sie ist auf der richtigen Spur, die vom uralten chinesischen I Ging über die Vorsokratiker zu Keplers Harmonia Mundi bis zur modernen Physik-Philosophie führt: das alles ordnende Prinzip ist die ZAHL.

Denn gleiche Stufen, Intervalle
Und Symphonien haben alle
In ihrer Töne Himmelsgang
Wie in der irdschen Saiten Klang.

Sie erläutert das. Sie sagt, es gebe drei Arten von Musik:

Die eine durch den Himmel zieht
Den weiten Weltenraum durchdringt
Die zweite durch den Menschen klingt
Und seines Wesens Elemente
Die dritte durch die Instrumente.

Mit heutigen Worten gesagt: alles ist Zahl, und alles ist Musik, denn die Musik ist auf Zahlensystemen aufgebaut. Die Bewegung der Gestirne schafft die »Sphärenmusik«, und sie entspricht dem Klang, den die Bewegung im Innern der Atome erzeugt. Woher weiß diese Roswitha das? Sie ist ungemein gebildet, sie kennt die klassische Philosophie. So gut hat sie die durchdacht, daß sie dem großen Pythagoras widersprechen kann, der sagt, man könne die Musik der Sterne und der Atome nicht hören. Roswitha sagt: Doch, wir können sie hören, wenn wir die Hindernisse wegräumen, wenn wir OFFEN sind. Eine Vorwegnahme der mittelalterlichen europäischen Mystik und der ostasiatischen Zen-Mystik.

Roswitha legt ihre Weisheit und ihr Wissen dem Pafnutius in den Mund. Der ist kein Gelehrter, sondern ein ungelehrter Wüsten-Eremit. Das ist ein Signal: sie will sagen, daß die Geistmusik nicht von der Ratio vernommen wird, sondern von den Seelensinnen. Ich finde bei ihr auch noch die klassische Dreiteilung des Menschenwesens in Leib, Seele, Geist [das ewige Selbst, das unsterblich ist, während der Leib und die an ihn gebundene Seele mit dem Tod vergehen.] Unbe-

greiflicherweise hat die christliche Anthropologie diese Dreiheit lehramtlich verworfen, obwohl sie klar der göttlichen Dreiheit, der Trinität, entspricht.
Ich frage: was haben wir eigentlich seit Roswithas Zeit an Wesentlichem dazu gelernt? Im Grunde haben die alten Chinesen, die Vorsokratiker, Platon und Pythagoras und Plotin ALLES gewußt. Wir sind nur arme Plagiatoren und brave Interpreten, die noch dazu oft die alten Meister mißverstehen.
Meinem Preis also verdanke ich die Kenntnis der erstaunlichen Roswitha, der ersten deutschen Dichterin, Philosophin und Theologin.
Die Laudatio für mich hält Friedrich Heer. Eine grundgescheite schöne Laudatio, die mich sehr verlegen macht, weil sie eben eine LAUDATIO ist. Aber jetzt denke ich sachlich über das nach, was er sagte: zwei Frauen, sagt er, jede ein Ruf aus ihrem Land, beide politisch intellektuell und intuitiv zugleich, beide religiös mit dem Mut zum Denk-Risiko, beide stark die Einheit alles Seienden betonend. Ich verspüre den starken Wunsch, in Roswithas Zeit gelebt zu haben.

Frankfurt, Friedenspreis für Ernesto Cardenal. Seltsames Ereignis, widerspruchsvoll, Zukunft vorwegnehmend, provokativ, vorsichtige Hoffnungen weckend. »Babdischd«, wie Rahner und ich unsern Freund nennen, Johann Baptist Metz, hält die Laudatio. Im weißen Rollkragenpullover, Priester, Theologie-Professor an der Universität Münster. Ein deutscher Theologe im konservativen Land und in konservativer Kirche spricht über einen Priester aus Nicaragua, aus der »Dritten Welt«, der führend teilnahm an der Revolution. »Ein produktives Ärgernis«, nennt Metz ihn und die Preisverleihung. Bei uns werden Revolutionäre eingesperrt, und Revolutionen mißlingen. »Wir sind Kostgänger fremder Revolutionen«, sagt Metz. Dieser Revolutionär vor uns, Ernesto Cardenal, er ist Christ, er ist Priester. Aber er hat mit der Waffe in der Hand gekämpft. Er hat auf der Seite der »Linken« gekämpft. Und nun bekommt er DAFÜR den Friedenspreis? Ist das nicht absurd? Linke Gewalttat wird als große Tat gefeiert? Wie das?

Ich muß wieder einmal an Leo XIII. denken, der sagte [gerade im Hinblick auf das Südamerika seiner Zeit], daß Revolution unter Umständen, im Extremfall, das erlaubte Mittel sei, um einem schwer unterdrückten und seiner Menschenwürde beraubten Volk Freiheit und Würde zu verschaffen. Cardenal spricht von der »Heiligkeit der Revolution«. Ein blasphemisches Wort?

Echte Revolutionäre, sagt Cardenal, sind gegen die Gewalt. Sie wollen nicht Tod, sondern Leben, sie sind Revolutionäre, weil sie GEGEN die Gewalt sind. Sie antworten notgedrungen und mit Tränen des Schmerzes auf jene Gewalt, die vorangeht. Wenn Revolution heilig genannt werden kann, dann müssen wir auch an das denken, was die Konter-Revolutionäre heilig nennen: das Recht des Besitzenden auf Besitz, das Recht der Herrschenden auf Herrschaft, das Recht der legalisierten Waffenträger auf die Verteidigung dieser Rechte gegen die Besitzlosen, Ohnmächtigen, Waffenlosen, jene, die auch wie Menschen leben und nicht wie Waren behandelt werden wollen. Metz spricht von der »bürgerlichen Unnahbarkeit« und dem »Mythos der mitteleuropäischen Entwicklungslogik, derzufolge wir allemal die Spitze der gesellschaftlichen Evolution darstellen«. Dazu gehört auch der Mythos, daß Christentum und bürgerliche Ordnung identisch seien und also tabu.

Was Cardenal und die ihm heilige Revolution wollen, ist nicht einfach die Durchsetzung eines marxistischen politischen Konzepts etwa im Sinne der Enteignung der Enteigner. Die Abschaffung von Privilegien soll nicht nur eine Umkehrung der Machtverhältnisse sein: wer unten war, soll aufsteigen, wer oben war, soll abstürzen. So nicht. Gerade so nicht. Wie denn? Was geschehen soll, daß ist die Metanoia. Die radikale Umkehr. Das Ziel ist: der neue Mensch, der Mensch des Friedens und der Liebe. Eine Utopie. Ja. Aber auch Jesus hatte sie. Also ist sie erlaubt, ja gefordert. Der Glaube ans Friedensreich IST Christentum.

Metz sagt, der Weg dorthin, wohin Cardenal weist, wie Christus es tat, kann nicht in Lammes-Unschuld gegangen werden. Der Mensch, der sich der Revolution zur Verfügung stellt, muß wissen, daß er blutige Hände bekommt und schuldig wird. Erzwungene Schuld. Notwendige Schuld. Felix culpa sogar.

Tiefster Eindruck: daß Cardenal sagt, die neue Regierung kennt keine Feinde und nehme keine Rache an denen, die vorher mit der Militärregierung arbeiteten. Keine Gefängnisse, keine Berufsverbote. Integration. Alle Schuld von vorher gelöscht durch den Willen, am neuen Staat mitzuarbeiten. Modellfall!

Ich schaue mir die Gesichter im Saal an. Da sitzen die Spitzen der bürgerlichen Gesellschaft. Was bewirkt so eine unerhörte Rede in ihnen? Nichts. Unbehagen allenfalls. Oder dies: Der will Priester sein und schießt, anstatt dem Feind, der ihn auf die linke Wange schlägt, auch die rechte hinzuhalten. Und dieser Metz mit seiner Theologie der Freiheit, der Revolution. Gefährlich? Nein, ein linker Spinner. Laßt ihn reden. Worte sind keine Gefahr in unserm festgefügten Staat. Stumm frage ich sie: Und ihr, die ihr daran erinnert, daß man nicht hassen darf und daß man das Schwert einstecken soll und daß man dem Schläger auch die andere Wange hinhalten soll . . . Natürlich paßt es euch, aber haltet Ihr die andre Wange hin, wenn die Unterdrückten schlagen? Wer aber schlägt zuerst? Warum geschehen Revolutionen? Warum? Sicher hat Ernesto Cardenal gelitten unter dem Dilemma: Christ zu sein, also der Lehre der Liebe und Friedfertigkeit zu gehorchen, und, auf der andern Seite, Revolutionär sein zu müssen mit der Waffe in der Hand, aus Liebe zum unterdrückten Volk. »Revolutionäre

sind Liebende«, sagt er. Und: »Revolutionäre weinen, wenn sie töten.«
Nach der Feier schaue ich mir die Hinausgehenden an. Einige Betroffene, die kenne ich, es sind die ohnehin immer Betroffenen, die Mitleidenden. Die andern, die schütteln ab, was sie hörten. War doch eine recht schöne Feier, nicht wahr, und dieser Cardenal ist ein Dichter, das ist nicht so ernst zu nehmen, und der Metz, der ist ein linker Spinner . . .
Ich fühle das Bedürfnis zu schreien. Warum schreit man nicht öfter und lauter?
Überlegung zu einem Satz von Metz [oder von Cardenal selbst?]: »In Nicaragua schreiben die Dichter fürs Volk. Dichter und Volk sind EINS.«
Und wir? Unsre intellektuellen Wort-Experimente, unsre forcierten Hochflüge, unsre Sprach-loopings. Uneingestandener Hang zur Flucht ins Elitäre. Die Kluft zwischen uns und der Arbeitswirklichkeit wird immer tiefer. Als ich vor vielen Jahren begann, für eine Frauenzeitschrift zu schreiben, wohl wissend, daß sie von Frauen des bürgerlichen Mittelstands gelesen wird, schrieen meine Kollegen: Die R. schreibt für Bürgerweiber, was für ein Abstieg.
O diese Intellekt-Kapitalisten, die ihre geistigen Besitztümer nicht mit den Bedürftigen teilen wollen!

Der Papst in Deutschland. Viel Aufregung vorher. Telefon-Anrufe von Zeitungen bei mir hier: Was denken Sie zur Papstreise? Was denke ich? Allenfalls dies: wird der Papst durch diese Reise die Deutschen besser machen, friedenswilliger, aufgeschlossener für den echten [nicht den Partei-] Sozialismus? Sie werden ihm zujubeln. Mögen sie. Es gibt starke deutsch-protestantische Aversionen. Es gibt viele Stimmen gegen die enormen Ausgaben, die dieser Besuch erfordert: man könnte doch Nützliches damit tun. Das finde ich auch. Aber mir fällt ein, daß Judas, der Finanzverwalter unter den

Jüngern Jesu, heftig polemisierte gegen die Verschwendung, die Maria Magdalena trieb, indem sie kostbares Salböl über die Füße des Meisters goß . . . Nun: der Papst ist nicht ER. Ich mag den Ausdruck »Stellvertreter Christi auf Erden« ganz und gar nicht. Allenfalls: Stellvertreter des katholischen Volks. Aber wirklich: der Papst sollte Aufwendigkeiten verbieten. Repräsentanten des Christentums heute sollten das Beispiel freier Armut geben, auch wenn das Volk seine Schaustellungen haben will.

München. Treffen der Kulturschaffenden im Herkulessaal. Purer Zufall: ich bin zur selben Zeit in München. Aber zu diesem Treffen bin ich nicht eingeladen. Freilich: »die« wissen, daß ich nicht kommen würde, sie haben meine laute Absage von 1978 nicht vergessen, denn sie hatten die Denunziation, ich sei »Sympathisantin der Terroristen« gewesen, nie zurückgenommen. So bleibt das NEIN zwischen uns. Aber recht seltsam ist es schon: bin ich nicht die einzige in dieser Kirche noch verbliebene Schriftstellerin Deutschlands? Man hat aber den Heinar Kipphardt eingeladen, den Linken. Ich muß lachen.

Aufregend die Begegnung des Papstes mit der Barbara Engl. [Ich kenne sie: die Vorsitzende der katholischen Jugend Oberbayerns.] Der Papst sitzt auf dem Thron am Münchner Flughafen, und das Mädchen tritt vor ihn hin und sagt, daß er die Jugend von heute nicht verstehe, daß er mit seiner konservativen überholten Sexualmoral die Jugend in tiefe Ängste und Schuldgefühle stürze, die ganz unfruchtbar seien. Und der Papst? Er sitzt da, die Augen niedergeschlagen, ein Angeklagter. Er schweigt. Eine müde, hilflose Geste. Warum sagt er nicht: »Ja. Du Tapfere, du hast recht, ich bin ein konservativer Theologe, einer von den altmodischen Frommen, verzeiht mir, wenn ich euch nicht verstehe, versuchen wir beide, nach dem Evangelium zu leben.« Aber er sagt das nicht und überhaupt nichts. Er steht auf und geht. Nachher wurde im Bayrischen Rundfunk gesagt, er beherrsche das Deutsche nicht so gut, daß er hätte spontan frei antworten können. Ausrede. Er hätte in irgendeiner westlichen Sprache antworten können. Er hätte mit einer brüderlichen Umarmung antworten können. Im übrigen: ist ihm nicht schon in Paris dasselbe passiert? Er hätte sich vorbereiten können. Ich höre, daß alle diejenigen, die dem Papst in offizieller Funktion etwas sagen wollten, die Rede vorher dem Bonner Büro für die deutsche Bischofskonrerenz und dem Erzbischöflichen Ordinariat München vorlegen mußten. Barbara Engl tat es. Da kein Einwand kam, las sie ihren Text so, wie er war. Hernach las man ihn anders in der Presse: man hatte in Bonn alle kritischen Sätze gestrichen. Aber die zensierte Fassung war aus irgendeinem Grund nicht nach München gelangt, und das war gut. Barbara Engl bekam neben einigen kritischen und ablehnenden Briefen Stöße von zustimmenden.

Dazu das Ergebnis einer Umfrage bei der katholisch-kirchlich organisierten Jugend, in der Presse veröffentlicht. Drei Viertel der Befragten sind für Geschlechtsverkehr (häßliches Wort) VOR der Ehe, obwohl sie sich bewußt sind, daß sie damit der für sie streng verbindlichen kirchlichen Morallehre zuwider handeln, also »sündigen«. Die meisten haben kein Sündenbewußtsein dieserhalb. Sie erklären das: Sexualität ist für sie nicht »Geschlechtsverkehr«, sondern Bekundung der Liebe, der Zärtlichkeit, das schönste und wirksamste Mittel, einander näherzukommen, sich Wärme zu geben in der kalten Welt. Allerdings sind sie einmütig gegen den wahllosen zufälligen Akt. Wer mitsammen schläft, muß sich lieben, und in diese Liebe ist die Treue eingeschlossen, man geht also eine Ehe ein ohne Staat und ohne Kirche.

Alle sind gegen Abtreibung, aber für alle Arten der Empfängnisverhütung. Fast alle stehen positiv zur Kirche, wollen aber ihr Christsein nach eigener Gewissensentscheidung leben. Jedoch ist die Tradition noch so stark wirksam, daß die meisten am Widerspruch zwischen ihrer innern Entscheidung und der offiziellen Morallehre leiden. Sie wünschen sich einen ver-

bindlichen Maßstab, aber er müßte so sein, daß er der heutigen Lebenswirklichkeit entspricht. Damit überfordern sie die Kirche. Und sie überfordern sich selbst. So weit sind die meisten noch nicht, daß sie in voller Mündigkeit ihren Weg gehen.
Mir fällt ein: der Papst hat doch einmal ein Buch geschrieben über Sexualität und Liebe. [Ich habe es nicht gelesen, aber ich höre, es sei gut.] Ich denke über diesen Mann Woytila nach. Er ist liebesfähig und potent. Er hat seine Sexualität in höchster Anstrengung hinauf-sublimiert. Und er hat sie mit dem Willen zur Machtwürde kompensiert. Jetzt verlangt er von allen seinen Priestern den strengen Verzicht. Was ihm gelang, so meint er, müsse allen gelingen. Irrtum. Man kann nicht von allen verlangen, was man als Gnade und in Ausnahmestellung hat.
Ich denke auch nach über diese Jugend. Dabei fällt mir das Brecht-Gedicht von den beiden Kranichen ein, die da nebeneinander fliegen in der leeren Himmelsweite: »So ist die Liebe Liebenden ein Halt.«

Erdbeben im November 1980. Man redet nichts anderes als davon, man denkt nichts anderes als das, man verfolgt im Fernsehen Stunde für Stunde, was dort geschieht, man schämt sich, ein Dach überm Kopf zu haben und ein warmes Zimmer und keine Toten unter den Trümmern des Hauses und keine verwesende Kuh auf der Wiese vor dem Haus, nicht einmal Sprünge in der Mauer. Alles in Ordnung. Nichts mehr ist in Ordnung. Die Katastrophe hat uns alle eingeholt, sie ist allgegenwärtig, nicht wegzudenken, sie lebt mit uns. Es regnet in Strömen, der Schutt dort oben in der Basilikata wird zu Schlamm, die Zelte sind nicht dicht, die Temperatur sinkt, es beginnt zu schneien auf achthundert Metern Höhe.
Wir hier unten trösten uns: man tut ja alles für die Erdbeben-

opfer: Wolldecken, Schlafsäcke, Militärzelte, Campingwagen, Eisenbahnwagen, Kleider, Lebensmittel, Medikamente, Geld, und die Soldaten helfen bergen und aufräumen. Ja, gut, für ein paar Tage, ein paar Wochen. Und dann? Soll ich hinfahren, ein paar alte Leute hierherholen? Sie wollen nicht. Sie wollen nicht einmal gern in die Zelte, sie bleiben in ihren Autos neben den eingestürzten Häusern. Im Fernsehen das Bild einer alten Frau im kleinen Fiat: sie streichelt den Wagen. Er ist ihre Heimat, reduziert auf dies einzig Verbliebene. Niemand will weg von dort. Wie sie hängen an ihrer armen Erde, arm schon immer, vergessen von der Regierung in Rom, Emigrantenland, nichts gibts hier, keine Industrie, ein bißchen Weideland, und jetzt sind die Ställe zerstört, wohin mit dem Vieh im Winter, Notschlachtungen ja, aber nächstes Jahr? Wie beginnen? Die Leute haben sich rasch kleine Hütten gebaut aus den Trümmern, da hocken sie eng beisammen um kleine Feuer, sie halten sich bei den Händen, legen die Arme einander um die Schultern, erlernen den Wert des Menschlichen. Miteinander trägt sich die Katastrophe leichter. Der Besitz ist dahin, die Liebe zum Lebendigen erwacht.
Mut! sagen die Leute aus Friaul, aus Norditalien, die vor vier Jahren ihr Erdbeben erlebten. Mut! sagen sie denen im Süden und zeigen ihnen, wie es damals war und wie es jetzt ist: die Hälfte der Häuser neu, erdbebensicher, die Toten begraben und beweint, das Leben geht weiter, neue Fabriken wurden gebaut, der Fluch hat sich in Segen gewandelt, man hat Gemeinschaftsgeist gelernt in jenem Unglücksjahr, und nun bieten die im Norden einem zerstörten Dorf im Süden Gastfreundschaft mit allem, was dazugehört: Wohnung und Arbeit. Kommt zu uns, sagen sie, wir brauchen Arbeitskräfte.
Sogar die Schweiz, die fremdenfeindliche, rührt sich: was sie vorher nicht gewähren wollte, das gibt sie jetzt freiwillig: die Verträge mit den Gastarbeitern werden verlängert über das Frühjahr hinaus, und die Angehörigen der Gastarbeiter dürfen

einreisen, ohne Paß, der Stempel der zerstörten Heimatgemeinde genügt. Jetzt geht, was vorher nicht ging. Das große Unglück der Betroffenen macht die Unbetroffenen größer. Sie statten den Göttern ihren Dank ab für die Verschonung. Man schenkt und schenkt. Wieviel man doch zu verschenken hat! Wieviel man entbehren kann! So ist denn das Anhäufen irdischen Gutes doch bisweilen nützlich: man kanns verteilen.

Der pure Zufall: beim Lesen in Goethes ›Dichtung und Wahrheit‹ stoße ich heute auf den Bericht vom Erdbeben in Lissabon am 1. November 1755: »Sechzigtausend Menschen, einen Augenblick zuvor noch ruhig und behaglich, gehen miteinander zugrunde . . . Die Flammen wüten fort, und mit ihnen wütet eine Schar sonst verborgener oder durch dieses Ereignis in Freiheit gesetzter Verbrecher . . . Der Knabe [sechs Jahre alt], der alles dieses wiederholt vernehmen mußte, war nicht wenig betroffen. Gott, der Schöpfer und Erhalter Himmels und der Erden, den ihm die Erklärung des ersten Glaubensartikels so weise und gnädig vorstellte, hatte sich, indem er die Gerechten mit den Ungerechten gleichem Verderben preisgab, keineswegs väterlich bewiesen. Vergebens suchte das junge Gemüt sich gegen diese Eindrücke herzustellen . . .«

Als wir am zweiten Tag nach der Katastrophe vom 23. November etwas von deren Ausmaß erfuhren, fand ich mich dabei, daß ich immerzu sagte [auf Italienisch, mich unbewußt mit den betreffenden Italienern identifizierend]: Perché, perché, perché . . . Warum. Was für ein Sinn soll denn liegen in dieser Zerstörung? Wenn ein Gott ist, was für ein Gott ist er, der solches Unheil zuläßt? Und warum trifft es gerade die Armen da oben? Gibt es Völker und Landschaften, die schicksalsmäßig bestimmt sind zu Katastrophen? Ist da ein Weltsinn dahinter? Ich versuche ihn verstandesmäßig zu finden: nach dem Erdbeben von Friaul wandte sich das eingeschlafene Interesse des Landes und auch des Auslands dem vernachlässig-

ten Gebiet zu. Wie wenn es des Unglücks in der Basilikata bedurfte, damit endlich dort etwas geschehe? Aber die vielen Opfer? Dürfen viele getötet werden, damit die andern besser leben? Was für ein Gesetz ist das aber?
Heute saß ich wie gelähmt da und haderte blasphemisch mit Gott, es war mir bitter ernst damit. Als ich so saß und vor mich hin sagte wie eine Irre »perché, perché, perché«, da kam mein Nachbar an die Tür und sagte: Signora, der Lastwagen ist da, der die Kleider und Decken sammelt.
Da wußte ich die Antwort, wenigstens für diese Stunde wußte ich sie. Auf meine Frage, die Frage vieler, gibts nur eine: Taten der Liebe tun. In dieser Antwort löst sich die Frage auf. Weiterzufragen ist sinnlos. Liebe ist die Antwort auf die Herausforderung, welche das Unglück anderer für uns ist. Wäre kein Unglück, gäbe es kein Mitgefühl und keine Liebe. Ich mache einen Tauchsprung in die Tiefe: nur die Not der Menschheit zwingt den göttlichen Geist dazu, uns den Christus zu senden als incarnierten Geist der Liebe. Wir also sammeln Wolldecken und warme Kleider.

Fragen, Fragen. Zwei Tage wüsten Aufruhrs in der Natur. Unaufhörliche Gewitter, immer um sich selbst kreisend wie verhext, starke Entladungen, gleich darauf neue Spannungen, Regenstürze, kurze Atempausen, neuer Blitzschlag, neue Wasserfluten, die Nacht zerschnitten von scharfen Blitzen und Einschlägen. Und nun, am Morgen, plötzliche Stille. Weiße Stille. Es hat geschneit, sanft geschneit, eine Spitzendecke liegt auf den Wiesen, Wintergras und spätblühende gelbe Sternblümchen und die wilden violetten Cyclamen wie eingestickt. Darüber der silbergraue Himmel mit hellen Streifen, die baldige Besserung verheißen. Und jetzt die ersten Sonnenstrahlen. Als sei nichts gewesen. Nach der Strafe die Belohnung, nach Schlägen die Versöhnung. Aber der Belohnte und Bestrafte weiß nicht, warum ihm das eine und das andre geschieht. Der Mensch, eingekeilt zwischen den ungeheuren Mächten, den Notwendigkeiten, die einander bedingen: Aufbau und Zerstörung, Leben und Tod. Der Mensch, das Opfer auf jeden Fall. Aber wer opfert wem auf welchem Altar, und warum?

Unmöglich jetzt, in den Kinderglauben an den guten lieben Gott zurückzuflüchten. Wohin aber fliehen? Warum überhaupt fliehen? Stehen bleiben, Stand halten. Denken. Ist denn da ein Jemand, ein denkendes Wesen, das sich um uns Menschen kümmert? Muß denn so ein Wesen sein, das ÜBER den Menschen steht? Muß denn etwas erwartet werden von einem anderen Wesen als dem Menschen selbst?

Auf einmal das dringende Bedürfnis zu beten. Was ist denn das? Ausgerechnet jetzt kommt mich dieses Kinderverlangen an. Bedeutet es etwas? Ja, das tut es. Ich fühle die Bedeutung. Ich will mich vereinigen mit einer Kraft, die stärker ist als die meine. Oder anders gesagt: ich rufe meine eigene Kraft auf, stärker zu lieben, weil Liebeskraft gebraucht wird. Meine Liebeskraft aufrufend, vereinige ich sie mit jener der andern. Mit dem Liebesstrom, der uns alle durchzieht. Aber was anders ist dieser Strom als GEIST, und was ist Geist anderes als Liebeskraft? Wer liebt, beweist die Göttlichkeit des Menschen.

Eben gab es wieder so ein Bild im Fernsehen: die Menschen im Erdbebengebiet zwischen den Trümmern um ein Feuer sitzend, sich umarmend, um sich zu wärmen. Ist es das, was allem Unglück SINN gibt: daß man sich umarmt? Lernen wir nur unter äußerstem Druck die Liebe? Geschieht die Mutation des Menschengeschlechts nur durch Katastrophen? Warum erschrecke ich bei dem Gedanken, daß Katastrophen notwendig sind? Weil ich ein Bild sehe: in wenigen Jahren vielleicht sitzen die paar Überlebenden so beisammen in Höhlen unter den radiumverseuchten Trümmern der alten Welt. Nicht erschrecken: die Überlebenden LEBEN. Sie lernen die Liebe. Äußerste Not als die große Chance für die Evolution. Man muß in die Ferne denken dürfen. Ins Grenzenlose. In neue Geist-

Räume muß man sich vorwagen, damit man den Schmerz des Augenblicks erträgt.
Freilich: die Wirklichkeit erfrorener Hände und Füße und entzündeter Bronchien da oben im Gebirge und die unter Trümmern Erstickenden, das muß man mitdenken. Wer beides denkt, das große tröstliche Ferne und das so Nahe und Schlimme, der fühlt sich zwischen den Wirklichkeiten zerrieben wie das Weizenkorn zwischen den Mahlsteinen. Dies denkend und aufschreibend, spüre ich etwas, das Unbehagen und schmerzhaftes Glück zugleich ist: bin ich nicht das Kind, das, in den dunklen Keller geschickt, laut singt, um sich Mut zu machen? Schon, aber daß es singen kann, daß es glaubt, die Angst übersingen zu können, ist das nichts?

Weihnachten 1980. Im RAI gesehen drei kurze Szenen, Weihnachtsbilder. Gemalt ergäben sie ein eindrucksvolles Triptychon. In der Mitte: Szene aus den Dolomiten, Cortina d'Ampezzo, Winterschnee, strahlende Sonne, Geschäftsstraße, die Auslagen voller Pelze, Abendkleider, Schmuck. Auf der Straße Herren und Damen in teuren Kleidern, man siehts, neueste Modelle, man trägt sie zur Schau, auch die Hunde haben kostbare Halsbänder und laufen an kostbaren Leinen, das gehört zur Schickerie. An den Straßenrändern parkend große Wagen. Malte ich das surrealistisch, müßte ich einigen der kostbaren Herren Schlingen um den Hals zeichnen, und Handschellen, und im Hintergrund das Gefängnis, denn es gibt da solche, die in den großen Petroleumskandal verwickelt, aber noch auf freiem Fuße sind.
Der linke Flügel des Bildes: eine Dorfstraße in Sardinien. In den wenigen kleinen Schaufenstern billiges Zeug, Kinderspielzeug. Auf der Straße Frauen in schwarzen Fransentüchern, verhärmt. An einer sonnenwarmen Wand alte Männer mit gichtknochigen Händen, um Stöcke gelegt.
Der rechte Flügel: eine Art Wohnhöhle im Erdbebengebiet,

ein offenes Feuerchen im Metallbecken, darum herum eine Familie, dicht aneinander gedrängt, eins das andere wärmend. Hinter der Höhle aufsteigend die Ruinenstadt, grauer Steinhaufen gegen den grauen Himmel. Unterhalb des Triptychons das Paneel: Silvesterfeier in einem Luxuslokal in Mailand. An langen Tafeln die Esser, die Fresser, im Frack, im Abendkleid. Freudlos. Als äßen sie ihre Henkersmahlzeit. Ein Leichenschmaus erster Klasse. Unterm Tisch [so würde ich es malen] verhungerte Kinder aus der Dritten Welt.
Und das wäre alles ganz wahr, und ganz normal.

Trost in der Finsternis. Brief eines einundzwanzigjährigen Münchners, der sich als Herrenschneiderlehrling vorstellt. Er schreibt mir, ich sei ihm durch die Lektüre meines Tagebuchs ›Grenzübergänge‹ zum »teuersten Menschen« geworden. Wie das? Mein Wort von der »Freiheit der Kinder Gottes« habe ihn tief getroffen und ihn zu einer großen religiösen Entscheidung aufgerufen. Er sagt, er sei »von Gott gerufen worden«. Ein Wort von mir ist also das Medium geworden, das eine göttliche Botschaft überbrachte.
Frage: was geschieht denn da, wenn ein Mensch plötzlich WEISS: Gott IST und Gott ruft mich, den einzelnen Menschen, mit Namen ruft er mich? Es geschieht eine Erweckung. Etwas, das vorher da war, aber schlief, wird aufgeweckt. Der Schlag des Zen-Meisters weckt die Schlange des hohen Bewußtseins. Paulus, als er noch Saulus war, hörte urplötzlich eine Stimme vom Himmel, er hörte sich bei Namen gerufen, er sah einen Blitz, und war »bekehrt«.
Der göttliche Geist überfällt einen. Aber da muß etwas vorher offen gewesen sein, daß der Überfall möglich war. Da muß eine Sehnsucht latent da sein, die eine Erfüllung herbeizwingt. Da muß ein Empfangsgerät aufgestellt sein, das den Anruf aufnimmt. Der Blitz des Paulus, der Blitz, von dem viele »Erweckte« sprechen, ist vermutlich, es ist wirklich ein

Blitz: der Funke, der überspringt vom einen elektrischen Pol zum andern. Der eine Pol: das Göttliche im Menschen, der andre: das Göttliche Gottes. Bei diesem Blitzgeschehen, diesem »Knall«, entsteht Neues: der neue Mensch. Für ihn ist dann alles neu. Das Leben beginnt für ihn in diesem Augenblick. Die Feuertaufe ist das. Welcher Reichtum an Erfahrungsmöglichkeiten ist uns Menschen gegeben. Wir haben nicht genug Sehnsucht, solche hohen Erfahrungen zu machen. Wir sind zu bequem. Todsünde Trägheit.

Konkrete Fragen. Ein Schüler der 8. Klasse einer bundesdeutschen Schule schreibt mir nach der Klassenlektüre meiner Kurzgeschichte ›Die rote Katze‹ [1946 geschrieben], er möchte wissen, wie es denn wirklich damals nach dem Krieg gewesen sei, wieviel Brot wir täglich bekamen, wieviel Fleisch und so weiter. Erinnerung an meine Lesung an der germanistischen Fakultät der Universität Houston, Texas. Ich las eben jene Katzengeschichte, weil sie in sehr einfachem Deutsch geschrieben ist. Vor mir eine kleine Schar frischgewaschener, sehr gut gekleideter, sehr gut ernährter Kinder der reichen Bourgeoisie. Ich merke während des Lesens, daß sie sich befremdet fühlen, aber eher gelangweilt als beunruhigt. Schließlich fragt einer lässig: »Ich kann nicht verstehen, daß die Mutter in der Geschichte nicht besser für ihre Kinder sorgt, sie hätte doch mehr arbeiten und mehr verdienen können, antatt die Kinder hungern zu lassen.« Ich brauchte eine Weile, um zu begreifen, daß der Junge und mit ihm die andern überhaupt nichts von der Geschichte verstanden hatten: daß sie in der Nachkriegszeit spielt, im Hungerwinter, daß die Häuser wirklich Ruinen waren, daß Brot rationiert, Fleisch trotz der Marken meist nicht zu bekommen, daß sich deutsche Mütter an US-Soldaten, die Väter jener Kinder, verkauften, um ein wenig Essen für ihre Kinder . . . Sie hörten mir ungläubig zu: eine dichterische Übertreibung.

Daß US-Bürger, junge, keine Erinnerung haben und auch nicht die Erfahrung des Hungers, das ist noch verständlich. Daß deutsche Kinder, die Enkel der geschlagenen Generation, nichts mehr davon wissen . . . Sie wollen nichts wissen, und die Eltern und Großeltern wollen nicht mehr darüber reden. Dieser Junge aber FRAGT. Er stellt konkrete Fragen, ich antworte ihm, und ich füge hinzu: Möge dein Interesse für konkrete Geschichte, die immer Leidensgeschichte ist, anhalten, und möge es sich allen leidenden Völkern der Erde zuwenden in derart konkreten Fragen. Dieser Junge ist eine einsame Stimme.

Eine Geschichte »rückwärts« schreiben. Eine Leserin schreibt mir, sie sei aus dem Kloster ausgetreten, und, seltsamer Zufall, das erste Buch, das sie nach dem Austritt las, sei meine Erzählung ›Geh fort wenn du kannst‹ gewesen, die Geschichte einer italienischen kommunistischen Partisanin, die durch eine Schicksalsfügung in ein kriegszerschossenes Kloster kommt und schließlich Nonne wird. Die Leserin rät mir, die Geschichte von hinten her zu schreiben. Guter Vorschlag: eine Nonne wird Partisanin. Und sie weicht dabei keinen Schritt von ihrem Gelübde ab, sie gehorcht dem, dem sie auch vorher gehorcht hat: dem Christus, der von ihr fordert, sich für ihre Mitmenschen zu opfern.
Ich müßte die Geschichte als Parallele schreiben zu der, die ich schrieb. Schritt für Schritt rückwärts. Den Film rückwärts laufen lassen.
Wie viele Einfälle ich meinen Lesern, meinen Briefschreibern verdanke. Sie halten mich mitten im Leben.

Dezember 1980. Zürich. Freier Tag zwischen zwei Lesungen. Eigentlich wollte ich nach Kilchberg ans Grab von Thomas Mann und an das noch frische von Katja, aber es weht eiskalt vom See her, ich kehre um. Auf dem Limmatkai gerate ich in einen Demonstrationszug, und ich laufe ein Stück mit, denn das, wofür hier Jugend und ältere Leute demonstrieren, darüber schrieb ich schon vor zehn Jahren: es geht immer wieder darum, daß die Jugend Zürichs ein Haus will, ein ›Autonomes Jugendzentrum‹, und daß Zürichs Bürger das nicht erlauben, weil sie fürchten, so ein Haus würde eine Brutstätte der Linken, oder [und] der Kriminellen und der Süchtigen. Vor allem der Linken. Denn die sind allemal Kriminelle. So sagt auch Reagan: »Wer für Befreiung kämpft, ist kriminell.« Also ist auch der Priester Ernesto Cardenal, der den Friedenspreis des deutschen Buchhandels bekam, ein Krimineller ...

Wohin soll eigentlich Zürichs Jugend gehen, wenn man ihr kein Haus gibt? Die, die soll daheim bleiben bei Vater und Mutter, die soll brav studieren und ans eigene Fortkommen denken statt zu politisieren ... Mit der Verweigerung des Jugend-Hauses* schafft sich Zürich ein revolutionäres Potential. Genau das, was man vermeiden will. Wie man nur so kurzsichtig sein kann. Nun: die Jugend wirft Schaufensterscheiben ein. [Symbol-Handlung.] Großes Verbrechen. Wer sich an den heiligen Gütern der Bürgerschaft vergreift, die da in den Fenstern zur Schau gestellt sind, der ist ein Verbrecher, oder nicht? Könnten sich die guten Bürger unsrer reichen Städte einmal vorstellen, daß Kinder der Dritten Welt durch so eine Schaufensterstraße gehen und ihre armen Gesichter an die Scheiben drücken und die Luxuswaren sehen, die nicht für sie sind, sondern für reiche Europäer? Ich laufe also in dem Demonstrationszug mit und denke, daß man mich verhaften könnte, weil ich als Ausländerin mich in innerschweizer politische Affären mische ... Einige Demonstranten erkennen mich, wir freuen uns.

* Im März 1982 ließ der Stadtrat – der alte; der neue, konservative, war schon gewählt – es sprengen.

Im Kunsthaus Zürich. Eine kleine Ausstellung nordamerikanischer zeitgenössischer Kunst im graphischen Kabinett. Ich will eigentlich nur einen Blick hineinwerfen, denn ich möchte die chinesische Ausstellung sehen, um etwas zu erfahren über altchinesische Jenseitsvorstellungen. Aber ich bleibe fasziniert bei den Bildern der nordamerikanischen Maler. Eine Gruppe von Künstlern, die alle um 1940 geboren sind. Sie malen und zeichnen zweidimensional, also ohne Perspektive, und »ungegenständlich«, wie man so sagt, als seien Linien und Flächen keine Gegenstände! Vor allem interessiert mich ein Doppelbild, zweiflügelig wie ein Fenster, es hat keinen Rahmen. Es ist groß, etwa zwei Meter lang und ein Meter hoch. Und was ist dargestellt? Nichts. Statt eines Titels steht da: Ölkreide auf Papier. Eine zweigeteilte rein weiße Bildfläche.

Ein paar Besucher gehen vorbei: »So eine Frechheit«, sagt einer, »das kann ich auch.«

Er kann es vermutlich nicht. Oder? Wer kann nicht so eine Papierfläche weiß anstreichen? Auch die rechte Proportion kann man finden, ohne Künstler zu sein. Aber was fasziniert mich so an diesem Bild, das keines ist?

Es ist, das wird mir nach langem Anschauen klar, ein Meditationsbild. Dargestellt ist das reine NICHTS. Nirwana. Das Weiß, das alle Farben enthält und aufhebt. Die reine Fläche ohne jede Unterbrechung. Das ALLES-UND-NICHTS. Der Maler heißt Richard Nonas. Beim noch längeren Anschauen belebt sich das Weiß. Es gibt eine Bewegung im Innern der Farbfläche. So wie es eine Bewegung gibt innerhalb eines einzigen langgehaltenen musikalischen Tons. Eine einzige Farbe ist alle Farben, eine einzige Fläche ist die Welt. Warum braucht der Maler die zwei Flächen nebeneinander? Weil erst die Verdoppelung, die Wiederholung, zeigt, was er meint: die Wiederholung von NICHTS ergibt nicht NICHTS, sondern ALLES. Und weil eins plus eins zwei gibt, aber die zwei geben zusammen eine Drei: das Bild. Man sieht zwei Flächen, aber erfährt ihre Einheit in einem Dritten: dem Gesamtbild.

6. Dezember. Nikolaustag. Plötzliche Kindheitserinnerung, Heimweh. Das gibts nicht mehr. Ist alles den Fluß hinuntergeschwommen auf Nimmerwiederkehr. Arme Kinder von heute, ohne Geheimnisse, ohne Symbole, ohne Magie, ohne den Schutz der Naturmächte, ohne Einbettung in den ruhigen und sichern Ablauf des Kirchenjahrs. Keine bangen Erwartungen im Dunkel des Advent und der Fastenzeit, drum auch keine triumphalen Erfüllungen im Weihnachtslicht und im Aufgang der Ostersonne. Und eben auch kein Nikolaustag. Wie wir Kinder uns fürchteten: Und wie wir uns weiterfürchteten, auch als wir schon wußten, daß der heilige Nikolaus unser Nachbar war oder der Herr Kaplan. Warum? Weil wir uns dieses aufregende Gefühl nicht rauben lassen wollten, das auch. Aber vor allem, weil diese Nikolaus-Erscheinung die sichtbare Entsprechung war zu einer unsichtbar umgehende Anwesenheit; das Abbild einer innerseelischen, archetypischen, einer metaphysischen Wirklichkeit. Wir erlebten das Umgehen dunkler gefährlicher Mächte in den längsten und finstersten Nächten des Jahres, in den Dezemberstürmen, und das Umgehen dunkler Mächte auch in unsern anfälligen Seelen, die bedrängt waren vom undurchschaubaren Ineinander von Hell und Dunkel in der Welt. Das Geheimnis der Polarität von Licht und Finsternis, von Gut und Böse, von Liebe und Strenge der Eltern, von Kummer und Freude, das alles wurde uns Person in zwei sichtbar auftretenden Gestalten: dem weißgekleideten heiligen Nikolaus, dem Bischof, und seinem schwarzen Begleiter, dem »Klaubauf« oder »Knecht Rupprecht«, mit Rute und Sack, in den er die bösen Kinder zu stecken drohte. Wie aufregend war das Gerassel seiner Ketten in den nächtlichen Dorfstraßen! Und wie schön der heilige Bischof mit rotgemalten Bäckchen und dem langen Haar aus grauem Flachswerg, und der aufgeklebte lange Bart. Wir sahen die Kostümierung und übersahen sie. Wir wollten unsern Traum. Wir hätten sagen können: Aber Sie sind der Herr Meier! Wir sagten es nicht, denn: er war es

und war es nicht. Er war seine Rolle, die wir ihm zudiktierten. Der Heilige und der Naturdämon. Das Licht und die Finsternis, Gnade [Nüsse, Lebkuchen] und Verwerfung [in den Sack gesteckt und fortgetragen werden], wir erfuhren beides an den beiden Gestalten, die da kamen. Unsre Angst war keine calvinistische Sünden- und Strafangst, und der Klaubauf war ja nicht der Teufel und Sankt Nikolaus nicht Gott Vater, und das Ganze hatte nichts mit Moral zu tun, sondern mit dem Urphänomen der Spannung zwischen den Lebenspolen, den hohen Mächten, die teils hell, teils dunkel sind.
Nichts blieb von jenem Erlebnis. Der Nikolaus ist eine Pappmaché-Figur in Schaufenstern oder ein Anreißer vor Geschäften, eine Menge davon läuft herum im Weihnachtsbetrieb. Was für eine Pervertierung. Und was ist aus der so gesunden Ehr-Furcht der Kinder vor dem Numinosen geworden? Die platte Welt-Angst-Neurose der Zeitgenossen, denen die unseligen Sozialpsychologen den Lebensboden zerredet und hinweggefegt haben.
Darüber ein Gespräch mit einer solcherart verdorbenen Achtzehnjährigen: Aber man darf die Kinder doch nicht belügen. Storch und Christkind und Osterhase und Nikolaus, das sind Vorstellungen aus der bürgerlich verlogenen Welt.
Meine Frage: Gehen Sie gern ins Theater? Und Sie wissen, daß der Held nicht stirbt und weinen doch?
Ja, aber die Erwachsenen im Theater wissen das, die Kinder aber fühlen sich belogen.
Was ist Phantasie? Der Blick hinter den Vorhang der plumpen äußeren Wirklichkeit, das Sehen der In-Bilder, denen die äußeren Dinge nachgebildet sind und die nur bestehen, weil sie in der Phantasie vorgebildet sind. Sagen Sie: Leben Sie nur mit greifbar nützlichen Gegenständen? Wissen Sie, daß der Mensch sterben muß, läßt man ihn nicht träumen? Die Seele verhungert in der puren Faktizität, die Menschheit verhungert an ihrem Mangel an Mythen und Phantasie, an echten Utopien und Religionen.

Nun ja, sagt das Mädchen, aber in einer harten Zeit muß man die Kinder auf den Boden der Wirklichkeit stellen. Keine Illusionen! Auch die Kunst muß so sein, daß . . .
Wissen Sie, was Sie sind? Eine Verkehrtherum-Träumerin, eine Illusionistin von der anderen Seite, eine perverse Utopistin. Sie leben im Glauben an eine von Träumen gänzlich leergeräumte Welt, die Sie mit Ihren Anti-Träumen eifrig neu möblieren. Ihr Mythos von der Entmythologisierung!

Silvester 1980. Ein großes Münchner Hotel schickt mir eine Einladung zu einem Silvester-Gala-Dinner. Keine Benefiz-Sache, deren Erlös etwa einer sozialen Einrichtung zugute käme. Nein, einfach so. Zum puren Eß-Vergnügen. Die Menu-Karte liegt bei:
Hausgemachte Gänseleber »en croute«, Essenz vom Reh und pochiertem Wachtelei, Seezungenfilet »Belle Gabrielle«, Sorbet von Passionsfrüchten »Laurant Perrier«, Filet von schottischem Angusrind in Fleurice-Weinsauce, Broccoli-Soufflee, gratin dauphinois, großes Dessert »St. Sylvestre«. Und auserlesene Weine.
Nicht einmal teuer, das. Achtzig Mark. Wer denkt sich schon was dabei? Was für poetische Namen: Sorbet von Passionsfrüchten. Früchte des Passionsbaumes. Früchte der Passion vieler. Damit einige Leute solche Dinge essen können, müssen Millionen hungern.
Ich will mir das nicht zu demagogisch einfach machen. Ich weiß schon, daß der Verzicht auf Passionsfrüchte aller Art die Dritte Welt nicht satt macht und daß solche Gala-Essen Arbeit für viele bedeuten. Wirtschaft ist eben Wirtschaft. Und sollen wir, bitte, an so einem Abend Käsebrot essen und Kamillentee trinken? Und haben reiche Leute nicht auch ein Recht auf Vergnügen? Und kann man nicht sich solche Feste erlauben mitten in der Tristesse unsrer Tage? Hundert Ausreden bieten

sich an. Gelähmt starre ich auf die Menu-Karte. Daß ich nicht zu diesem Essen gehe, ist klar. Aber sollte ich nicht hingehen und schreien: Ihr Fresser und Säufer, wie könnt ihr dieses Luxusessen hinunterschlingen, wenn ihr bedenkt, daß in eben dieser Stunde . . . Man würde einige Augenblicke betroffen schweigen, und dann ginge alles weiter wie vorher. Oder man gäbe mir Geld für die Armen . . . Ich verstehe die Resignation unsrer Jugend angesichts der Übermacht »ökonomischer Sachzwänge«. Ein Tarnwort für die große Sünde der Trägheit. Sie findet sich im christlichen Katalog der TODSÜNDEN.

1981

Zwei Erfahrungen zum selben Thema. Erinnerung. Zu Silvester spricht eine italienische Kabbalistin und Astrologin über das Jahr 1981, das soeben beginnt. Sie sagt: es wird ein Jahr großer Entscheidungen für Kollektive und Individuen. Vorauszusagen ist nur, daß mit Sicherheit der Status quo nicht gehalten wird.

Das heißt: nichts bleibt wie es ist. Große Veränderungen sind im Gange, keiner kann sich den Entscheidungen entziehen, Rückzug in die Unverantwortlichkeit wird unmöglich, jeder ist gleicherweise betroffen, alles bewegt sich.

Für konservative Regierungen und Parteien und Kirchen keine angenehme Aussicht. Für Revolutionäre eine frohe Botschaft. Opfer werden beide bringen müssen. Störer wie Aufgestörte.

Ich betrachte ein tibetisches Mandala: das Lebensrad. Das Phänomen des Rades: ein Kreis, der durch Speichen [Strahlen] mit einem Mittelpunkt verbunden ist. Nach langem Suchen bei Lao Tse fand ich endlich den Spruch wieder, der mir vor Jahren so tiefen Eindruck machte, dessen Wortlaut ich aber vergessen hatte:

»Dreißig Speichen treffen die Nabe: die Leere dazwischen macht das Rad: Das Sichtbare bildet die Form eines Werkes / das Nicht-Sichtbare macht seinen Wert aus.«

Das Rad, sagt man, ist die erste echte Erfindung der Menschheit, mit dem Rad beginnt die Technik, die Industrie, der Fortschritt.

Das Rad ist eine Kreisfläche, in Sektoren aufgeteilt. Das Rad ist als Kreis eine magische Figur: wer eingekreist ist, der ist gefangen. Der Kreis schließt ein und aus. Er ist die Schlange, die sich in den Schwanz beißt. Eheringe schließen ein Paar ein, und andre aus. Ein Kreis kann ein Nest sein, bergend. Er kann aber auch die Hölle sein: unentrinnbares Eingeschlossensein. Die Jungfrau setzt ihren Kopf der Schlange aufs Haupt; wenn

die Schlange tot ist, öffnet sich der Kreis, und das Gefangene wird freigegeben. Viele Assoziationen schießen mir durch den Kopf.
Der aufgerichtete Kreis als Rad. Es dreht sich. Wer aufsteigt auf der einen Seite, muß auf der andern absteigen. Keiner bleibt oben. Das Rad der Fortuna. Das Rad des Lebens, darauf gebunden die Menschen. Menschen kommen und gehen, Kulturen blühen auf und zerfallen. Immer so weiter. Einigen gelingt der Absprung. Nicht den Selbstmördern, denen nicht, sie irren. Aber den Heiligen aller Religionen. Sie erkennen: das Rad hat keine Macht, wenn man sie ihm nicht zuspricht.
Aber bei dem tibetischen Mandala vor mir sind oben die Götter. Das Rad hält in der Drehung inne, weil es ja ein Bild ist. Wenn es aber ein wirkliches Rad ist, dann dreht es sich. Und die Götter? Steigen sie ab wie die Menschen? Gottes-Bilder steigen auf und nach einiger Zeit wieder ab, andre steigen auf. Aber die Götter selbst? Ein Begleittext sagt, daß »träge gewordene Götter absteigen«. Ein träge und gleichgültig gewordener Gott, ein des Menschen wegen resignierter Gott, ein verzweifelter Gott, der sieht, daß auch seine eigene Menschwerdung vergeblich war. Ein Gott, der unsrer Erde und der Menschheit darauf unendlich müde ist, uns vergißt, uns dem Teufel überläßt, der ausgeruht ans Werk geht. Mir fällt C.G. Jung ein, der als Bub über dem Züricher Münster Gott sitzen sah, wie er »ein riesiges Exkrement« auf die Kirche fallen ließ, die darunter zerbrach. Kommt unser aller eingestandene oder verborgene Angst daher, daß unser Gott uns verlassen hat? »Mein Gott, warum hast du mich verlassen«, das mußte sogar der Heilige, der Christus, erfahren am Kreuz: die Möglichkeit des Verlassenwerdens von Gott.
Unsre Horrorfilme, die Bildwerdung unsrer realen Angst und unsres Gespürs für die Nähe des Zerstörer-Engels.
Lassen wir Gott sanft entschlafen? Geben wir ihn auf? Emanzipieren wir uns, wie Marx es wollte? Tun wir statt seiner das Notwendige? Räumt Gott dem Menschen das Feld?

Heute ist mir eher danach zumute, Gott aufzuwecken mit lautem Geschrei.
Überlesend, was ich gestern schrieb über das Rad und die absteigenden Götter und den schlafenden Gott, merke ich, daß ich da wieder einmal an jenem Problem arbeite, das sich mir immer dringender stellt: wenn der Gott sich so vollkommen in die Erde incarniert hat, daß er die Erde WURDE und daß er die Menschheit IST? Daß die Himmel leer sind, weil Gott HIER ist?
Ich habe hier ein altes Kreuz hängen. Dem Christus fehlt der linke Arm, ich habe mich bisher damit begnügt, poetisch zu denken: er braucht uns als seinen einen Arm. Wenn ich jetzt kühn denke: ER IST WIR? Wenn das ganze Werk der Erlösung UNSRE Aufgabe ist? Der einmal in den Menschen gelegte élan vital, der ein anderes Wort für Sympathie ist, für den Willen zur Rettung aller – genügt er nicht für alle und für alle Zeiten?
Meine Rechnung geht noch nicht auf. Ich möchte gerne einen Gott über mir. Einen, zu dem man heimgehen kann. Einen Vater »oben«. Es ist unheimlich schwierig, die Menschwerdung Gottes zu begreifen und zu glauben, und alle Folgerungen daraus zu ziehen. Beginne ich zu DENKEN, weiß ich nichts mehr. Überlasse ich mich der fast bildlosen Vorstellung vom Gott-Menschen, vom Mensch-Gott, scheint es mir, als sei ich dem großen Geheimnis auf der Spur.

Der Weg nach Oben. Verkehrsbeilage der ›Süddeutschen Zeitung‹, 28. Januar 1981. In fetter blauer Schrift als Schlagzeile : DER WEG NACH OBEN. Und dazu, sehr groß, das Bild eines modernen Baues, ich glaube, es ist das BMW-Verwaltungsgebäude in München, nicht völlig klar als solches erkennbar, da von unten her fotografiert, also in ungewöhnlicher Perspektive. Ich erschrecke: das ist ja der Turm von Babylon, von Menschen verlassen, aber perfekt vollendet. Das

unterste Stockwerk des Turmbaus scheint vom alleruntersten losgelöst, und es erweckt den Eindruck, daß der Bau in die Luft steigt, eine Art Rakete. Ob sich in diesem Raketenturm Menschen befinden, ist nicht auszumachen. Vielleicht wohnt nur ein einziger Computer in ihm. Wie auch immer: DAS also ist »Der Weg nach oben«. Oben? Was ist das, bitte? Das Top-Management, der Fortschritt, der ja unendlich ist . . .
Und dazu ein Aufsatz: »Unternehmens-Philosophie, was ist das?« Ich zitiere: »Eine Unternehmensphilosophie ist eine Existenzphilosophie, die sowohl das Heute als auch das Bild der Zukunft einbezieht. Schließlich ist die Unternehmensphilosophie ein Kernstück des Bildes, das sich die Umwelt von einem Unternehmen machen wird. Wer ein positives Ansehen bietet, ist krisenfester, weil positive Vorstellungen von einem Gegenüber zur Stabilität beitragen.« Ferner: »Was meines Erachtens wünschenswert ist, sind Unternehmensphilosophien mit Biß. Man denke einmal an Sören Kierkegaard, an Jean Paul Sartre oder an José Ortega y Gasset. Das waren Philosophen mit Biß. Die heutigen Unternehmensphilosophien sind meistens aus einer defensiven Gemütsverfassung heraus entwickelt worden . . .«
Ich lese den Aufsatz mehrmals. Ich verstehe kein Wort. Was haben Kierkegaard und Sartre und dazu der gar nicht ins Bild passende Ortega y Gasset damit zu tun? Ausgerechnet die? Hat der Artikelschreiber sie je gelesen? Und was hat er denn daraus gelesen? Wenn das nicht der komplette Wahnsinn ist. Philosophen mit Biß. Kierkegaard, der Philosoph der Weltangst, des Zerbrochenseins, der Feind des Sichstützens auf die äußere Wirklichkeit, der die restlose Hingabe des Selbst fordert, die Preisgabe ans Absolute . . . Und die Unternehmer . . . Und Sartre: der Sartre welcher seiner Denk-Epochen? Hat der Schreiber eigentlich das wichtigste Werk Sartres gelesen, ›Der Ekel‹? Kennt er ›Wörter‹? Nichts kennt er, aber er schmückt sich mit großen Namen in irrwitzigem Mißverständnis.

Man könnte laut lachen über derlei, wäre es nicht so ungeheuerlich. Was heißt Philosophie denn? Weisheitslehre. Und was ist Unternehmensphilosophie? Ihre Pervertierung, nämlich die Lehre davon, wie man, ganz im Materialismus verstrickt, wirtschaftliche Macht erlangt und behält. Nun: der Turm zu Babylon blieb unfertig, weil die Arbeiter ihre Sprachen nicht mehr verstanden. Dieser Aufsatz über die Unternehmensphilosophie ist ein Exempel für die Verwirrung der Sprache. Der Autor dieses Aufsatzes ist entweder ein Dummkopf und Angeber, oder aber ein gelehriger Schüler Ahrimans, des Teufels.
Man muß den Wirtschafts- und Technikteil einer Zeitung lesen, um zu wissen, wie es um den Menschen heute steht. Miserabel steht es nämlich um ihn, weil er sich belügen läßt, einwickeln von Scharlatanen. Der Weg nach oben . . . Der Weg nach oben ist die Atombombe. Geduld: sie kommt von oben wieder herunter. Unser Atomtod. Die Erdzerstörung. Inzwischen schwätzen solche Leute bösartigen Unsinn, um sich und uns die gerechtfertigte Weltangst hinwegzuschwindeln.
In derselben Nummer der SZ eine Karikatur: ein Manager schiebt einen Kinderwagen mit Drillingen [warum Drillinge? Ist das nicht auch ein Name für eine Schießwaffe?], in der Hand hält er ein Buch mit dem Titel: Langfristige Personalplanung.
Der von Geburt an ver-plante Mensch. Der vorprogrammierte Mensch, der schon mit gewaschenem Gehirn zur Welt kommt. Und der dann seine Gene so weitergibt, immer weiter, und es kommen nur mehr programmierte Wesen zur Welt.
Und wir nehmen das alles so hin, weil wir selber schon programmiert sind. Rette sich, wer kann. Wer es NOCH kann.

Die Traurigkeit Gottes. Mit Italo Chiusano im Dahlemer Museum in Berlin. Nach unserm gestrigen Interview bei der Fernsehsendung ›autorscooter‹ haben wir jetzt das dringende Bedürfnis nach KUNST. Jeder geht so seiner Wege im Museum, aber schließlich finden wir uns gemeinsam vor einem Bild, das nicht einmal ein sehr bedeutendes ist: ein anonymer Maler der Salzburger Schule des 15. Jahrhunderts. Ein konventionelles Sujet: Christus am Kreuz, darüber die Taube, das Kreuz gehalten vom Vatergott. Hundertmal gemalt und gesehen. Was ist es, das uns beide hier festhält? Italo findet es zuerst heraus: es ist der Blick dieses Vatergottes. Der Vater hält das Kreuz so, als hielte er es dem Beschauer direkt entgegen. Jedem einzelnen. Und dazu der Blick: »Da schau, du, ja, dich meine ich, Mensch, schau, was ihr Menschen getan habt mit meinem Sohn, da hängt er, gemartert und tot, und WOFÜR? Was hat er erreicht damit?«
Ich finde, der Blick des Vaters ist zornig. Italo besteht darauf: er ist traurig.
Er ist traurig und zornig. Was überwiegt: Trauer oder Zorn? Wenn der Zorn überwiegt, dann ist dieser Blick unser Verdammungsurteil. Wenn die Trauer überwiegt, dann . . . Aber die Traurigkeit Gottes, ist sie nicht viel schwerer zu ertragen als sein Zorn? Sunt lacrimae rerum. Die Tränen Gottes über die Vergeblichkeit des Todes seines Sohnes: alle seine Geschöpfe teilen sie, in allen Dingen sind die Tränen Gottes. Vergil, von dem das Wort stammt, war ein »Heide«, ein Vor-Christ. Alles war schon immer, auch Gottes Tränen über den Tod des Sohnes. Warum hat er seinen Sohn in die Erdenwelt gehen lassen, wenn die Vergeblichkeit vorauszusehen war?
Italo und ich kehren immer wieder zu diesem Bild zurück. Die theologische Aussage darin ist ungeheuer. Unerträglich ist sie. Haben wir den Sohn mitgekreuzigt? »Und ich begehre nicht schuld daran zu sein.«

Eine Bombe für mich. Lesung in Kiel in der ›Pumpe‹: ein Gebäude, das wirklich eine Pumpe enthält, die alte Wasserpumpe. Sie ist stillgelegt, könnte aber im Notfall noch pumpen. Die Stadt hat den verlassenen Bau der Jugend zur Verfügung gestellt; sie tat, was Zürich der dortigen Jugend verweigerte, und alles geht gut und friedlich zu. Seltsam, daß dies möglich ist in einer Stadt, die so sehr neofaschistisch durchsetzt ist. Ich erlebe das am eignen Leib: nach meiner Lesung aus dem ›Wolf‹ [die Diskussion ist lebhaft, und sie ist fast zu Ende] erscheint ein Polizist und verkündet, der Saal müsse sofort geräumt werden, da eine telefonische Bombendrohung vorliege. Natürlich halte ich die Drohung für eine Mache der Neofaschisten: sie wollen die recht antifaschistisch gewordene Diskussion stören. Aber sie stören erst am Ende, wieso das? Ich sah, daß während der Diskussion ein älterer Herr den Raum verließ, vermutlich war er der Urheber der Drohungen, niemand kannte ihn. Ich blieb ganz ruhig, ich hielt auch die Zuhörer in völliger Ruhe. Langsam verließen wir den Saal, und draußen, im Vorraum, also in angeblicher Bombengefahr, signierte ich in aller Ruhe weiter, auch das Publikum blieb gelassen. Schließlich meinte der Polizist, wir müßten doch gefaßt sein, daß die Drohung ernst sein könnte. So gingen wir auf die Straße, und auf dem Platz gegenüber signierte ich im Halbdunkel weiter, auf dem Rücken einer Leserin. Es war eine Art Fest geworden, ein Widerstandsfest, ein Fest der Überwindung der Angst weniger vor der realen Bombe [es gab keine, das war bald allen klar] als vor der latenten Drohung des Neofaschismus. Ich werde gebeten, mich ins Gästebuch des übrigens wunderschön gelegenen und sympathischen Hotels ›Kieler Kaufmann‹ einzutragen: vor mir die CDU/CSU Fraktion, vorher Carstens, vorher F. J. Strauss. Ich erinnere mich nicht ganz genau meines Eintrags, ich meine, er heißt so: Ohne direkten Bezug auf meine Vorgänger in diesem Gästebuch finde ich das Hotel sehr sympathisch . . . Die [ohnehin gemäßigten] Linken in Kiel haben es sehr schwer. Nachbar des Hotels ist Stoltenberg, die Villa ist streng bewacht.

Tod einer gehaßten Königin. Februar 1981. Königin Friederike von Griechenland ist gestorben und in Athen beigesetzt, wo es ihretwegen, der Toten wegen, Schlägereien gab: man wollte ihre Leiche nicht im heiligen Boden Hellas' haben. Nun liegt sie doch dort neben ihrem Ehemann.
In der RAI ein eisiger kurzer Kommentar: »Sie war deutscher Herkunft und beschäftigte sich nach der Abdankung mit Buddhismus und Hinduismus.«
Sie war Enkelin des letzten deutschen Kaisers Wilhelm und ist die Mutter der spanischen Königin und die Schwiegermutter der dänischen Königin, und überhaupt mit allen regierenden und nicht regierenden Königen Europas verwandt. Von ihrem eigenen Volk war sie gehaßt. Sie war unsozial und antisozialistisch. Sie selber schrieb in ihren Memoiren, daß sie von ihrem geliebten Volk heiß geliebt worden sei. Irrtum, Täuschung, Illusion, Wunschtraum, Lüge. Was geht mich diese tote Königin an.
Sie geht mich an. Wir sind uns einmal begegnet und nicht nur äußerlich. Unsre Begegnung war seltsam. Eines Tages nahm mich der Hochstapler, der vorgab, Mitarbeiter C. F. von Weizsäckers zu sein, mit zur Exkönigin Friederike. Sie lebte damals in Rom, wo sie die drei Kinder ihres Sohnes hütete in einer schönen Villa. Wie es dieser B. fertig brachte, bei ihr vorgelassen zu werden, weiß ich nicht. Er hatte wohl mit seiner Beziehung zum Physiker Weizsäcker geprahlt und vorgegeben, von ihm geschickt zu sein. Friederike, diese erstaunliche Frau, hatte nämlich großes und echtes Interesse an der modernen Physik, sie lud zu internationalen Kongressen in Athen ein. Dahin bekam sie sogar Leute wie Heisenberg. Man sagte mir, sie selbst habe sich ernsthaft mit Physik beschäftigt.

B. freilich verstand davon rein gar nichts. Aber er verstand es, einige bei W. aufgeschnappte Brocken ins Gespräch zu werfen und im übrigen Friederike reden zu lassen. Sie tat es.
Ich wurde nicht vorgestellt. Wie schon in den USA, tat dieser B., als sei ich so eine Art Sekretärin. Über den muß ich einmal einen ›Krull‹ schreiben, aber er ist ein alter, resignierter und nie lang erfolgreicher Hochstapler. Ein traurig-unverschämter Clown. Damals also saß ich still da und beobachtete. Friederike tat sehr königlich. Sie saß hochaufgerichtet. Ihre blauen Augen blitzten. Sie war es gewöhnt zu imponieren. Eine halbe Stunde saß sie, ohne sich zurückzulehnen, ohne die Beine zu kreuzen, ohne die Arme zu bewegen. Steif, als säße sie auf dem Thron während einer Staatszeremonie. Ich selber saß zuerst auch so da, aber dann dachte ich: warum eigentlich? Ich schlug die Beine übereinander und lehnte mich bequem zurück. Ich entspannte mich, schaute Friederike an und dachte dabei etwa so: Hör mal du, warum bist du so steif? Entspann dich doch, komm, laß dich ein wenig frei, sei doch menschlich, du bist doch ein Mensch, eine Frau, laß die Maske fallen.
Ich sandte ihr Ströme von Wärme zu. Ich wußte ja, wie wenig ihre äußere Haltung mit ihrer Lage zusammenstimmte: sie hatte ihre Partie in Griechenland verloren, und auch mit ihren Kindern stand sie schlecht, ihr Leben war gescheitert, von außen gesehen, und sie litt. Aber sie hatte einen neuen Weg gesucht: sie war nach Indien gegangen und hatte dort in einem Ashram gelebt. [Später erst ging sie für Jahre dorthin.] Als ich sie eine Weile mit Wärmeströmen überflutet hatte, sah ich, wie sie sich entspannte, sie lehnte sich zurück, und ihr hartes, fast schönes Gesicht wurde weicher. Und plötzlich wandte sie sich zu mir und begann mit mir zu reden. Sie wußte nicht, wer ich bin, und ich sah auch keine Notwendigkeit, es ihr zu sagen, ich wußte ja auch nicht, ob sie überhaupt meinen Namen kannte. Mir war wichtiger, sie jetzt in der Lockerung zu halten. Plötzlich stand sie auf, legte ihren Arm um meine Schul-

tern und sagte: Bleiben Sie doch zu Tisch. Sie lud mich zu einem nächsten Besuch ein, ohne die B's.
Und jetzt will das Volk, dessen Königin sie war, ihre Leiche nicht im Lande haben. Arme Friederike.
Sie schenkte mir ihr Buch, in Englisch geschrieben. Es ist voller emphatischer Liebeserklärungen an »ihr Volk«, das nie das ihre war.

Freiburg im Breisgau: Meine Lesung muß aus einem kleineren Saal ins Auditorium Maximum der Universität verlegt werden. Ich finde den Vorplatz voller Jugend: Wir haben keine Karten mehr bekommen, sagen sie empört. Ich sage: Wartet, wir werden das schon schaffen. Ich weiß noch nicht wie, denn ich kenne die feuerpolizeilichen Vorschriften. Ich habe sie zwar nie verstanden, denn ob da nun sechshundert oder siebenhundert Personen im Raum sind, das macht bei echter Gefahr schon keinen rechten Unterschied mehr, scheint mir. Aber Vorschriften müssen sein. Der Saal ist schon übervoll, und immer noch warten Studenten draußen. Da kommt ein kleiner Herr, der mir bekannt scheint. Richtig: es ist der ehemalige Präfekt des Internats Ettal, wo meine Söhne einst waren, unter seiner Fuchtel. Er kommt mir jetzt gelegen, er ist der Hausherr, der Rektor der Universität. Ich bitte ihn um Hilfe, er kann nicht umhin, sie zu gewähren, und er läßt alle Wartenden in den Saal. Danke, sage ich. Damit hat er bei mir etwas wieder gut gemacht, das weiß er auch. Aber bei meiner Lesung bleibt er nicht. Schade.
Die Stimmung im Saal ist elektrisch: es ist die Zeit der Hausbesetzungen, die Jugend ist aufgestört, die Frage nach der Rechtmäßigkeit der Gewalt wird in der Diskussion hartnäckig verfolgt. Ich wage mich zu exponieren, ich rede von der Gewalt als der Antwort auf vorhergehende Gewalt, es gibt die zementierte Gewalt der herrschenden Übermächtigen, und es gibt die Gewalt der dagegen aufbegehrenden Unterdrückten.

Gewalt gegen Gewalt: die vom Staat und der »Gesellschaft« legitimierte Gewalt der Spekulanten, und die für illegal erklärte Gewalt derer, die gegen die Ungerechtigkeit der Gewalt der Besitzenden sind. Die Frage nach der Legitimierung der Revolution durch die christliche Kirche wird aufgeworfen. Ich sage: Ich brauche nicht christlicher zu sein als ein Papst unsres Jahrhunderts, der sagte: »Wenn ein Volk derartig unterdrückt wird von einer herrschenden Minderheit, daß es seiner Menschenwürde beraubt wird, und wenn alle angewandten Mittel, diesen menschenunwürdigen Zustand zu überwinden, versagten, dann, nur dann, aber eben dann ist Revolution erlaubt.« Ich erinnere mich im Augenblick des Namens jenes Papstes nicht, aber aus den Zuhörern meldet sich einer durch Zuruf: »Leo XIII.« Hätte Filbinger noch das Sagen als Ministerpräsident von Baden-Württemberg, er hätte wiederum erwägen können, mich einzusperren. Ich frage mich, ob ich eigentlich schon so alt bin, daß man mir Narrenfreiheit zubilligte. Eine neue Verhaftung wäre eine große Erfahrung für mich [und für andre auch].
Nach der Lesung und Diskussion auf dem Heimweg eine Szene aus einem science-fiction-Film: leere nächtliche Straßen, ein leerer Münsterplatz, in der Ferne hin und wieder auftauchende Grüppchen schweigender Studenten oder andrer junger Leute, und an jeder Straßenecke drei vier Polizisten, schwer bewaffnet, aber auf eine phantastische Art: mit gläsernen Visieren und gläsernen [kugelsicheren] Schilden. Unheimliche Ritter von einem anderen Planeten. Ich gehe nahe zu so einem gläsernen Kampftrupp. Einer schaut mich böse an. Ich sage so freundlich wie möglich: »Keine Angst, ich schau Sie nur an, Sie und Ihre Waffen.« Er weiß keine passende Entgegnung. Ich habe eine schöne rote Rose geschenkt bekommen. Ich reiche sie ihm. Ich sage: Ehe Sie das nächste Mal auf einen Ihrer Menschenbrüder einschlagen, denken Sie an diese Rose. Er zögert, ich stecke sie ihm in den Gürtel. Er weiß nichts zu sagen. Ach, sage ich, wie ihr nur so sein könnt,

ihr seid doch jung wie die, die ihr schlagt, versteht sie doch ein wenig!
Ich weiß, das ist in den Wind gesprochen. Die Jugendlichen haben nicht nur in Freiburg schon oft versucht, mit den Polizisten zu reden. Es geht nicht mehr, die Fronten sind verhärtet. Wahnsinn, Wahnsinn: Jugend gegen Jugend. Jugend, welche mitsammen die Zukunft gestalten soll. Alptraum: dieser leere nächtliche Münsterplatz und die gläsernen Visiere. Ist das noch menschlich? Ist das nicht schon die ahrimanische Welt? Der Münsterplatz als Schlachtfeld. Unverwundbare gläserne Gestalten, Roboter. Könnte ich malen, ich würde das darstellen: das gotische Münster, in spitzen schwarzen Flammen aufbrennend, die Bächlein mit dem abrinnenden Blut, die gläsernen Krieger, und inmitten dieser Drohwelt eine einzelne rote Rose. Das gäbe auch ein gutes Plakat.

Japanreise Mai 1981. Nach der Rückkehr die Fragen der Bekannten: War es interessant? Ist Tokyo wirklich so monströs häßlich? Sind die Japaner noch so lächelnd höflich wie früher? Merkt man, daß Japan ein über-industrialisiertes Land ist? Haben Sie Slums dort gesehen? Ist Kyoto, seit es Touristenort ist, überhaupt noch, was es war? Haben Sie den Fudjiyama sehen können? Und No-Spiele und Kabuki und Bunraki?
Aber ich war ja nicht als Touristin dort, ich war Teilnehmerin an einem internationalen politischen Kongreß für die Demokratisierung Südkoreas.
Aber Sie haben Japan doch irgendwie erlebt?
Ja, das wohl, Auf besondere Art. Das politische Gesicht Japans vor allem. Den Widerspruch: das USA-abhängige Japan, das durchaus kapitalistische, mit seinem Ameisenfleiß, mit seiner Zwangsneurose, alle Konkurrenz der Welt zu überflügeln, mit seinem scharfkantigen Bruch zwischen der alten hohen Kultur und der brutalen Unkultur von heute. Und das andre Japan:

das sozialistische, das für die Unabhängigkeit von den USA kämpft für sich und Südkorea; das sich seiner vielen Jahrzehnte rüder Kolonialpolitik in Korea schämt; das sich mit den zwischen 1909 und 1945 als Arbeitssklaven nach Japan verschleppten Koreanern solidarisiert, die heute noch diskriminiert sind; das Haus der Sozialistischen Partei, das sie uns zur Verfügung stellte für den Kongreß; das seine Jugend teilnehmen ließ an diesem Kongreß, die riskierte, geschlagen und als Feinde der aktuellen Politik Japans verdächtigt und benachteiligt zu werden.
Ich habe auch die japanische Polizei kennengelernt, schon bei der Ankunft am Flughafen, wo man mich verhörte, als sei ich eine Feindin: was ich denn in Japan überhaupt wolle, ob ich am Kongreß teilnehme [vielleicht, sagte ich, aber ich will Japan sehen, das ist doch erlaubt?] Peinlich, wie sie Isang Yun verhörten, den haben sie besonders auf der Liste der Unerwünschten, da er, als Vorsitzender der überseeischen Exilkoreaner, im Verdacht steht, antijapanisch zu arbeiten, nämlich für die Demokratisierung Südkoreas, für die Freiheit seiner Heimat, eine Arbeit, die Japan gar nicht gefällt, denn: ein freies Südkorea entzöge sich den militärischen Auflagen der USA, es würde keine Deponierung von Nuklearwaffen dulden, es weigerte sich, militärischer Stützpunkt der USA zu sein, es ginge kein Militärbündnis mit kriegerischen Staaten ein, es würde sich mit Nordkorea zu einem Staatenbund zusammentun, und das würde bedeuten, daß sich das Potential an südkoreanischen Arbeitskräften mit dem an Bodenschätzen so reichen Nordkorea verbände und eine starke Konkurrenz für Japan wäre. Und natürlich: ein einiges Korea wäre antiimperialistisch und sozialistisch . . . Also Feindschaft allen, die sich eben dafür einsetzen; Feindschaft gegen unsern Kongreß. Verbieten kann Japan ihn nicht, denn damit zöge es sich einen schlechten Ruf zu bei den sonst befreundeten Staaten, aus denen Teilnehmer kommen: aus der BRD, aus Dänemark, aus England, Frankreich, den USA. Delegierte mit großen Na-

men: Juristen aus der Menschenrechtskommission, bekannte Völkerrechtler aus Straßburg, Schriftsteller, die auch in Japan angesehen sind. So knirscht man mit den Zähnen und läßt den Kongreß tagen. Aber man läßt auch zu, daß die Gegner uns bedrohen, daß sie das Tagungsgebäude mit Lautsprecherwagen umkreisen und unsre Reden überbrüllen, daß dann in Osaka Leute der Mun-Sekte [als solche erklärten sie schreiend sich selbst] in unser Kongreßgebäude eindringen, ums Haar den Saal stürmen, bis an die Tür neben dem Podium gelangen. Und was ist diese Mun-Sekte? Sie gibt sich als religiöse Bewegung aus, als Jugendreligion. Sie ist eine Art Maffia. Herr Mun, ehemals Angehöriger des südkoreanischen Geheimdienstes, Inhaber des Welt-Monopols auf Ginsengprodukte . . . Auch deutsche Eltern haben den Verlust ihrer Kinder an diese Sekte zu beklagen.

Japan ist voll knisternder Spannung. Das erlebt der Tourist nicht. Der sieht allenfalls mißbilligend, ihm schließlich auch erliegend, den irrwitzigen Konsumzwang. Wenn am Abend in- und ausländische Touristen ins Hotel zurückkehren vom shopping, trägt jeder, wirklich jeder, die gleiche Papiertasche voller Schätze: Radios, elektronische Geräte, Uhren, Kimonos, Schuhe. Ganz Tokyo ist ein riesiges Warenhaus. Es verhext einen. Ich widerstehe bis zur Abreise. Am Flughafen überfällt mich das Fieber, ich kaufe zu guter Letzt doch noch Geschenke.

Ich habe auch das andre Japan gesehen: die alten Tempelstädte Kyoto und Nara. Inmitten des Touristenstroms erlebte ich den Geist Japans in Augenblicken der Stille, so im Anblick eines Inselchens im künstlichen Teich vor dem ›Goldenen Tempel‹ in Kyoto. Auf dem Inselchen drei Krüppelkiefern, ein Büschel hohen Grases und ein paar blaublühende Irisstauden, gespiegelt im dunkelgrünen Wasser. Was ist da so sehenswert, daß man steht und steht und schaut, ganz verzaubert? Was denn anderes als die Harmonie der Welt, das vollkommen Gelungene, dem nichts hinzugetan und nichts hinweggenommen

werden kann. Das ist einfach DA. Ohne Widerspruch. Und es schweigt. Es ist ganz bei sich. Aber es ist nicht abgeschlossen. Es läßt den eintreten, der schweigen kann.
Das Schweigen ist wichtig hier. Wir [meine alte Freundin Shimaya und zwei unsrer Leibwächter, ohne die wir während des Kongresses nicht ausgehen dürfen, der politischen Feinde wegen] sitzen in einem Teehaus, so einem, wie mans kennt aus alten Abbildungen: im Schatten auf einem Hügelchen unter Kiefern gelegen, mit Strohmatten und Pergament-Schiebetüren und mit dem dicken grünen Tee, der so harmlos scheint und fast eine Droge ist [er beflügelt, ohne zu beunruhigen]. Die Touristen sind weit weg, die kommen da nicht herauf, hier ist Stille, nichts als Stille, als sei dies die lang gesuchte Heimat, als sei man heimgekehrt für immer.
Das ganz große Schweigen habe ich erlebt im Zen-Tempel in Kyoto. Eigentlich habe ich davon geträumt, einem Zen-Meister zu begegnen, aber es gibt ja kaum mehr einen, in Nara sitzt einer, sehr alt, und er ist im Augenblick nicht im Ort. Ich begegne also keinem, nirgendwo und doch: hier im Tempel ist eine unsichtbare Gegenwart von Meistern. Was für ein Glück: in dieser Mittagsstunde sind keine Touristen da. Ich hocke mich in einen der offenen Räume auf die Bastmatte. Der Raum ist leer. Die große Schiebetür zum Garten hin ist offen. Ein Ausschnitt der Natur, gar nichts Besonderes: der Schatten einer Kiefer auf einem moosüberwachsenen Felsen, über den ein Wasser rinnt. Es plätschert sanft und macht die Stille hörbar. Das ist alles. Ja, das ist ALLES. Das ist ZEN. Nichts ist Alles, Leere ist Fülle. Was zählt noch in der Welt?
Der gesuchte Zenmeister, er ist da: ein Wasserfall über einem bemoosten Felsen.
Im selben Tempel finde ich das Bild vom wassertrinkenden Tiger. Jeder Raum des Tempels, des Klosters vielmehr, ist eine Welt für sich: an den Wänden auf Goldgrund große Bilder. Meditationsbilder. Ein mächtiger Tiger. Und jetzt steht seine Abbildung vor mir: der Tiger streckt sich zum fließenden

Wasser hinunter, sprung- und fluchtbereit, aber dennoch ganz und gar dem Trinken hingegeben. Die rote Zunge taucht ins Wasser. Mir fällt ein Psalm ein: »Wie der Hirsch nach der Wasserquelle, so sehnt sich meine Seele nach Dir«. Das hier ist kein Hirsch, das ist ein Tiger: die leidenschaftliche Begierde nach dem Wasser des ewigen Lebens. Der brennende Durst nach Wahrheit. Aber wie gewalttätig stillt mein Tiger seinen Durst! Er muß am Verdursten gewesen sein. Neben dem Tiger auf einem kleinen Felsen eine rotblühende Pflanze, unbeteiligt. Eine Dekoration? Nur um des Formal-Ästhetischen willen da hingemalt? Das gibt es nicht in der alten japanischen Kunst. Was der westliche Verstand für dekorativ schön hält, das ist ZEN. Das gehört innerlich dazu, das ist EINS. Wie lange hat der Maler damals den Tiger beobachtet, ehe er ihn malte? Er muß zum Tiger geworden sein. Er muß den Durst des Tigers erlitten haben, er muß mit dem Tiger das Wasser gefunden haben. Als Tiger.

Die Geschichte von jenem Maler, der sein Leben lang nur Bambus zeichnete, nichts als Bambus, bis zuletzt ein Tusche-Meisterwerk da war: ein paar Bambushalme. Nichts weiter. Und in den Bambushalmen die Welt. Das ist ZEN.

Vor den Bildern in diesem Tempel fühle ich Scham über mein [unser] gehetztes Leben. Wie sollen wir Kunstwerke schaffen, wenn wir keine Geduld haben, also keine Liebe? Ich sitze lange da. Das ist kein gewöhnliches Dasitzen. Das ist das Sitzen im Zen. Nach langer Zeit fühle ich wieder einmal Frieden. »Meinen Frieden gebe ich Euch.« Könnte ich mir diesen Frieden bewahren . . .

Ein paar Tage später erfahre ich ihn noch einmal: vor dem großen Buddha im Daibutsu-Tempel. Auch hier habe ich Glück: Der Touristenstrom, der bunte zwitschernde Schulkinderstrom, reißt plötzlich ab, und Stille breitet sich aus. Der Buddha ist nicht einfach groß, er ist riesig, aber er ist dennoch nicht zu groß für den Menschenblick, er hat eben noch Menschenmaß. Das Allzu-Große gibt sich in Menschennähe menschlich. Ein segnender Buddha. In einer katholischen Kirche würde ich mich niederknien. Numen adest. Das Göttliche ist anwesend.

Wo Japan sich Kultur bewahrt hat, da ist diese Kultur noch im Weltlichsten festlich, feierlich. Eine Einladung zum Essen im Presseklub. Wir sind zu fünft. Mir gegenüber sitzt Japans älteste Schriftstellerin, Frau Sata, siebenundsiebzig: schön geblieben, lebhaft, gescheit, ehemals Kommunistin, zwei- oder dreimal aus der Partei ausgetreten, vielmehr ausgeschlossen worden, da sie gegen die Verbürgerlichung der Partei revoltierte. Wir hatten zuvor ein langes Gespräch, sie interviewte mich für eine Zeitschrift, und wir fanden entzückt unsre Gemeinsamkeiten. Dann das Essen am niederen Tisch, Geisha-Bedienung, schöne und liebe Mädchen, die jeden Wunsch erraten. Und das Essen selbst: stundenlang, ein Gerichtchen nach dem andern still aufgetragen, eine Porzellanplatte mit einer Grasrispe und einem gelben Blümchen, einem silbernen Fischlein, ein paar grünen Gemüseblättchen, einem Krebslein, einem Scheibchen roten Fisch. Dazu Sake, Reiswein, warm. Dann und dann und dann: jede Platte eine Überraschung. Mit den Augen muß man hier essen. Und mit den Stäbchen natürlich. Das zwingt zum Langsam-Essen, zum intensiven Genießen. Die Speise als Gabe der Natur, als Gabe der Götter. Man schlingt nicht Materie, man nimmt Geist zu sich. Essen als Zeremonie. Außerdem schmeckt alles unerhört gut. Die es zubereiten, arbeiten viele Stunden lang. Die Höflichkeit, der Liebe verwandt, gebietet, daß der Gast von allem ißt, womöglich alles aufißt. Dankbarkeit und der warme Reiswein erfüllen uns mit der Bereitschaft zur Freundschaft mit allen Menschen, Dingen, Ideen, ja Ideologien. Am Schluß möchte man gern ein Tischgebet sagen: Dank den Göttern, den eigentlichen Gastgebern. Ja, sagt Michael Ende, der vor einigen Jahren auch in Japan war, ja, aber der gute Rohfisch, der kommt aus Italien, denn die Japanischen Meere sind so quecksilbervergiftet, daß man die Fische nicht mehr essen darf . . . Japans

Industrie tötet die Natur. Japan tötet auch seine Kultur. Wo ist die gepriesene Höflichkeit? Wie oft haben mich Japaner [Männer] vor dem Fahrstuhl weggedrängt, wie oft auf der Straße mich angerempelt ohne Entschuldigung. Der Japaner lebt immer noch im Männlichkeitswahn: die Frau ist gut im Haus und Bett, aber in der Öffentlichkeit zählt sie nicht. Eine Frau anrempeln, das ist: eine Lücke, ein Nichts anrempeln. Die japanische Frau hat es schwer, sich zu emanzipieren. Ich rede darüber mit Studentinnen. An der Sophia-Universität in Tokyo ergibt sich nach meiner Lesung darüber nach und nach eine heftige Diskussion. Schwer, Japaner zum Reden zu bringen, aber einmal begonnen, öffnen sich die Schleusen, und hier sind es die Studentinnen, die Mädchen, die reden. Sie sind aufsässig unter Wahrung aller Formen, die man ihnen anerzogen hat. Äußeres Zeichen des Protests: schon verschmähen viele die traditionelle Puppenschönheit, machen sich künstlich häßlich, ziehen sich schlampig an, binden die schönen schwarzen Haare zu abstehenden Büscheln, gehen schlendernd statt zierlich, wollen kein erotisches Objekt mehr sein. Und die Geishas? Einer unsrer Kongreßgeldgeber lädt Isang Yun, Günter Freudenberg und mich ein zu einer echten Geisha-Party. Gehts da verrucht zu? O nein, sehr gesittet vielmehr. Jedem Mann ist ein Mädchen in Kimono zugeteilt, das ihm die heiße Serviette reicht, den Sake einschenkt und den Whisky, kleine Bissen in den Mund schiebt, ihm Brösel von der Jacke und aus dem Gesicht wischt, mit ihm tanzt, wenn er will, und seine Hand hält und streichelt, das ist aber auch alles. Eine aufsichtführende Alte sitzt mitten unter uns. Ausgeschlossen, mit einer Geisha ins Bett zu gehen. Dafür sind echte Prostituierte zuständig. An unserm Tisch ein reizendes Mädchen, ein Bauernmädchen, frisch und gesund, aber traurig. Sie ist vor drei Tagen aus Südkorea gekommen, sie hat Heimweh, sie ist Tänzerin, sie hat einige Monate Aufenthaltsgenehmigung, sie bringt Devisen heim nach Südkorea . . . Eine von vielen. Der Kampf der Geschlechter, der Kampf der

Generationen, der Kampf der Klassen existiert. Er geht unterirdisch, unterströmig vor sich. Der Schwelbrand, der bei günstiger Gelegenheit ausbrechen wird. Die diskutierenden Studentinnen an der Universität sprechen leise, aber scharf, und ihre glatten Gesichter verraten mögliche Härte. Japanische junge Männer, die »in« sein wollen, geben sich emanzipiert. Einige sind es auch wirklich. Sie fallen auf. Die katholische Sophia-Universität: sie gilt als die beste in Tokyo. Ob es so ist, weiß ich nicht. Deutsch lernen die jungen Germanisten jedenfalls schnell und gut. Die Lehrer sind Jesuiten, unter ihnen berühmte Wissenschaftler aller Fakultäten. Und die Studenten, sind sie katholisch? Nein, die meisten sind atheistisch, wie man eben in Japan atheistisch ist, nämlich religiös gleichgültig überhaupt, oder aber atheistisch im buddhistischen Sinn, das heißt nicht an einen personalen Gott glaubend, nur ein allgemein und unbestimmt Göttliches annehmend. Aber das junge Paar, das sich da in der kleinen katholischen Kirche auf dem Campus katholisch trauen läßt? Das sind keine Katholiken. Die Japaner mögen ihre Shinto-Trauung nicht, die einfach eine Heiratserklärung vor dem Standesbeamten ist. Sie lieben den katholischen Trau-Ritus. Die Braut im weißen Kleid und Kranz und Schleier, die Messe, der Chorgesang »Ave verum«. Ich wähne mich in Italien. Aber darf denn ein katholischer Priester Nichtkatholiken, nein: Nicht-Christen trauen? Ja, in Übereinkunft mit der kirchlichen Obrigkeit. So ist das. Ja, und werden diese Leute dann vielleicht wirklich katholisch? Manche ja. Die nicht-christlichen Germanisten, mit denen ich die Frage diskutiere, sagen etwas verstimmt, daß die Jesuiten natürlich eifrig missionieren. Aber, sagen sie, die Konvertiten bleiben, was sie sind: Buddhisten, Shintoisten, Atheisten. »Wir verstehen das Christentum so wenig wie Ihr im Westen den Buddhismus.« Das mag stimmen. Aber Buddhismus und Christentum sind die Parallelen, die sich im Unendlichen treffen. Freilich, jetzt, zu Hause darüber nachdenkend, weiß ich, was uns trennt: es ist die Einstellung zum Leiden. Der Bud-

dhist entzieht sich ihm durch Ausschaltung, durch Überwindung des leidensfähigen Ich; der Christ muß, um Christ zu sein, das Kreuz auf sich nehmen, wie der Stifter. Das Leiden, das Mitleiden mit dem Christus, das heißt mit der Menschheit, dem corpus mysticum als Existenz-Grundlage und als Alltagsaufgabe annehmen, das ist Christentum. Ich wäre gern Buddhistin. Flucht ins Leidlose, in den tiefen Frieden.
Das japanische Theater. Darüber ist viel geschrieben worden. Wie habe ichs erlebt? Als erstes sehe ich ein Kabuki. Ich bin mit einer Szene konfrontiert, die ich nicht verstehe. Nicht nur, weil ich nicht japanisch kann, sondern weil das fremd ist, was sich da oben abspielt und wie es sich abspielt. Eine leere Bühne. Ein Kreis von hockenden Männern, diskutierend. Worum geht es? Ich fühle Spannung. Etwas Schreckliches bereitet sich vor. Einer der Männer wendet sich schließlich brüsk ab, er verweigert etwas, er verweigert sich selbst. Was will man von ihm? Einer nach dem andern zeigt Zeichen des Schreckens und der Verweigerung. Schließlich scheint das Los auf einen gefallen zu sein, vielmehr: es scheint, daß er es frei gewählt hat. Er geht. Dieser erste Akt, ein einziges langes Gespräch in einer Sprache, von der ich kein Wort verstehe, dauert etwa eine Stunde. Nicht einen Augenblick entläßt es den Zuhörer, den Zuschauer, aus der Spannung.
Der zweite Akt: die selbe nackte Bühne, aber deutlich fühlbar ein andrer Ort zu andrer Zeit. Zwei Männer, ein dritter kommt, jener, der das Los wählte. Er überbringt eine Schicksalsbotschaft. Die beiden nehmen sie verschieden auf: der Ältere gefaßt, der Jüngere mit Entsetzen, Widerspruch, Wehklagen. Der Bote ist der am tiefsten Betroffene, man sieht es. Er wirft sich auf den Boden, er trommelt mit Fäusten auf die Erde, schlägt seine eigene Brust, schreit auf mit kehligen Schmerzlauten. Die Spannung wird unerträglich. Vom Boten zu den beiden Männern bildet sich ein elektrischer Bogen. Hochspannung. Lange dauert das. Plötzlich springt der Bote auf, nähert sich den beiden, zieht den Dolch aus der Mantelfalte. Er wird einen der beiden jetzt

ermorden, denkt man, fast schon erleichtert über die endliche Lösung. Aber es kommt anders: der Bote reicht dem Älteren den Dolch, dieser macht Harakiri, gibt sterbend den Dolch weiter an den Jüngeren, und während auch dieser stirbt, steht der Bote mit dem erhobenen Dolch groß hinter den beiden. Die beiden, das hat man mittlerweile begriffen, sind keine gemeinen Verbrecher: sie haben einen Aufstand gegen die Regierung vorbereitet. Das erfordert Sühne. Warum leidet der Dritte so? Die beiden sind seine Freunde. Warum aber macht er nicht selbst Harakiri, statt die Freunde zu töten? Weil der Tod etwas Großes ist. Kein Henker darf ihn den Revolutionären geben. Den Tod müssen sie von seiner Hand bekommen: von einem Ebenbürtigen, Freien, dem Freund. So nur wird ihnen die Ehre zuteil, ihr Gesicht zu wahren, so daß ihr Tod keine demütigende Strafe ist, sondern die noble Größe des tiefen Einverständnisses mit dem Schicksal hat.

Das Stück erschüttert. Der Tragödie folgt beim Kabuki wie im antiken griechischen Theater die Komödie. Die ist überaus prunkvoll, eher eine teure Revue. Ein buddhistisches Kloster bekommt eine neue Glocke. Niemand noch hat ihren Ton gehört. Eine Frau ist begierig, ihn zu hören. Wie kommt eine Frau in ein Männerkloster? Sie verkleidet sich [der Schauspieler, der im japanischen Theater immer ein Mann ist, hat sich als Frau verkleidet, nun verkleidet er die verkleidete Frau in einen Mann]. Die Strafe für ihre Neugier folgt: während sie das Glocken-Seil fassen will, fällt die Glocke und bedeckt sie. Ihr Frevel wird ruchbar. Der Spott der die Glocke umtanzenden Mönche wird frenetisch. Als sie endlich befreit wird, ist sie zur alten Hexe geworden. Ihre Flucht wird vereitelt von Waldungeheuern, die auf dem Laufsteg, dem einzigen Ausweg, ihr entgegentreten. Mit physischer Gewalt und mit der Gewalt beißender grober Spottreden. Ich verstehe sie nicht, aber ich verstehe die Situation. Das Publikum lacht sich tot. Um dieser Komödie willen kommt es. Die Tragödie nimmt es in Kauf. Bei mir ists umgekehrt.

Und nun das NOO-Theater.
Ich glaubte etwas davon zu wissen. Jetzt erfahre ich: das ist fremd, ungeheuer fremd. Es macht mir Angst. Dem bin ich nicht gewachsen. Schon die Bühne macht mir Unbehagen: ein überdachtes Gerüst aus Brettern, wie frisch gezimmert, herausfordernd nackt, streng geometrisch, quadratisch, in den Zuschauerraum sperrig hineinragend. Von der Bühne weg, zur Bühne hin, führt ein Gang, durch den die Schauspieler auftreten und abgehen. Ein Vorhang trennt von dem, was dahinter ist. Und was ist dahinter? Die Ankleidekabinen natürlich Nein: dort wohnen die Götter, die Dämonen, die Gespenster, die Toten. Von dorther kommt das Schicksal, dorthin kehren die vom Schicksal Betroffenen wieder zurück.
Kulissen gibt es nicht, der Schauplatz wechselt nie, ganz gleich, welches Stück da gespielt wird, auch wenn es ein historisches ist. Immer bleibt die Rückwand mit der aufgemalten Kiefer, die Seitenwand mit den aufgemalten Bambusschäften. Zwischen Bühne und Zuschauerraum ein Streifen mit schneeweißen Kieselsteinen. Trennung, Abweisung, schroffer Ernst. Das kleine Theater ist voll besetzt, immer ist es voll. Immer werden dieselben Stücke wiederholt, die einheimischen Zuschauer kennen sie längst, sie kennen die historischen Gegebenheiten, auf die sie sich stützen, ohne historisch zu sein. Nie gibts hier eine Premiere, nie Neues, nie Sensationelles. Das Publikum langweilt sich nie, es verlangt nach dem immer gleichen Alten, es findet in den Spielen sich selbst, auch wenn ein privates Geschick nichts zu tun hat mit dem großen Schicksalsgeschehen da oben auf der Bühne. Es muß sich um Archetypen handeln.
Mein Begleiter und Freund, der Germanist Ito, sagt, er verstehe die Sprache kaum, es sei ein altertümliches Japanisch, etwa so wie unser Althochdeutsch. Dennoch versteht man nach und nach, was da vor sich geht, wenn man sich dem Geschehen überläßt, so wie man sich der Musik im Konzert

überläßt. Wir sind nicht von Anfang an zugegen, wir kommen nach dem ersten Stück. Das NOO-Spiel umfaßt mehrere Stücke, meist fünf. [Früher dauerte das NOO fünf Tage.] Sie gehören inhaltlich zusammen und sind ein theatrum mundi, ein Spiel von Göttern, dann von Kriegern, dann von Frauen, dann von Geistern [Gespenstern], dann eins, das eine Art Nutzanwendung aufs Menschenleben ist und zeigt, was dem Menschen passiert nach dem Tod, wenn er seine Menschenpflichten versäumt.

Zuerst und in den Zwischenakten tritt ein Schauspieler auf, der eher die Rolle eines Komikers hat, er ist ein Diener. Dann kommen die Choristen: acht oder mehr Männer, die sich still seitlich auf der Bühne niederlassen. Sie haben die Rolle des griechischen Chors: sie kommentieren das Bühnengeschehen und übernehmen bisweilen die Sprechrolle eines Schauspielers, wenn dieser so vom Tanz beansprucht ist, daß er nicht auch noch singen kann.

Dann treten die Musiker auf. Das Orchester besteht aus drei Mann: einem Flötisten, der auch singt [ich hörte ihn in einem seltsamen Falsett singen], einem, der eine sanduhrförmige Handtrommel auf dem gebeugten Knie hält [die Trommel gibt einen ungemein harten Ton von sich], einem, der eine ähnliche kleine Trommel an einer Schnur um den Hals trägt. Was sie mit diesen wenigen Mitteln an Musik zuwege bringen, ist faszinierend schon vom technischen Standpunkt aus. Das sind sehr große Schlagzeuger, das sind Meister. Es ist auch faszinierend im Wortsinn: man gerät in die Haltung der Schlange, die, beschworen, sich nicht mehr bewegen kann. Und dann der Auftritt des ersten Schauspielers. Wer, was er ist, weiß ich aus der Lektüre: das ist der Waki, ein Mensch, der etwas sucht. In dem Stück, das ich sehe, sucht er einen Knaben, den verlorenen Sohn des Kaisers. Der Knabe sitzt bereits auf der Bühne, und man möchte rufen: Da ist er doch, der, den du so suchst. Aber wir sind nicht im naturalistischen Theater. Hier gehts ganz anders zu als in der sogenannten Wirklichkeit. Der

Knabe ist da, aber dem auf ihn fallenden Blick des Suchers verborgen.

Dann tritt der zweite Hauptdarsteller auf, der Shite. Der scheint ein normaler Mensch zu sein, aber es stellt sich später heraus, daß er ein Gott ist oder ein Gespenst, ein Verstorbener oder ein Dämon. Der dramatische Knoten schürzt sich. Und der verlorene Knabe wird gefunden.

Es gibt aber andre Noospiele, in denen, so scheint es dem westlichen Zuschauer, nichts erfolgt, das Stück klingt aus wie ein ferner Flötenton oder schwindet dahin wie ein Traum am Morgen. Nichts bleibt einem in den Händen, nichts im Verstand, und doch fühlt man, daß man etwas Wichtiges erfahren hat. Was aber? Vielleicht läßt sich so sagen: man hat erfahren, wie Schicksal sich flicht aus eigener Schuld und aus dem Willen der Götter und dem Einfluß der Dämonen. Darin trifft sich das Noo mit der antiken griechischen Tragödie. Übrigens folgt dem Noo keine Komödie: das Unheimliche bleibt offen stehen, es wird nur sanft bedeckt mit einem Schleier der Schwermut. Das ist meine Deutung oder vielmehr nur die Darlegung dessen, was ich erfahren habe. Ich hörte, daß die Japaner ein schwermütiges Volk seien und näher zum Selbstmord als andre Völker. Erich Fromm würde gesagt haben, sie seien ein nekrophiles Volk.

Wie spielen die Schauspieler? Was ist daran Besonderes? Es sind nur Männer, sie spielen auch die Frauenrollen. Sie tragen dann Masken. Es gibt nicht beliebig viele Masken, sondern nur einige, die typisch sind. Da gibt es die der »leidgeprüften jungen Frau«, die des Dämons, die des Geistes eines toten Kaisers.

Die Wort-Sprache verstehe ich nicht, aber da gibt es eine andre: die Sprache der Kostüme und des Tanzes, und die versteht man. Mit dem Zurückwerfen eines brokatenen weiten Ärmels wird Leidenschaft ausgedrückt, durch das Fallenlassen Trauer – durch das Zusammenschlagen Empörung –, jede Bewegung bedeutet etwas Bestimmtes und ist rituell festgelegt wie in einer kultischen Handlung. Alles bedeutet etwas, jede Bewegung sagt etwas Genaues aus, da bleibt dem Schauspieler kein Raum für Spontanes, für den »Einfall«, da ist er ganz und gar nur Bote. Seltsam: da wird mit ungeheurer Leidenschaft gespielt, mit Trampeln und wildem Schreien und Gurgeln und Wehklagen, aber nie ist auch nur eine winzige Geste dem Schauspieler überlassen. Er tut das streng Vorgeschriebene. Alles ist pure Kunst, alles ist Stil, uralt überlieferter Stil, und doch wirkt es aufs Unheimlichste, als sei es spontan stattfindender elementarer Ausbruch.

Requisiten gibts kaum. Was der Schauspieler braucht, zieht er aus den Falten des weiten Kostüms, da holt er den Dolch heraus und den Fächer, und der Dolch ist nicht nur ein Dolch und der Fächer nicht nur ein Fächer, beides kann für vieles stehen und zu vielem dienen.

An weiteren Requisiten gibt es in dem Spiel, das ich sehe, nur eine Art Karren, der ein Haus ist, aber in einem andern Spiel etwas anderes, was man eben braucht. Jeder Naturalismus ist ausgemerzt. So konsequent, so streng, daß es einen westlichen Zuschauer überfordert. Während ich still dasitze, ein paar Stunden lang, erlebe ich Momente der Panik: ich kann nicht mehr, ich kann in dieser strengen Luft nicht atmen, das ist unmenschlich . . . Aber ich bleibe sitzen, ich lasse mich wieder und wieder hineinnehmen ins unheimlich Fremde, und am Schluß, ja, da habe ich das Gefühl, genau das Gefühl, das die antiken Dramen erzeugen: das der Reinigung, der Katharsis. In meinem Fall ist es künstlerischer Natur: ich bin bereit zum ästhetischen Hausputz, zum Kahlschlag, zum Verzicht auf Überflüssigkeiten. Nur: wie werde ich das in meine Arbeit einbringen können?

Und nun das Puppenspiel, Bunraki genannt. Das ist kein Marionettentheater, wie wir es kennen. Das ist eine ganz andere Technik. Die Puppen werden nicht an Stäben oder Seilen geführt von verborgenen Spielern, welche die Illusion erwecken wollen, daß die Puppen selbst agieren wie Lebewesen. Im Bun-

raki sind die Spieler sichtbar mit auf der Bühne, und sie zeigen offen, wie sie die Puppen führen: mit ihren Händen. Die Puppen, Gliederpuppen, sind halb so groß wie die Spieler. Von den Spielern sieht man nur die obere Körperhälfte [sie stehen wie in einem Orchester], aber auch sie nur verhüllt: die Spieler tragen schwarze Masken, etwa so wie sie, in Weiß, die Ku-Klux-Klan-Leute haben. Mir fiel auf, daß einige Spieler keine Masken tragen. Ich wurde belehrt, daß die Maskenlosen jeweils die Meister sind. Nur sie zeigen sich offen. Jede Puppe wird von drei Spielern geführt: einer führt Kopf und rechten Arm, einer den linken Arm, einer die Beine. Drei Personen müssen also in vollkommener Übereinstimmung agieren, und in Übereinstimmung mit der Musik. Der Zuschauer weiß, daß hier Puppen auftreten, die von Menschen bewegt werden, aber er erliegt der Illusion, er nimmt die Puppen für lebendig, und sie sind es ja auch: drei Spieler sind eine lebendige Einheit in je einer Puppe. Was für ein Zusammenspiel, wieviel Übung, wieviel Konzentration! Jahre um Jahre der Arbeit gehen solchen Spielen voraus.
Faszinierend ist, daß man sieht, wie die Puppen bewegt werden, wie sie über den Boden getragen werden, und es scheint, als flögen oder glitten oder schwämmen sie von selbst. Ihr Element ist Geisterluft. Aller Naturalismus hebt sich selber auf, und der Zuschauer ist so willig, sich der Illusion hinzugeben. Ich begreife wieder einmal, daß Kunst eben Kunst ist und nicht Natur. Banale Erkenntnis natürlich, aber so wichtig wie banal. Die schwarzverhüllten Spieler: ich erlebe sie als Schicksalsmächte. Ich finde mich plötzlich dabei, daß ich mir vorstelle: die Puppen haben es satt, geführt zu werden, zu gehorchen, Puppen zu sein. Sie beschließen die Revolte, tauschen die Rollen und führen nun die Spieler. Oder sie vernichten sie. [Ich sehe einen Filmstoff oder den Stoff für ein Ballett. Ein metaphysischer Stoff eher als ein gesellschaftskritischer. Aber wo verläuft die Grenze zwischen beiden?!]
Was mich fasziniert, ist die Musik. Seitlich der Bühne ist eine

kleine Nebenbühne, drehbar, eine Nische, mit Gold ausgeschlagen, in der die beiden Musiker sitzen, einer hat ein Shamisén, die japanische Art der Gitarre, der andre hat vor sich auf dem Pult ein Buch, aus dem er liest. Er liest vor, was auf der Bühne geschieht, vielmehr er singt es, vielmehr er drückt mit seiner Stimme aus, was die Puppen fühlen, könnten sie fühlen. Die Stimmtechnik dieses Sängers ist unerhört: er beherrscht einige Oktaven, er flüstert, er seufzt, er heult, er knurrt, er schreit, er bellt, er winselt, er brüllt – in allen Tonlagen, in allen Rhythmen, in allen Lautstärken drückt er sich aus. Wo er singt, hört man eine herrlich ausgebildete Sängerstimme. Die Rolle ist ungemein anstrengend: bei jedem Akt wechselt der Sänger mit dem zweiten. Das Publikum applaudiert mehr oder weniger, es unterscheidet genau die Qualität. Der Sänger wird begleitet von einem Sahmisénspieler: das Instrument wird mit einem Elfenbeinplektron geschlagen oder gezupft, nur hin und wieder, bei besonderm Anlaß. Es unterstreicht sozusagen, was der Sänger sagt, es äußert sich wie ein Zuhörer: aufgeregt oder getröstet oder klagend . . .
Wie schreibt man Prosa so, wie die Japaner klassische Haiku schrieben und wie die großen Maler dort mit der leeren Bildfläche arbeiten, in die sie nur irgendwo hin, in eine Ecke, eine Kleinigkeit malen, einen Zweig mit einem Vogel, einen Bambusschaft, oder nur eine senkrechte Zeile mit Schriftzeichen? Etwas darstellen, indem man es in den leeren Raum stellt, der das eigentlich Dargestellte ist? Das Dargestellte nur deshalb, damit man die Leere in ihrem Wesen erkennt? Das Leere als das Eigentliche? Das Verschweigen, das Aussparen als Sprache? Das Haiku: drei Zeilen mit der simplen Aussage etwa, daß der Wasserhahn tropft, die Kerze noch im Morgengrauen brennt? Oder in einem Noospiel die tiefste Trauer: Der Ärmel der moosgrauen Kutte, er will nicht trocken werden [von Tränen nämlich, das wird aber nicht gesagt] oder die äußerste Schwermut: Feucht im Tau sind Hanf und Riedgras, sie wuchern ums leere Haus. Oder die Angst: Der regen-schwir-

rende Pfeil, die Berge – eiserne Burgen . . . Oder Weisheit: Fließendes Wasser und treibende Wolken, wie töricht das Herz, das an der Welt noch hängt . . .

Ausländer abschieben. Brief einer Südkoreanerin, deren Mann seit Jahren Bergmann im Ruhrgebiet ist. Sie arbeitet als Putzfrau. Sie haben zwei Kinder, die in die deutsche Schule gehen. Die Familie ist christlich. In Südkorea sind sie verdächtigt, Oppositionelle zu sein. Sie sind unpolitische Christen. Aber Gründe zu Verdächtigungen sind rasch gefunden. Und nun bekamen sie den Ausweisungsbefehl. Ich habe die Fotokopie. Da ist die Rede von der ABSCHIEBUNG des XY und seiner Familie.
Die ABSCHIEBUNG. Vorstellen: deutsche Polizisten schieben die vier Südkoreaner vor sich her wie Marionetten. Mag sie in Südkorea ihr Schicksal ereilen, was gehts die Bundesrepublik an? Ja, was geht sie es an. Daß der Mann jahrelang für die BRD gearbeitet hat, schwer gearbeitet, unter Tag, das zählt nicht. Man braucht ihn nicht mehr, also fort mit ihm. ABSCHIEBUNG. Wirklich, so steht es da in diesem amtlichen Schreiben. Ich schäme mich. Ausländische Arbeiter sind eine Ware, die man beliebig verschieben kann, ab-schieben.
Könnte man nicht wenigstens sagen: HERR XY? Sind Ausländer keine Herren? Nein, die sind Sklaven, die man einkauft und verkauft. Ausländische Arbeiter sind UNTER-Menschen, die man nicht mit Herr und Frau anredet. Hitler nannte die Arbeiter, die er sich aus dem Balkan, aus Polen, aus Holland, aus Frankreich kommen ließ, UNTERMENSCHEN. Er hätte den heutigen Papst einen Polacken, einen Untermenschen nennen müssen. Mein Gott, wie sind wir doch im Stammesdenken befangen. Das Erscheinen des Christus, seine Lehre von der absoluten Gleichheit aller Menschen vor dem Geist, was hat das geändert an unserm Verhalten? Ich möchte mich jetzt betrinken vor Verzweiflung.

Willy Fries [Schweizer Maler] ist tot, eben kam die Todesanzeige. Ein paar Jahre hindurch hatten wir einen schönen Briefwechsel. Ich wußte, daß er schwer krank war, er sagte es mir. Ich schaue jetzt das Buch mit seinen Bildern an. Der Titel ist: LAZARUS. Das ist SEIN Thema. Die Ausgestoßenen. Das Motto des Buchs: »Was ihr einem dieser meiner geringsten Brüder getan habt, das habt ihr mir getan.« Und, das sagen die Bilder aus, »Was ihr den Armen, den Unterdrückten, den Ausgestoßenen NICHT getan habt und nicht tut, das verweigert ihr MIR.« Einige Bildtitel: ›Deep River‹ [die Neger], ›Einer ging zu ihm‹ [Wer ist mein Nächster?], ›Die verlorenen Söhne‹, ›Er lag vor seiner Tür‹ [die Armen und Kranken, die Dritte Welt], ›Die Befreiung der Taube‹ [Christus weist die Händler aus dem Tempel und öffnet die Taubenkäfige] Geld und Kampf; ›Der Gekreuzigte an der Mauer‹, ›Alle Züge fuhren leer zurück‹ [Konzentrationslager-Transporte], ›Take my hand‹ [Martin Luther King]; ›Tiens ta lampe allumée‹ [Therese von Lisieux, die große Liebende, deren Flamme brannte] ›Der helle und der dunkle Elefant‹ [Indien], ›Howrah Station‹ [Kalkutta], ›Tanz der letzten Stunde‹ [vor dem Weltuntergang], ›Das große Gastmahl‹ [dieses Bild befindet sich im Gossnerhaus in Berlin, dem Zentrum der indischen Mission: der Tisch ist gedeckt für alle Ausgestoßenen, alle Leprakranken, alle Krebskranken, alle Lahmen und Blinden, für alle, die mit dem Leben nicht zurechtkommen . . . hier bekommen alle ihr Brot, denn es wird geteilt beim letzten Abendmahl].
Ach, und ich hatte Willy Fries versprochen, in Berlin sein Bild, eben dieses, anzuschauen, und ich habs nicht getan, und ich hatte ihm versprochen, ihn in der Schweiz zu besuchen, und ich habs nicht getan, und ich habe seinen Wunsch nicht erfüllt, daß ich über ihn schreibe. Jetzt erfülle ich seinen Wunsch, und es ist nicht zu spät.
Die Titel sagen alles: das ist sein brennendes Anliegen, und er sagt es in einer unerhört einfachen Bildsprache, die tiefer auf-

wühlt als verbale Aufrufe zu christlichem Verhalten und zu sozialem Denken. Eine harte Gesellschaftskritik, aber unaggressiv. Einfach Schreie des Mitleids: Schaut her, ihr Satten, ihr Mächtigen, schaut, da liegen eure Brüder, die verhungern, während ihr nicht wißt, wie ihr euer vieles Geld ausgeben sollt für euern Luxus . . .

»Schaut her!« Das sagen diese Bilder. Wer sich mit ihnen einläßt, der kann nicht so weiterleben wie bisher. Er hört immerzu das Lied, das Martin Luther King so liebte: »Take my hand«.

Was dieser Maler wagt: er stellt ganz simpel gegenüber Reiche und Arme, Leute in Freßlokalen und Lazarus vor der Tür, Konzentrationslagerhäftlinge und SS-Männer, die Freiheitsstatue und ein paar Neger. Immer wieder das eine Thema: die einen, die im Licht sind, die andern, die im Dunkel sind. Take my hand. Die im Licht sind, die schauen weg, die hören weg, die gehen weg. Aber die Gesichter derer im Licht sind nicht licht, sie sind stumpf und gelangweilt.

Und so ist es.

Willy Fries schrieb mir, er habe ein Kirchengemeindehaus auszumalen über das Thema der Bergpredigt. Der Auftraggeber stammt aus der Familie Bührle. Wer war Bührle? Der große Schweizer Waffenfabrikant, der an Hitler Kanonen lieferte, warum auch nicht, Geschäft ist Geschäft, es hätte freilich sein können, daß Hitler die Schweizer Kanonen gegen die Schweiz gerichtet hätte, und das hätte seine schöne Logik gehabt. Aber so kam es nicht. Und nun der Auftrag an den christlich-revolutionären Maler, ein christliches Gebäude auszumalen mit Bildern nach der Bergpredigt. Der Auftraggeber kommentierte das fertige Bild so: »Bis heute dachte ich, ein religiöses Bild hätte nichts mit dem Leben zu tun. Dieses aber steht mitten im Leben.«

Lieber Willy Fries, du hast nicht vergebens deine Schreie des Mitleids gemalt. Du hast mitgeholfen, das Bewußtsein der Wohlhabenden zu beunruhigen und ihr Gewissen zu schär-

fen. Die Nord-Süd-Kommission arbeitet, die Leute in der Friedensbewegung arbeiten, die Christen an der Basis arbeiten für die Dritte Welt. Du hast mitgeholfen, Willy Fries. Und sieh, jetzt habe ich mein Versprechen eingelöst. Verzeih, daß es so spät ist, aber vielleicht ist jetzt genau der richtige Augenblick dafür, dich ins Blickfeld der Zeitgenossen zu bringen.
Eben fand ich einen Satz von Heinz Zahrnt: »Je mehr Menschen für sich selbst erkennen, daß der Mensch nicht vom Brot allein lebt, desto mehr Menschen werden in der Welt Brot zum Leben haben.«

Apulische Tage. P. will mir seine Heimat zeigen. Es ist Mitte August und sehr heiß, und die Straßen sind verstopft mit Autos. Die einen kommen aus dem Norden, das sind die Emigranten aus der Schweiz und der BRD, die andern kommen aus dem Süden, das sind die Ausländer, die ihre Ferien schon hinter sich haben. Die Welt stinkt nach Schweiß und Abgasen. P. verspricht mir »da oben«, wo er zu Hause ist, kühlen Wind vom Meer und schattige Wälder, und kühlen Wein aus dem Keller seines Vaters.
Der Ort liegt hoch oben, ein Bergstädtchen wie viele andre. Von Kühle keine Spur. Die Sonne brütet über dem nackten Land. Die Äcker, abgeerntet, bersten unter der wütenden Hitze. Die Wälder sind weit weg und mager. Zu viel wurde hier abgeholzt und nichts nachgepflanzt.
Schmale steile Gassen, mittagsleer. Wo ein bißchen freier ebener Platz ist, parken Autos. Lauter deutsche Nummern. Gastarbeiter, für ein paar Wochen heimgekehrt. Auch P.s Bruder kam aus der Fremde heim, das Auto, wie alle, vollgepackt mit Waren, made in West Germany: Bettwäsche, Wolldecken, Radios, Plattenspieler, Fernseher. Als ob es das hierzulande nicht gäbe. Nicht nur eine ökonomische Frage, auch eine des Prestiges: man verdient so gut im Ausland, daß man dies alles

sich leisten kann. Man zeigt es vor. Der Bruder hat eine Eigentumswohnung gekauft, soeben, eine Luxuswohnung mit fünf Zimmern und einer großen Terrasse nach Süden. Teure Keramikböden. Noch uneingerichtet, aber voll mit Koffern und Paketen, aus Deutschland mitgebracht. Eine billige Wohnung, sagt er. Geschenkt für sechzig Millionen Lire. Wie das? Einer aus dem Ort, vor Jahrzehnten ausgewandert nach Südamerika, kam zurück, reich geworden, und baut nun hier Häuser und verkauft die Wohnungen. Aber verdient P.s Bruder soviel, daß er sich diese Wohnung leisten kann? Man arbeitet unermüdlich, legal, illegal, beides, und man baut mit Kredit. Man will eines Tages heimkehren für immer, und die Kinder sollen hier leben und nicht emigrieren müssen. Hier beginnen die Märchen nicht mit »Es war einmal«, sondern mit »Es wird einmal . . .«

P.s Eltern leben in einem Stadthaus, so sagte er mir vorher. Es stimmt schon: es ist ein Haus in einer Stadt. Aber es ist halb in den Fels hineingebaut, eine Höhle eher als ein Haus. Ohne Vorplatz eine Küche, in der sich alles abspielt, und wo auch die Mutter schläft. Dahinter ein Zimmer mit einem Bett, einem Schrank, einer Spiegelkommode mit dem bunten blechernen Modell einer venezianischen Gondel: eines der sinnlosen Hochzeitsgeschenke, die man sich hier macht und die man schön findet. Ein bißchen Schmuck. Das übrige ist das, was bei uns in der BRD Sperrmüll heißt: Wegwerfzeug. Der Raum ist fensterlos. Er war einmal ein Eselstall.

Die Mutter, jünger als ich, zahnlos, mager, ungekämmt, die Augen tief in den Höhlen, an Dürers Bild seiner Mutter erinnernd, sitzt in der Küche auf einem Stuhl und wartet. Worauf? Auf nichts mehr. Das Leben ist abgelebt, der Tod will nicht kommen. Sie schneidet mit arthritischen Fingern Knoblauch und Zitronenscheiben. Gut für die Gesundheit, sagt sie in einem lichten Augenblick. Sonst redet sie wirr.

Komm, sagt P., fahren wir über Land, besuchen wir den Vater auf seiner Tenuta. Die Tenuta ist nicht viel mehr als ein Stall mit einer niedrigen Scheune. Einsam auf der nackten Hochebene. Im Hof eine Zisterne. Was für ein Glück. Aber der Wasserspiegel sinkt und sinkt. Kein Regen in Aussicht. Ringsum fruchtbare Erde. Gäbe es genug Wasser, was für Ernten müßte das Land bringen! Ich denke an Nordkorea. Warum kann man in Apulien nicht, was man dort kann? Warum macht man kein Bewässerungsnetz, warum nützt man nicht die Winterregen, die Bäche zu reißenden Strömen machen, warum baut man keine Stauseen, warum pumpt man die Wasser nicht hoch, um sie dann in Kanälen und Kanälchen übers Land zu verteilen durch ein Schleusensystem, das immer funktioniert. Warum, warum, ja warum. Apulien liegt in Agonie. Die Männer arbeiten als Gastarbeiter im Ausland. Ich sage: Bleibt doch hier und packt an, worauf wartet ihr, die Regierung tut nichts für euch, aber ihr selbst . . . Und du, warum kehrst du nicht zurück, warum machst du dir in der BRD ein gutes Leben, statt hier Lehrer zu sein, es gibt soviel zu tun für dich hier, nicht dort!

Aber das darf ich ihm nicht sagen: Hierher zurückkommen? Zurück in das Elend, aus dem ich mich aus eigener Kraft hochgearbeitet habe? Fünfzehn war ich, als der Vater, Gastarbeiter, mich mitnahm nach Köln, da arbeitete ich heimlich, unangemeldet, unversichert, geduldet in der Firma als billige Arbeitskraft, und nebenbei lernte ich Deutsch, und dann, mit dem ersparten Geld, kam ich hierher zurück, machte das Abitur, schrieb mich an der Universität Florenz ein für Politologie, nächstes Jahr mache ich mein Diplom, dazwischen habe ich in Deutschland Italienisch unterrichtet, und es geht mir gut dort, warum also hierher zurückkehren, nein, keine Armut mehr, das ist die Hölle.

Aber er sehnt sich mit allen Fasern nach seiner Heimat. Er liebt sie, er haßt sie, er liebt und haßt seinen Vater, er bewundert ihn, denn der Vater ist stark, ein vitaler Mann. Und diese armselige wirre Frau. Sie war einmal schön, und sie brachte Besitz in die Ehe ein. Jetzt aber: der Mann hat eine andre, das

weiß jeder, das versteht jeder, wie soll denn ein Mensch hier leben ohne Eros. Hier gibt es nur den bleiernen Verzicht auf Leben oder die heiße Leidenschaft, die aus der Schwermut rettet, wenn auch nur für flüchtige Zeit.
Der Vater verbringt seine Tage jahraus jahrein auf seiner Tenuta. Allein. Allein mit zwei Hunden, einer riesigen Dogge und einem Jagdhund. Im Hof liegen große Rinderknochen mit Fleischfetzen dran. Hundefutter. Das Fleisch stinkt in der Hitze. Der Vater befördert die Knochen mit einem Stiefeltritt unter die staubigen Büsche. Die Hunde heben nicht einmal die Köpfe. Sie wollen nur Wasser. Alles hier schreit stumm nach Wasser. Der Vater schaut bekümmert in die Zisterne. Ich hebe eine Handvoll Erde auf: was für eine gute Erde. Aber ohne Wasser . . . Der Vater schickt uns mit einem Korb und einem Messer in die Weinberge, die ihm gehören. Wunderbare blaue Trauben. Sie geben einen violetten Wein. Den vom Vorjahr trinken wir am Abend, da sitzen wir alle zusammen in der Stadthöhle: Vater, Mutter, P., der Bruder mit Frau und zwei Kindern, die quengelig sind, müde von der Autofahrt von Stuttgart hierher, bei der Augusthitze, man trinkt und ißt, aber unfroh. Die »Deutschen« schämen sich ihrer Herkunft, die Einheimischen schämen sich ihrer Rückständigkeit, die Scham macht sie alle stolz und gehässig, und die Mutter brummelt wirr vor sich hin, aber niemand achtet auf sie, auf diese Aschengestalt, diesen Schatten, der aus dem Styx Vergessen getrunken hat. Die Glücklich-Unglückliche, die ihre düstre Umwelt nicht mehr wahrnimmt.
So zerfällt hier alles. Und die Söhne dieser Landschaft arbeiten in Deutschland.

Der Knabe im Brunnen. Das ist der Titel eines schönen vergessenen Buches von Stefan Andres. Er klingt mir dieser Tage immerfort in den Ohren. Ein Knabe ist in einen Brunnenschacht gefallen ganz nahe bei Frascati. Wir verfolgen am Fernsehschirm schier Tag und Nacht die Versuche, ihn zu bergen. Es kann doch nicht unmöglich sein, ein lebendes Kind aus einem Brunnenschacht zu holen, der zwanzig Meter tief ist. Man läßt Seile hinunter, schmalschultrige Leute bieten sich an, sich abseilen zu lassen, oder, falls der Schacht zu eng ist, will man einen Parallelschacht graben und ihn mit dem Hauptschacht verbinden, kurzum: Rettung ist möglich. Das Kind aber bleibt ungerettet. Es ist tot. Es starb nicht so einfach am Brunnensturz, sondern an der Bürokratie einer Demokratie: niemand wollte zuständig sein, weil niemand die Verantwortung dafür übernehmen wollte, schuldig zu sein, wenn der Bergungsversuch mißglückte. Bis zur Regierung in Rom wurde diskutiert, wer nun wirklich das Kind retten dürfe oder müsse.

Der Fall ist dunkel. Lassen wir ihn in der Dunkelheit. Wichtiger die Überlegung: warum wird die Rettung EINES Kindes Gegenstand lebhafter Anteilnahme eines ganzen Landes, während man zu gleicher Zeit ungerührt abgestumpft Tausende von Kindern der Dritten Welt Hungers sterben läßt?

Bitterste Frage: ein Kind sollte gerettet werden, während die Supermächte unsrer Erde den Atom-Tod für Millionen Kinder vorbereiten. Sind wir nicht Wahnsinnige?

Verstörende Lektüre. Fritz Raddatz' Aufsätze, gesammelt in seinem Buch ›Eros und Tod‹. [Literarische Portraits.] Der Titel: ein Begriffspaar, das im Griechischen schier EIN Wort ist, so eng gehören die beiden Wörter zusammen: eros kai thanatos.

F. R. zitiert aus Genet's ›Pompes funèbres‹:

»Seit ich dieses Buch schreibe, das ganz dem Kult eines Todes geweiht ist, mit dem ich in engster Vertraulichkeit lebe, habe ich eine Art von Überschwenglichkeit kennengelernt, die mich . . . in ein immer intensiveres, immer verzweifelteres Leben, in immer größere Kühnheiten stürzt. Und ich fühle in mir nicht nur die Kraft, wieder tollkühne Einbrüche zu vollbringen, sondern auch den edelsten menschlichen Einrichtungen furchtlos Trotz zu bieten. Ich bin trunken von Leben, von Gewalt, von Verzweiflung.«

Und: »Wie im Tod oder Mord das Göttliche verborgen ist, so kann es im Rausch des Durchbohrtwerdens, Gepfähltwerdens aus dem Verborgenen herbeigezwungen werden.«

Eine Szene aus dem Buch wird zitiert: fünf Soldaten [Panzerschützen] schießen auf ihre Spiegelbilder. »Während die andern auf ihr Herz zielten, schoß Erik auf sein Geschlecht, und manchmal auch auf das der andern.«

Genet, Mörder, saß, als er das schrieb, oder vielleicht nicht gerade dieses Buch, aber Ähnliches, im Gefängnis. Er ist homosexuell. Er leidet daran, er haßt sich dafür, sich und die andern. »Die Homosexualität ist kein Schicksal, mit dem ich mich ausgesöhnt hätte.«

Er haßt ALLES. Die Päderasten, so schreibt er, »treffen sich, wenn die Uniform der gesellschaftlichen Rücksichten abgelegt ist, kreischend und gefiederhaft gekleidet in ihren Haß.«

Als er in den USA die black panthers kennenlernt, fühlt er sich mit ihnen eins im Haß. F. R. spricht von »Auto-Kannibalismus«. Erich Fromm würde von Nekrophilie sprechen, vom Fasziniertsein vom Tod.

Genet, so zitiert F. R., findet für seine Verzweiflung eine Erklärung [was für ein unpassendes Wort: Er-klärung. Als ob da etwas klar würde, was ungeheuer dunkel ist!]. Die »Erklärung« wäre, nach Genet, in der Bibel zu finden, und zwar in dem apokryphen Buch Henoch: Engel zeugten mit Menschenfrauen Ungeheuer. Und dann lehrten diese Väter ihre Kinder »die Magie, die Kunst, Schwerter und Messer, Schilde, Rüstungen und Spiegel zu verfertigen, die Herstellung von Schmuckstücken und Armbändern, die Anwendung der Farbe, die Kunst, sich Augenbrauen zu malen, kostbare Steine zu verwenden . . . auf daß die Welt verdorben würde, die Gottlosigkeit verbreite und die Unzucht sich vermehre«.

Söhne der Engel also alle Unzüchtigen, alle Mörder, alle Waffenfabrikanten, alle Handlanger des Todes, der Zerstörung, Kinder der GEFALLENEN Engel. Kinder der Verzweiflung.
Alle, über die F. R. in diesem Buch schreibt, sind »Außenseiter«, aus dem Licht gestürzte Kinder der gefallenen Engel: Luis Aragon, James Baldwin, Hubert Fichte, Ezra Pound, Louis-Ferdinand Céline, auch Sartre. Für Joseph Roth, Witold Gombrowicz, Sartre ist, scheint mir, die schwarze Genealogie nicht zutreffend. Man muß den Kindern der gefallenen Engel ihren aristokratischen Stammbaum belassen und ihn nicht den Bürgern zuschreiben. Christa Wolf ist eigentlich hier fehl am Platz, oder doch nicht? Indem sie über die Günderode schrieb und über Kleist, hat auch sie sich ausdrücklich zum Tod bekannt. So kann man sie denn doch der Galerie derer anfügen, dern Leben »ein Spiel zum Tode hin« ist.
Von all den Schriftstellern, von denen in F. R.s Buch so unheimlich eindringlich die Rede ist, kenne ich nur Aragon, Fichte, Pound, Sartre, Roth und die Christa Wolf. Von Genet kenne ich nur das Theaterstück ›Die Zofen‹. Ich bin feige: es gibt Bücher und Autoren und Welten, mit denen ich mich nicht einlassen möchte. Nur keine Einbrüche aus jener Welt, bitte. Das Thema Tod, ja, auch das Thema Eros, aber bitte, nicht in Verbindung mit Verbrechen. Aber ich fühle mich verpflichtet, mich mit dieser Welt der Finsternis einzulassen. Warum eigentlich? Weil es MENSCHENWELT ist. Die andre Seite dessen, was MICH fasziniert: die Welt der Heiligen. Aber: es gibt keinen Heiligen, der ein weißes Schäfchen gewesen wäre. Wo Heiligkeit ist, da ist der Teufel auch. Eine Legende aus der Zeit der Wüstenmönche in der Frühzeit des Christentums: Ein Wanderer, dem im Hurenviertel der Stadt kein Teufel begegnet war, findet sich in der Wüste vor einer Siedlung frommer Mönche. Auf der Umfassungsmauer hokken Scharen von Teufeln, sprungbereit, wie ich vermute. ›Die Versuchungen des Heiligen Antonius‹ von Grünewald gemalt: so leben Heilige. Und Jesus in der Wüste vom großen

Teufel versucht. Je größer ein Heiliger, desto versuchbarer. Licht und Finsternis bedingen sich. Bravheit hat rein gar nichts mit Heiligkeit zu tun. Genet ist, als verzweifelter Sohn eines gefallenen Engels, Gott näher als die Tugendhaften kleinen Stiles.

Daß F. R. so fasziniert ist von den Kindern der gefallenen Engel, was sagt das über ihn aus? Zumindest dies: daß er den Mut hat, nur mit dem unzulänglichen Schild der literarischen Absicht bewaffnet, den Dämonen zu begegnen.

Mir fällt ein, daß im allerersten Horoskop, das ich mir, siebzehn Jahre alt, stellen ließ, stand: Sie können große Kraft zum Guten wie zum Bösen entfalten.

Ich habe das Böse nicht sich entfalten lassen. Vermutlich wäre ich eine bessere, das heißt größere Schriftstellerin geworden, hätte ich es wuchern lassen. Aber eben das war nicht mein Weg. Ich bedaure nicht, ihn gewählt zu haben. Denn Kunst ist nicht der höchste aller Werte. Ich sage das mit Zögern. Es tut mir sonderbar weh, es zu sagen. So als übte ich Verrat. Aber woran, wem gegenüber?

Eine Art Interview. Jemand fragt mich [nicht für die Presse, sondern für seinen eigenen Hausgebrauch], ob es stimme, was ich in meiner Autobiographie schrieb: ich habe kein Schuldbewußtsein.

Schrieb ich das so? Ich weiß nicht mehr. Vielleicht hatte ich unterschieden zwischen Bewußtsein und Gefühl. Wie auch immer: ich habe in jenem Buch doch an mehreren Stellen klar von Taten und Unterlassungen berichtet, die ich als Schuld erlebte. Ich wollte wohl nur sagen, daß ich Schuldgefühle nicht überhandnehmen lasse, daß ich mich nicht verstricke darin, denn das wäre eine Art stiller Selbstzerstörung, ein großer Mangel an Vertrauen in ein Verzeihen aller menschlichen Schwächen durch alle Menschen, durch die Menschheit, oder, wenn jemand lieber anders es nennt: durch Gott. Schuldgefühle hegen ist vielleicht nichts anderes als Hochmut. Etwa so: MIR konnte das passieren, MIR? Der Menschliche, das heißt der Demütige und Realistische seufzt und sagt: Also gut, ich bin wieder mal gefallen. Verzeiht mir, ihr alle, Menschen, Engel, Götter.

Der Frager will weiter wissen, was mich besonders traurig macht. Daß ich meine Eltern nicht lieben konnte, daß ich einmal einen meiner Söhne schlug, obwohl er unschuldig war, daß es Vivisektion gibt, daß Kettenhunde im heißen Sommer ohne Wasser sind, daß Wälder abgebrannt werden, damit Bauland entstehe für Spekulanten, daß Vögel gemordet und Wale ausgerottet werden, daß es Rassenhaß gibt, daß es Mauern gibt zwischen den beiden Deutschland und den beiden Korea und zwischen allen Menschen, daß es Kriegshetzer gibt, die sich Profit versprechen durch einen Krieg, daß die Presse lügt, daß ... Mein Gott, ALLES macht mich traurig, wenn, WENN ich mich traurig machen lasse und Tröstungen eigensinnig zurückweise.

Was tröstet Sie? Ein Marienkäferchen im Winter auf meinem Schreibtisch und daß meine Magnolie, im Januarfrost erfroren, dennoch im August neu austrieb, daß an den Haselstauden neben den vertrockneten braunen Kätzchen die neuen Knospen sich zeigen, daß jeden Tag ein Rotkehlchen auf meine Terrasse kommt und ganz ohne Scheu da sitzt, daß Mandarinenschalen, ein wenig zerdrückt, genausogut riechen wie in meiner Jugend, daß mir meine Nachbarin ein Stück Kuchen bringt zum Sonntag, daß ich arbeiten kann, daß ich lieben kann ...

Sehr poetisch das, sagt der Frager.

Ja, warum nicht? Kann die Wahrheit nicht poetisch sein? Soll ich Brecht zitieren: das Wort von den Zeiten, in denen es schier ein Verbrechen ist, von Bäumen zu reden? Lassen Sie mir doch meine Momente des Friedens, sie dauern nicht lang.

Atlanta, USA. Die dreiundzwanzig ermordeten Negerkinder, der nie gefaßte Mörder. Die Hypothesen: ein Irrer, der FBI, der CIA, Neger, welche Ritualmorde begehen, soziale Konflikte zwischen reichen und armen Negern, der Ku-Klux-Klan, Rassisten, welche das Anwachsen der Schwarzen in den USA fürchten: überall Neger in den Verwaltungen, den Regierungen, schon ist die Rede davon, daß Bradley, Gouverneur von Kalifornien, ein Schwarzer, der nächste Präsident der USA sein kann. Hilft dagegen das Töten von Negerkindern? Eine handfeste Warnung, Einschüchterung, Repression?
Ich frage mich, warum Negereltern ihre Kinder je auch nur einen Augenblick allein lassen, da doch der Tod umgeht. Es muß doch möglich sein, sie ständig zu überwachen. Ich habe Atlanta in schlechter Erinnerung. Als ich mit den B.'s dort war vor einigen Jahren, gingen wir abends spazieren. Ein Auto hielt neben uns an, und eine freundliche Stimme sagte: »Sie sind Ausländer, nicht wahr, wissen Sie nicht, daß man hier abends gefährdet ist?«
Es war so friedlich in den breiten Straßen unter den schönen hohen Bäumen. Ja, aber kein Mensch außer uns ging da. Ein zweites Auto. Ohne anzuhalten rief jemand: Gehen Sie doch nachhause.
Heute, Karfreitag 1981, zeigt das Fernsehen eine Szene aus Atlanta: eine Negerin, Mutter eines der ermordeten Kinder, fordert die andern Eltern auf, für den unseligen Mörder zu beten. Sie sagt: »Das Vorrecht des Menschen ist das Verzeihen. Mörder wissen nicht, was sie tun.« Jeder Jurist kann dem Satz widersprechen. Nur klinisch Wahnsinnige, vollkommen Debile und total Betrunkene wissen nicht, was sie tun. Stimmt der Satz? Unter den Strafgefangenen, um die ich mich kümmere, ist ein Mörder, der im Rausch eine Frau umbrachte, indem er sie erdrosselte. War er unzurechnungsfähig? Es gab kein Motiv für die Tat, der Mann kannte die Frau nicht, er war auch kein Lustmörder. Er war schwer betrunken. Er wurde zu lebenslänglich verurteilt.

Reagan: der Schauspieler. In einer Zeitschrift abgedruckt eine Reihe von Kinoplakaten: Reagan, wie er einen Feind würgt, Reagan, wie er im Krieg (Vietnam oder Korea) einer Truppe von Kavalleristen voranstürmt, Reagan, wie er den Colt lädt, Reagan, wie er eine Frau an sich reißt . . . Dazu [vermutlich auch aus den USA stammend] der Kommentar: »Ein Präsident, der es gelernt hat, Zorn vorzuspielen, eigene Gefühle zu verbergen und sich strikt an Regie-Anweisungen zu halten, könnte dadurch im Vorteil sein, wenn er einem Leonid Breschnew gegenübersteht.«
Nebenfrage: Verbirgt Reagan Gefühle, hat er überhaupt Gefühle, warum soll er sie, wenn er sie hat, vor Breschnew verbergen, gehört es nicht zum diplomatischen Spiel, keine Gefühle zu haben, ist Breschnew kein Diplomat . . . und so fort.
Hauptfrage: Wer ist der Regisseur, an dessen Anweisungen sich Reagan, der Präsident, strikt hält? Das Pentagon. Die Rüstungsindustrie-Magnaten. Der Geheimdienst. Die heiligen Sachzwänge. Warum nicht den wahren Namen nennen? Wie heißt er? Ich nenne ihn Teufel, den Herrn unsrer Zeit. Namen sind anfechtbar, Tatsachen nicht, die vor unser aller Augen geschehen.
Beim Betrachten der Plakate wird mir wieder einmal scharf bewußt, daß die Zerstörung der Erde Männerwerk ist. Der Mann: der Krieger, der Killer. Der Mann, der den Colt als Verlängerung und Potenzierung des Penis trägt und damit seine Zeugungskraft pervertiert: er tötet, was er gezeugt hat. Er zeugt fürs Töten. Er zeugt Mörder. Er reißt die Frau an sich, um ihr ein Kind zu machen, das er töten kann. Der Mann, der seine Kinder frißt.
Der Mann, der gestattet, daß einer der Seinen in aller Öffentlichkeit sagt, der Krieg sei nicht das Schlimmste und der Friede nicht das Wichtigste für die Menschheit. Und jetzt redet Reagan vom Frieden.

Zweite Nordkorea-Reise. [September-Oktober 1981]

Heute war ich in einem Gefängnis. Als erster Ausländer war ich dort. Nie zuvor, sagt man mir, hat ein ausländischer Besucher den Wunsch geäußert, ein Gefängnis zu sehen. Selbst meine Begleiter sahen nie vorher eines. [Wer im Westen betritt je ein Gefängnis, wer weiß Bescheid, wie es dort zugeht?] Wir fahren über Land. Da wir die Erlaubnis zum Besuch vom Ministerium für Staatssicherheit haben, sind wir sicher, keine Schwierigkeiten zu finden. Zunächst finden wir schon nicht einmal das Gefängnis. Da liegt zwar ein Haus vor uns zwischen Wiesen und Feldern, aber kann das ein Gefängnis sein? Ein zweistöckiges Haus ohne Ummauerung, ohne Wachttürme, ohne Stacheldraht, ohne vergitterte Fenster? Auf der Zufahrtsstraße arbeiten Frauen, sie schaufeln den eben geernteten Reis zum Trocknen hin und her. Ich sehe: sie tragen Nummern auf ihrer Arbeitskleidung. Das müssen also Gefangene sein. Schließlich kommt eine junge Frau mit Schirmmütze: die Aufseherin. Sie weiß nichts von unserm Besuch. Sie holt den Direktor. Er weiß auch nichts. Was tun? Er telefoniert nach Pyöngyang. Die Erlaubnis ist aus Versehen noch nicht angekommen. Wir dürfen eintreten.

Der Direktor entschuldigt sich, daß nichts vorbereitet ist für den Besuch. Was sollte man vorbereiten? Ich bin froh, daß nichts vorbereitet ist. So komme ich mitten in den Gefängnis-Alltag hinein. Auch der Direktor ist nicht vorprogrammiert. Er hat noch nie ausländische Besucher gehabt. Er ist ganz spontan. Ein herzlicher Mann mit einem Vatergesicht. Auch sein Mitarbeiter ist freundlich. Solche Typen finden sich schwerlich in westlichen Gefängnissen. Die beiden antworten offen auf alle meine Fragen.

Wie viele Gefangene sind da? Zweihundertfünfzig. Vor fünf Jahren waren es vierhundert. Die Zahl nimmt ständig ab.

Was für Delikte werden hier bestraft? Diebstahl, fahrlässige Schädigung im Betrieb.

Und Morde?

Das gibt es kaum je. Nicht jedes Jahr einmal. Allenfalls Totschlag im Zorn. Aber der Direktor selbst hatte nie mit einem solchen Fall zu tun, und er weiß auch keinen.
Todesstrafe gibt es natürlich nicht, auch nicht lebenslänglich.
Wie lange sitzen hier die Gefangenen?
Je nachdem. Höchstdauer ein Jahr, aber die Zeit kann abgekürzt werden. Die Gefangenen haben die Dauer selbst in der Hand. Sehen Sie im Schulraum die Tabellen mit den graphischen Aufzeichnungen über Arbeitsleistung, Lern-Erfolg und Benehmen [wobei Hilfsbereitschaft am meisten zählt]. Die Leute sehen selbst, an welchem Punkt sie stehen und wie weit die Umerziehung glückte. Meist kann die Zeit auf einige Monate verkürzt werden. Wir wollen nämlich die Leute nicht aus ihren Familien und Betrieben reißen, sie müssen möglichst rasch wieder eingegliedert werden, wir brauchen unsre Arbeitskräfte, und wir brauchen Leute, die positiv zur Gesellschaft stehen. Wir können sie doch nicht zu Feinden der Gesellschaft machen. Wir suchen auch während ihrer Haftzeit ihr Gefühl der Zusammengehörigkeit mit Familie und Volk zu stärken, darum sehen wir es gern, wenn die Angehörigen zu Besuch kommen und oft schreiben.
Zensieren Sie die Briefe?
Wieso? Aber die meisten Gefangenen kommen mit ihren Briefen zu mir wie mit allen Problemen. Sie müssen einen Menschen haben, mit dem sie reden können. Es ist ja eine schwere Zeit für sie. Sehen Sie: wir wollen hier nicht strafen, wir wollen erziehen. Ein Erzieher hat nur Erfolg, wenn er das Vertrauen der Menschen hat. Ich muß so sein, daß meine Gefangenen Vertrauen zu mir haben. Das ist unser Prinzip: man muß ein Vater sein. So wie der Präsident Kim Il Sung der Vater des Landes ist, so muß jeder von uns ein Vater sein für die, die ihm anvertraut sind.
Ich verstehe: das ist der altchinesische Grundsatz der Paternität: jeder Obere muß Vater sein für den Nächst-Unteren, und

jeder Untere muß wie ein Sohn dem Oberen gehorchen, und beides muß mit Milde geschehen und mit aller Selbstverständlichkeit. Man muß regieren, als regierte man nicht, und gehorchen, als gehorchte man nur sich selbst. Autorität ist nicht Folge des Ranges, sondern des Charakters. Ein Oberer darf nicht einfach befehlen, sondern er muß vor-leben, was er von anderen verlangt.

Dazu fällt mir die Geschichte ein, die ich erzählt bekam: Kim Il Sung hörte bei einer Truppenbesichtigung von drei Verstößen gegen die Disziplin. Ein Soldat hatte seine Waffe nicht geputzt, ein andrer war während einer Übung rasch zu seinem Mädchen gelaufen, ein dritter hatte Maiskolben gestohlen von einem Feld. Kim Il Sung sagte: »Die Waffe muß geputzt sein. Die Sache mit dem Mais läßt mich denken, daß der Soldat Bedürfnis nach frischem Mais hatte, weil es in der Truppenküche keinen gibt, man muß frischen Mais kaufen. Die dritte Sache, ach du, warst du nie jung und verliebt? Warum bist du nicht so, daß deine Leute dich um einen kleinen Urlaub zu bitten wagen und heimlich weglaufen müssen? Was für ein Vater bist du?«

Das Gesetz der Milde herrscht auch im Gefängnis. Ich darf alle Räume besichtigen, warum nicht, da gibt es keine Isolierzellen, es gibt keine körperliche und seelische Folter, es gibt keine Gittertüren, kein Schlüsselgerassel, keine vergitterten Fenster, keine waffentragenden Aufseher. Es gibt auch kein Anbrüllen, keine Menschenverachtung gegenseitig. Jeder muß im andern den arbeitenden Menschen respektieren. Ich frage den Direktor, wie man es denn in diesem Lande fertigbringe, friedlich miteinander zu leben.

Die geringen sozialen Unterschiede lassen keinen Neid und keine Besitzgier aufkommen. Jeder hat, was er braucht. Alle arbeiten auf ein gemeinsames Ziel hin: die Entwicklung des Landes. [Es ist schon jetzt unter den Ländern der Dritten Welt das am weitesten entwickelte, so weit voran, daß die andern Länder der Dritten Welt sich von hier Rat und Hilfe erbitten.]

Im übrigen lebt man hier nach einem altchinesischen Grundsatz, der dem entspricht, was wir in dem Sprichwort sagen: Was du nicht willst, daß man dir tu, das füg auch keinem andern zu.
So einfach ist die Ethik hier. Ganz ohne Bemühung um religiöse Begründung. Selbst das hohe Gebot der Feindesliebe ist leicht zu befolgen dort, wo man sich keine Feindseligkeiten erlauben kann, weil Negatives den Frieden im Innern des Landes zerstört und die Einheit gegenüber dem Ausland brüchig macht.
Frage an den Direktor: Wie verläuft der Gefängnistag? Acht Stunden Arbeit in den Gärten und auf den Feldern und in den Ställen, zwei Stunden Unterricht in der politischen Ideologie, Freizeit mit Sport und Spiel. Übrigens sind sowohl Männer wie Frauen in diesem Haus. Ihre Räume sind nicht durch Gitter getrennt, das ist unnötig in diesem Land. Es ist ein moralisches Land mit einem hohen Maß an Selbstkontrolle.
Frage: Wenn die Leute ihre Zeit hier abgesessen haben, was geschieht dann mit ihnen?
Sie kehren an ihren Arbeitsplatz zurück.
Sie haben keine Benachteiligung?
Nein, sie sind gebessert, also gehören sie nach wie vor in ihren Betrieb. [Ich denke an die unüberwindliche Schwierigkeit im Westen, entlassene Strafgefangene wieder zu integrieren. Keiner will sie. Daher die Rückfälligkeit: neunzig Prozent!]
Andre Frage: Hier sind doch wohl nur Arbeiter und untere Angestellte. Wo sind leitende Beamte, wenn sie ein Vergehen begingen?
Auch in Umerziehungs-Häusern. Aber sie müssen weniger mit der Hand arbeiten, sie werden mehr ideologisch geschult.
Nach der Behandlung politischer Gefangener möchte ich den Mann nicht fragen. Ich werde bei meiner nächsten Reise an obersten Stellen nachfragen.

Zur nordkoreanischen Kunst. Sie gefällt mir nicht, sie ist nichts als eine Nachahmung des sowjetischen sozialistischen Realismus. Sichelschwingende Landarbeiterinnen, frische marschierende Jugend, schießende Partisanen, der General mit Kindern, mit Arbeitern . . . Politische Dokumentation zum Zweck der Erziehung des Volks. Un-Kunst. Und Korea hatte eine so hohe Kunst! Man sieht sie noch im Museum und in den Königsgräbern. Ganz außerordentlich schön ist das. Ja, aber es ist HÖFISCHE Kunst, sie gehört zur [Gott sei Dank] überwundenen Feudalzeit, sie war Herrenkunst, nicht Kunst fürs Volk. Aber es war und ist KUNST. Und was da jetzt daneben hängt im Museum, das angeblich Neue, das hat gar nichts zu tun mit der hohen Tradition, das ist nicht koreanisch, das ist westlich und gar nicht schön, es ist zu grob, zu groß, zu platt, zu schreiend farbig.

Und im Theater: politische Lehrstücke über Helden des Befreiungskampfes, Modelle revolutionären Verhaltens, vermischt mit Folklore und europäisierter Musik. Nicht Fisch noch Fleisch.

Eine Oper, DIE Volksoper schlechthin, das Volk hat sie hundertmal gesehen und gehört und will sie immer wieder haben, es ist SEINE Geschichte, SEIN Heroismus, das da gespielt wird: es ist Krieg, mitten in der entscheidenden Schlacht kommt die Regenzeit, der Fluß schwillt an, er wird unpassierbar, die Munition kann nicht mehr ans andre Ufer gebracht werden, der nahe Sieg ist scheinbar verloren. Und da hat eine Frau den rettenden Einfall: sie opfert ihre Hochzeitstruhe, man legt Waffen und Munition hinein, sie ist wasserdicht und um sie über den Fluß zu bringen, opfert sie ihren einzigen Reichtum, einen Ballen Seide, sie schneidet Streifen daraus und knüpft ein Seil, das man über das Wasser wirft, und an dem Seil gelangt die Truhe ans andre Ufer, der Nachschub sichert den Sieg. Das ist historisch, es ist auch bewegend, es ist sogar gut gespielt. Warum ists keine Kunst? [Weder im westlichen noch im östlichen Sinne!] Weil es undramatisch ist. Weil es keinen

Konflikt darstellt. Weil es zweidimensional ist. Weil es keine Gegenspieler gibt. Weil alle einig sind, problemlos auf das gemeinsame Ziel ausgerichtet. Weil die Protagonisten keine Personen sind, sondern Typen aus dem Volkskollektiv, weil die Polarität zwischen Hell und Dunkel, Hoch und Niedrig fehlt. Weil es in Nordkorea keinen Individualismus gibt. Nicht als ließe man ihn nicht zu: es gibt ihn einfach noch nicht. Die gemeinsame Not der langen harten Kampfzeit hat aus sechzehn Millionen Menschen ein einziges Wesen gemacht. Anders wäre es nicht möglich, daß die Literaturwerke Team-Arbeiten sind. Wichtig ist nicht der Autor eines Werks, sondern der Inhalt. Der Autor, das ist immer: der Geist des ganzen Volks.

Erst allmählich begreife ich, daß man von Nordkorea noch keine neue Kunst fordern kann, so sehr man sie ihm wünscht. Sie wäre aufgesetzt, nicht geboren. Plötzlich wird mir klar, daß es in Nordkorea heute keine Kunst geben kann, weil die TRAGIK fehlt, der tragische Konflikt, der Kampf der Ideen und Mächte. Mir fällt das Wort Stendhals ein: Nur in kranken Muscheln finden sich Perlen. Nordkorea ist einfach zu gesund, um echte Kunst hervorbringen zu können. Ich schaue mir die nordkoreanischen Kinder an: gesund, quicklebendig, glücklich eingebettet in die noch bruchlose Gesellschaft. Welche Spannungen werden sie erleben müssen, welche Widersprüche, welche Leiden, ehe sie eine neue Kunst schaffen können?

Die Hure. Im Museum der Villa Borghese das Bild des Scarsellino: Maria Magdalena im Hause des Theologen, bei dem Jesus zum Essen eingeladen ist. Da ist diese Magdalena, die stadtbekannte Hure, und hat sich dem Gast zu Füßen geworfen. Was für ein Schock. Alle Gäste haben sich erhoben, von Entsetzen gepackt wie von einem Windstoß, wie von einem Erdbeben aufgejagt. Selbst die beim Essen aufwartenden

Diener, Männer wie Frauen, wenden sich ab in Ekel und Entsetzen. So, als sei ein Lepröser eingetreten oder ein Terrorist mit einer Bombe in Händen oder ein Prophet, der das unmittelbare Ereignis des Weltunterganges verkündete. Und wer kam? Eine Frau, schön, jung, käuflich. Sie wirft sich vor Jesus auf den Boden, weint, schüttet kostbares Öl über seine Füße und trocknet sie mit ihrem schönen langen Haar. Das ist alles.
Ja, aber sie ist eine Hure! Sie berührt den Rabbi, den Reinen, und der duldet das!
Ich muß lachen. Im »Heiligen Jahr« waren in Rom plötzlich, mit einem Schlag, alle Straßenhuren und Hürchen verschwunden. Kaum waren die frommen Fremden abgereist, waren Huren und Hürchen wieder da . . . Und die Geschichte der Renaissance-Päpste mit ihren Söhnen und Töchtern. Und all die Skandale um ermordete deutsche Edelhuren und ihre illustren Liebhaber . . .
Aber man wendet sich entrüstet ab. Jesus, der Meister, ließ Maria gewähren, er schaute sie liebevoll an: sie hatte ihn als einzige erkannt als den Meister, den Göttlichen.

Hungerstreik. Deutschland. Ein Brief aus Wedel, Holstein. Man berichtet mir, daß dort, neben dem Altar der Christuskirche, seit dem 11. September ein junger Pastor, Helmut Zander, unbefristeten Hungerstreik macht. Über ihm ein Plakat:
»Es ist Christus, der in der Polizeistation Gayantepe in Istanbul gefoltert, im Militärgefängnis Mamak bei Ankara pausenlos verhört wird; es sind Jesu Bundesgenossen, die von den Grauen Wölfen terrorisiert werden, es ist das Dorf seiner kurdischen Brüder und Schwestern, welches von Hubschrauber-Einheiten des türkischen Militärs angegriffen wird.«
Der Pastor entschloß sich zu seinem Hungerstreik, nachdem der bundesdeutsche Außenminister Genscher aus der Türkei

zurückgekommen war und bald darauf mit dem türkischen Botschafter Vahit Halefoglu einen Vertrag über 590 Millionen DM unterzeichnet hatte: Wirtschafts- und Militärhilfe.
Frage an Genscher: Wissen Sie denn wirklich nicht, daß Sie mit UNSERM Geld ein Terrorregime unterstützen? Sie wissen es, Herr Genscher. Sie wissen, daß Sie das Geld an Folterer geben. Oder wissen Sie es nicht? Kain, wo ist dein Bruder Abel. Auch Sie sind gefragt, Helmut Schmidt, denn Genscher allein ist nicht befugt, derlei zu tun. Das ganze Parlament ist mitschuldig. Und wir?! Man berichtet mir, daß immer mehr Menschen aus den Nachbargemeinden von Wedel kommen und Kerzen anzünden und für die von der Hinrichtung bedrohten Gewerkschaftler beten. Junge Leute halten eine ständige Mahnwache für die Gefangenen und Gefolterten in der Türkei, und türkische Emigranten kommen von überall her, um mitzuwachen, mitzubeten. Katholiken, Mohammedaner, Protestanten, Atheisten. Ich höre, daß in der Türkei etwa 150 000 Menschen in Gefängnissen sitzen. Was können wir TUN?
Der streikende Pastor hat ein Programm: Bildung eines ständigen Untersuchungsausschusses, sofortige Einstellung der Militärhilfe für die Türkei. Ausschluß der Türkei aus der EG [Ruhenlassen der Mitgliedschaft], Verbot der Grauen Wölfe [der rechtsradikalen Terror-Organisation], Boykott der Einfuhr türkischen Tabaks.
Wer in Bonn hört darauf? WARUM, ZU WELCHEM ZWECK gibt Bonn der Türkei das viele Geld?
Es ist sehr nützlich, die Landkarte zu befragen: die Türkei ist für die NATO ungemein wichtig, von da aus kann man bequem das Mittelmeer überwachen; und die nordöstliche Grenze der Türkei ist die Sowjetunion. In der Türkei stationierte Nuklearwaffen können rasch gegen alle heißen Zonen fliegen; die Dardanellen kann man sperren ...
Und dagegen der Hungerstreik eines friedliebenden Christen ... Wer nimmt schon Kenntnis von so einer Narretei eines Pazifisten?

Irland. Wieder ist einer der Nord-Iren am Hungerstreik gestorben. Worum gehts da? Die IRA-Kämpfer, die in den Gefängnissen sind, wollen als politische Häftlinge anerkannt und behandelt werden, aber England hat beschlossen und bleibt eisern dabei, daß diese Leute Kriminelle sind. Ganz einer Meinung mit Reagan: Alle Revolutionäre sind gemeine Kriminelle. Und wer in England verweigert den irischen Freiheitskämpfern ihr Recht? Es ist eine FRAU, Margaret Thatcher, Premierminister Großbritanniens.

Eine FRAU. Diese Frau widerlegt schlagend, daß es besser um die Welt stünde, regierten Frauen. Dieses Gesicht: hart, entsetzlich hart, diese kalten Augen, dieses gefrorene Lächeln, diese sterile Bürgerlichkeit, der Frau gewordene Wille zur Macht. Wäre England nicht eine so beharrlich funktionierende Demokratie: die Thatcher wäre ein perfekter Diktator.

Das Thema Emanzipation der Frau ist zweischneidig. »Frauen in die Bundeswehr«! Wenn die Männer das Vaterland verteidigen, warum sollen die Frauen das nicht tun dürfen? Das ist ein verlogener Satz, er muß heißen: Wenn Männer morden dürfen, warum sollen Frauen es nicht dürfen?

Jene Frauen, die gegen Abtreibung sind, weil das Mord sei, die wollen morden. Ich stelle mir vor, daß im Kriegsfall [wenn es sich um einen »normalen« Krieg handeln würde] bundesdeutsche Frauen auf DDR-Männer schießen oder auf Polen oder Sowjets. Und wenn es in jenen Armeen Frauen gibt, dann schießen Frauen auf Frauen. Das ist das Perverseste, das ich denken kann. Frauen sind dann Männer. Männer verweigern den Kriegsdienst, Frauen wollen ihn. Ist das nicht himmelschreiend absurd?

Ich sehe: die Emanzipationsbewegung ist höchst ambivalent. »Wir wollen sein wie Gott. Wir wollen wie Männer sein.« Der Macht-Dämon schleicht jetzt um die Frau. Den Mann hat er schon in seinen Händen. Jetzt will er die Frau. Was der Teufel fürchtet, das ist das Aufwachen der ANIMA in der Menschheit:

der Geist der Milde, der Friedfertigkeit, der Toleranz, des Friedens. Den Geist der Bergpredigt also. Der Geist des Christus. Der WEIBLICHE Geist. Weil heute schon viele Zeichen dieser Wendung und Wandlung gesetzt werden [Wehrdienstverweigerung, Friedensbewegung, Umweltschutz, Sorge um die Dritte Welt und um die »Behinderten«, Reform der Strafjustiz], darum vervielfacht der Teufel seine Anstrengungen, den Ungeist der »Männlichkeit« zu stärken: Aufrüstung, Aufrüstung! Kampfbereitschaft . . .
Und die Frauen hören auf diese Stimme. Die FRAUEN, die MÜTTER!

2. November 1981. Nicht vergessen, was der Journalist Ludolf Herrmann im Bayrischen Rundfunk sagte über die Teilnehmer an der Bonner Friedensdemonstration:
»Man kommt zusammen, um für Momente der Massen-Erotik die kleine rachitische Seele aus dem Gefängnis des pickligen Körpers flattern und sich mit den andern Seelen zur Hochzeit des großen Friedensgefühls vereinigen zu lassen.« Und: »Wer hätte nicht schon bemerkt, daß die Anzahl der mit Weiblichkeit von der Natur gering ausgestatteten fanatischen Kämpferinnen für eine Frauen-Emanzipation auffallend groß ist?« Kommentar überflüssig. Aber solche Sätze muß man im Gedächtnis bewahren.

Botschaft ins All. Im RAI wird eine Szene aus dem Jahr 1974 gezeigt: eine Gruppe von Menschen sitzt in den USA um Geräte, welche als starke Sender vorgestellt werden. Die Leute sind meist Naturwissenschaftler. Sie senden eine Botschaft in den Weltraum. Die erste Botschaft dieser Art, so wird gesagt. Und wer soll sie auffangen? Ein Planet mit mir unbekanntem Namen, der 500 000 Lichtjahre entfernt ist. Und wer dort wird sie hören? Wer wird die elektrischen Si-

gnale übersetzen in die Sprache der möglichen Bewohner dieses Planeten? Wird jemand antworten? WANN? Und wann kommt die Antwort auf unsere Erde zurück? Wird von den Sendern der Botschaft einer die Antwort hören? Und welche Botschaft wurde von der Erde ausgesandt? Vielleicht lautet sie so: Wir sind Menschen, wir leben auf dem kleinsten Planeten Erde, wir sind dabei, ihn zu zerstören, könnt ihr uns retten, habt ihr ähnliche Erfahrungen, antwortet bitte!
Eigentlich ein irrwitziges Unternehmen. Sonderbare Geschöpfe sind wir Erdenmenschen. Früher sandte man Botschaften an die Götter, die irgendwo »da oben« geglaubt wurden. Gebete. Hilferufe an unbekannte ferne Wesen, von deren Existenz man überzeugt war. Der liebe Gott. Ist das Senden der Signale zu jenem Planeten, der fünfhunderttausend Lichtjahre entfernt ist, vernünftiger? Ich wage nicht zu sagen, daß eins so absurd ist wie das andre. Ich meine, eines ist so sinnvoll wie das andre. Mir will scheinen, es sei sicherer, das zu tun, was man beten nennt: die Antworten kommen oft sofort. Aber das ist Erfahrungssache. Und ich bin ihrer nicht einmal absolut sicher . . . es sei denn, der ferne Adressat sei gar nicht weit weg, sondern IN UNS.
Eben sagt mir Stephan, von mir befragt nach dem Inhalt der Botschaft, dabei sei Schillers Ode an die Freude [Beethovens Neunte]. »Brüder – überm Sternenzelt muß ein lieber Vater wohnen.« Und: »Seid umschlungen Millionen.« Ein Liebesangebot an Außerirdische. Wenn die sehen, wie wir hier uns hassen und umbringen, muß ihnen unser Angebot lächerlich lügenhaft erscheinen.

Corpus Christi. November 1981. Bestätigung meiner Überzeugung von der Herrschaft des Teufels. Man hat in den USA ein Atom-U-Boot CORPUS CHRISTI getauft. Corpus Christi: der Leib des Christus. Eine Mordwaffe großen Stils heißt also Leib Christi.

Proteste kamen. Man hat eiligst verharmlost: das sei keine Blasphemie, sondern ganz simpel der Name der Stadt Corpus Christi, und danach ist das Boot benannt. Ach so, so ist das, so harmlos. Aber warum gerade Corpus Christi, warum nicht New York oder Florida oder Miami? Nein nein, diese Namengebung ist nicht harmlos. Sie stammt von Ahriman, dem Teufel. Er will die Perversion. Der Leib Christi, der geopfert wurde, damit der Mensch LEBE. Dieses U-Boot, das eingesetzt wird, um den Tod zu bringen. Teuflische Methode: die Lüge durch Verharmlosung.
Heute die neueste Meldung aus den USA: ein Superflugzeug heißt »Das jüngste Gericht«. Mir stockt das Herz. Das ist die Herausforderung des Teufels an die göttliche Macht: Das Endgericht, das überlasse ich nicht DIR, das mache ICH! Und ich werde nichts und niemanden verschonen. Das ist meine Rache an DIR.
Warum eigentlich hat der Papst [er allein kann das] nicht den Mut, die USA mit dem Kirchenbann zu belegen, solange mit solchen Lästerungen gearbeitet wird?
Das Weltgericht, es wird über die kommen, die es solcherart auf sich herabrufen.

Dezember 81. Said M. schickt mir seine neuen Gedichte. Sie bewegen mich, ich weine über sie. Said und ich: gleich nach der Revolution im Iran waren wir zusammen dort. Er, Exil-Iraner, persischer Dichter, als Student nach Deutschland gekommen, dageblieben, weil er, ein »Linker«, nicht heim konnte unter dem Schah-Regime. Und nun, zwischen Schah und Chomeini, konnte er heimkehren, wenigstens für einige Wochen, sicher war noch nichts. Wir haben jene Zeit dort zusammen erlebt. Ich schrieb ein Sachbuch darüber, Said schrieb über dasselbe einen schmalen Gedichtband. Ich finde in ihm alles wieder, was wir erlebten. Was SAID erlebte. Denn IHN ging das an, im Kern seines Lebens ging es ihn an. Ich war

nur Beobachterin. Wir sahen die nämlichen Dinge, trafen die nämlichen Leute, aber Said trug Wunden davon, ich nur Schrammen.
Saids Gedichte sind Gedichte eines Exil-Iraners, aber sie sind Gedichte aller, die je ihr Vaterland verlassen mußten unter einer Diktatur. Das macht sie so stark bewegend.
Wir flogen nachts und kamen bei Morgengrauen in Teheran an. Said hatte die ganze Nacht nicht geschlafen, er saß am Fensterchen und schaute, als könne er schon von Athen an den Iran sehen. Als das Flugzeug zur Landung niederging, zitterte er. »Halt mich fest«, sagte er.
»Zwei Frauenhände aus einer dunkelblauen Uniform / eine Tür wird geöffnet / wie verschlossen sie war / all diese Jahre.« So schrieb er zwei Jahre danach. Und dies auch: »Welch eine Freude! / Hier schreibt man meinen Namen / ohne daß ich ihn buchstabieren muß . . .« Er schreibt nicht, daß wir gleich am Flughafen einen Vorgeschmack vom neuen Iran bekamen: ein Reisender sieht, daß die Frau an der Paßkontrolle keinen Chador trägt, sondern nur ein einfaches Kopftuch. Vielmehr: ich bin es, die es sieht und sagt. Der Iraner, heimkehrender Ingenieur, hört aus meiner Bemerkung eine Kritik. Er sagt aggressiv: die iranische Frau müsse sich ganz verhüllen. Schluß müsse sein mit dem westlichen Sexismus, mit der Pornographie, mit der ganzen bösen Vergangenheit. Im übrigen sei der Chador [die Ganzverhüllung der Frau] auch eine hygienische Maßnahme: sie schütze vor dem Wüstensand und vor der Sonnenbestrahlung, die Hautkrebs erzeuge und Haarausfall. Ich wage zu sagen, daß die Negerinnen Afrikas fast nackt gehen, keinen Sonnenbrand bekommen und keinen Haarausfall und keinen Hautkrebs. Aber der Mann schaut mich nur böse an, er wittert eine Gegnerin des neuen Iran.
Said hört das nicht wirklich, er hört nur den Wind vom Gebirge seiner Heimat, und er hört Persisch. »Wie gütig die Passanten sind: sie sprechen Persisch«, schreibt er. Ein Soldat

lächelt ihm zu: ». . . sein Auge kennt / die Tränen der Heimkehrer / schlecht geweint und ungeschützt.«
Ich habe Saids Tränen gesehen, ich hielt ihn fest im Arm, er zitterte. Dann kamen seine Freunde, die schon einige Wochen früher heimgekehrt waren. Stumme Umarmungen. Ich wende mich ab. Das ist ein Augenblick, bei dem jeder Fremde stört.
Die Fahrt durch die Stadt, immer noch Morgendämmerung. Schnee auf dem Elbrus-Gebirge jenseits der Wüste. In der Stadt überall die Spuren der Revolution. Noch nicht lange, daß der Schah das Land hatte verlassen müssen. Ausgebrannte Autos am Straßenrand, Fensterscheiben zersplittert von Geschossen und Steinwürfen, von Panzern eingedrückte Straßenpflaster, Einschußlöcher an öffentlichen Gebäuden, ausgebrannte Kinos [die dem Schah-Clan gehört und vorwiegend westliche Pornofilme gebracht hatten], auf vielen Gebäuden noch Barrikaden aus Sandsäcken, dahinter Maschinengewehre und bewaffnete Stadtguerrilla. Auch unser Hotel, das Intercontinental, hat zerborstene Fenster und Mauer-Einschüsse. Aber es funktioniert. Es ist voller ausländischer Journalisten.
Überall das Bild Chomeinis, an allen Mauern und in allen Schaufenstern und an Autoscheiben. Bisweilen das Bild eines andern Mannes: des Ayatollah Taleghani. Wäre er statt Chomeini an die Spitze gelangt, wie anders, wie human wäre der Iran geworden! Aber Taleghani starb. Wer weiß, ob er eines natürlichen Todes starb.
An einigen Gebäuden und Autoscheiben das Bild Mossadeghs, eines alten Mannes, der 1953 als Premierminister eine Revolte gegen den Schah anführte und ihn zur ersten Flucht zwang. Er konnte sich nicht lange halten. Auch er wäre besser gewesen für den Iran. Er hatte lange im Gefängnis gesessen. Die Anklage: er habe mit der damals verbotenen kommunistischen Tudeh-Partei zusammengearbeitet. Heute, 1982, arbeitet diese Partei mit Chomeini zusammen. Wer kann das verstehen.

Said und ich gehen durch die Stadt, arm sieht sie aus, aber sauber. Chomeini hat befohlen, daß jeder Teheraner sein Stück Straße säubern muß. Sauberkeit und politische Säuberung.

Ein Irrsinnsverkehr. Keine Verkehrspolizisten. Zivilisten mit weißen Armbinden versuchen auf eigene Faust ein wenig Ordnung zu schaffen. Die Autos fahren ohne Nummernschilder, ohne Scheinwerfer, mit zerbrochenen Fenstern und Einschußlöchern.

Komm, sagt Said, wir besuchen mein Vaterhaus, es liegt in einer schönen Straße an einem schönen Bächlein unter schönen Bäumen.

Wie häßlich ist die Stadt, die Straßen neben den Wasserrinnen ohne Gehsteige. Schön! ruft Said, siehst du nicht, wie schön Teheran ist! Schau, von diesem Törchen habe ich dir erzählt, ist es nicht schön? Und merkst du, wie hier jede Straße ihren eigenen Geruch hat? Gut riecht es! Ach, Said . . . Ich rieche Abfälle und Staub und billiges Benzin. Aber meine Sinne sind nicht die eines Heimkehrers nach fünfzehn Jahren Sehnsucht. Ja, doch, Teheran ist schön . . .

Wir gehen auf den Universitäts-Campus. Über dem Eingangstor ein Transparent:

»Wir werden den Emigranten, die jetzt vom Ausland heimkehren, nicht erlauben, die Früchte der Revolution zu pflükken! Chomeini.«

Was heißt das, Said? Hat man die Revolution nicht für ALLE gemacht? Warum sollt ihr, die ihr die Misere der Emigration erlebt habt, nicht ihre Früchte genießen?

Wir sind im Verdacht, sagt Said. Wieso? Wir sind Linke, verstehst du? Ja, aber ihr wart gegen den Schah, ihr habt auch vom Ausland her den Schah stürzen helfen, ihr habt Chomeini zum Sieg verholfen! Und habt ihr nicht gelitten da draußen? Warst du nicht arm? Und wie war das, als man euch Exil-Iraner unter dem Vorwand, ihr habt bei verbotenen Demonstrationen teilgenommen, registriert hat, damit man für alle

Fälle eure Personalien und eure Fingerabdrücke und somit euch im eisernen Griff hatte, obwohl ihr unschuldig wart? Und jetzt sollt ihr nicht die Früchte der Revolution pflücken? Aber, sagt Said, wir sind Linke.
Auf der Straße vor dem Campus-Tor sind Broschüren ausgelegt, eiligst gedruckt: Brecht und Rosa Luxemburg und Trotzki und Lenin und auch Erich Fromm und Bölls ›Katharina Blum‹, alles bisher verboten, wie lang wohl noch erlaubt? Die Studenten kaufen und kaufen. Sie glauben nicht an die Freiheit.
Auf dem Campus eine gewaltlose Demonstration, ein sit-in. Tausende, nicht nur Studenten, auch ältere, kauern, hocken, stehen auf dem Rasen zu Füßen einer Balustrade, auf der ein Mann eine Granate hochhält: »Dies ist das Geschenk der Regierung an die Kurden! So behandelt die neue Regierung die nationalen Minderheiten, die ihr zum Sieg verholfen haben!«
Eine Kurdin verliest einen leidenschaftlichen, heftig applaudierten Aufruf für die Freiheit Kurdistans, das erst kurz zuvor von einer Armee-Einheit Chomeinis überfallen worden war, wobei es Hunderte von Toten gab, auch Frauen und Kinder darunter.
Plötzliche Unruhe auf dem Campus: ein Trupp junger Männer marschiert auf, Schlägertypen, zum Fürchten, sie tragen Spruchbänder mit dem Bild Chomeinis, ihre Sprechchöre klingen drohend und fanatisch. Die kurdische Sprecherin bittet dringend, keine Notiz zu nehmen von den Störern, die uns umkreisen, immer dichter. Wer sind sie? Angehörige des »Revolutions-Komitees«. Chomeinis »SA«, sein Saalschutz, wie Hitler ihn hatte. Man weiß nichts Genaues über sie, weder über ihre Zahl noch über ihre Struktur noch über ihre Machtbefugnisse. Sie sind eine latente häßliche, deutliche Drohung. Mit solchen Typen arbeitet Chomeini? Mich überläufts kalt. Wenn das die ersehnte Revolution ist?! Die Studenten sind höchst diszipliniert. Schließlich zie-

hen die Störtrupps ab. Mir fällt auf, daß bei den Störern keine Frauen sind, wohl aber viele bei den gewaltlosen Demonstranten. Natürlich: die Frau hat, laut Chomeini, in der Öffentlichkeit nichts zu sagen. Aber bei den »Linken« gehört es zur Logik des Programms, daß Frauen gleiche Rechte und gleiche Pflichten haben.
Wir kommen am Gebäude der Botschaft der BRD vorbei. An der Mauer ein Plakat. Said übersetzt: »Stimmt für die islamische Republik, denn sie ist eine starke Faust auf das Maul kommunistischer Söldner, unmenschlicher Imperialisten, zionistischer Okkupanten, der verräterischen Savak und des Schah-Regimes.«
Die Sprache des »Revolutions-Komitees«. Die Sprache Hitlers: Kommunisten, Zionisten, Imperialisten . . . sie müssen vernichtet werden. Schon sind die Gefängnisse, die beim Schahsturz geöffnet worden waren, wieder voll. Erst die Gegner des Schah, jetzt die Gegner Chomeinis . . . viele sind dieselben, die »Linken«.
Said kauft eine Tageszeitung, die eine Liste der unter dem Schah verbotenen Wörter veröffentlicht: Rosen, Freude, Blut, Nacht, Eule, Richter, Knüppel, Morgenröte, Anemone. Tarnwörter, deren Bedeutung jeder kannte. Daß Wörter wie dialektischer Materialismus, Freiheit, Revolution verboten waren in der Lyrik unter dem Schah, das ist klar. Aber, schreibt Said in einem Gedicht: »Unverständlich nur die Angst der Machthaber vor Anemonen . . .«
Wir besuchen einen alten guten Freund, der auch im Exil gewesen, nun entschlossen ist zu bleiben, unter allen Umständen. Er setzt blind auf Chomeini. »Er wird uns endlich wieder Iraner werden lassen, er wird die Amerikaner und den american way of life des Landes verweisen, er wird uns wieder zur Nation machen, er wird Ordnung schaffen, er wird wieder die Moral herstellen.« Said hat mehrere solche Besuche gemacht. Er schreibt: »Auf dem Hausaltar / wo früher der Schah thronte / steht ein schlichtes Bild von Chomeini . . . Der lautlose Wechsel der Göt-

ter / und mein armseliges Augurenlächeln / Mein Gastgeber / Exgeneral der Armee / geht zum Angriff über.«
Wir fahren Taxi. Der Fahrer sagt: »Und was ist jetzt das Neue? Gabs unterm Schah Freiheit? Nein. Gibts jetzt Freiheit? Ich frage dich! Du weißt es nicht? Na, dann steig mal aus und schrei: nieder mit Chomeini! Na, tus doch! Du bist feig? Siehst du: unterm Schah keine Freiheit, unter Chomeini keine Freiheit. Alles bleibt beim alten.« Er deutet auf eine Ruine: »Weißt du, was das war? Ein Puff, eine ganze Puffstadt mit Friseurläden, Restaurants, Geschäften. Chomeini hats niederbrennen lassen. Meint er, es gebe jetzt keine Hurerei mehr? Schlimm wirds, wenns unkontrolliert geht. Sag mir mal, wohin du jetzt gehst, wenns dich überkommt. Wenn du keine Hure findest, stellst du andern Mädels nach. Das ist die neue Moral.«
Er sagt: »Alkohol? Verboten. Schau mal meine Haare an: die sind unterm Schah weiß geworden. Wie soll unsereiner seinen Kummer ertragen, ohne zu trinken? Wie soll ich ertragen, daß das, wofür wir gekämpft haben, die neue Unfreiheit ist? Weißt du was: wenn der Chomeini den Alkohol verbietet, mach ich mir meinen Schnaps selber. Wirst sehen, wie der Schwarzhandel blüht.«
Als Strafe für das Trinken von Alkohol war das Abhacken einer Hand vorgesehen. Man trank weiter. Im Juni ließ Chomeini allen Alkohol, der im Intercontinental-Hotel gefunden wurde, vernichten. Aber Hunderte von Iranern starben an Vergiftung durch selbstgebrannten Fusel.
Wir waren am 2. April in Teheran: Tag des Referendums. Said schreibt darüber: »Zum ersten Mal in meinem Leben / darf ich wählen / zwischen Islamischer Republik / und Nichts. / Ich behalte meine Stimme für mich / für den nächsten Schrei.«
Das Referendum: der Volksentscheid. Wofür, wogegen wurde da entschieden? Für oder gegen die Rückkehr des geflüchteten Schah, für oder gegen die Errichtung der »Islamischen Republik«.

Wer wäre schon für die Rückkehr des Schah gewesen außer seinem Familienclan, seinen Ministern und der Savak, dem Geheimdienst?
Die Wahl fand offen statt, auf den Straßen. Die Wähler bekamen Zettel, deren eine Hälfte rot, die andre grün war. Grün: man wählte die Islamische Republik, also Chomeini. Rot: keineswegs die Farbe der Linken, sondern die des Schah, man wählte seine Rückkehr. Auf den Zetteln stand nichts, warum, weil viele Iraner Analphabeten sind. Man riß einfach die gewählte Farbhälfte ab und warf sie in die Urne. Wer grün einwarf, der war gegen den Schah. Klar. Aber war er wirklich auch für Chomeini? Und wer rot wählte, war der für die Rückkehr des Schah oder nur gegen Chomeini, nicht aber gegen die neue Republik?
Einer unsrer Bekannten, Hochschullehrer, sagte: »Ich habe mit Rot gestimmt, aber mein Rot ist kein Ja zum Schah, jedoch kein Ja zu Chomeini. Ein Ja zu Chomeini kann ein Ja zu einer neuen Diktatur sein. So kann das Nein zu Chomeini ein Ja zur Demokratie sein.«
So differenziert dachten nicht viele. Das Volk, befreit vom Schah, wählte Chomeini. Es versprach sich Arbeit, Brot, Frieden, eine glückliche Zukunft von ihm.
Am 2. April wurde das Wahlergebnis bekanntgegeben: natürlich die überwältigende Mehrheit für Chomeini. Said und ich erwarteten einen Festtag. Er kam nicht. Ein eher trister Tag. Einziges Zeichen von Freude: viele Autos fuhren am hellen Tag mit Licht. Unser Taxifahrer tat es nicht. Zeichen des Protests. Aber schon hörten wir von Repressalien gegen jene, die offenkundig gegen Chomeini waren. Schon sprachen viele Iraner statt von Islamischer Revolution von der »Machtergreifung« durch Chomeini. Schon begann die Verfolgung der Linken, schon gab es einen neuen SAVAK, der nur den Namen gewechselt, aber die Methoden beibehalten habe. Das Revolutions-Comité. Schon gibt es Spannungen innerhalb des führenden Klerus. Said schreibt: »Früher warst du gegen den

Schah / jetzt bist du gegen Chomeini / bist du je FÜR etwas?«

Tagelang gehen Said und ich durch Teheran und befragen Menschen. Wir bekommen Interviews bei den Führern der verschiedenen politischen Gruppen. Ich mußte jeweils meine Fragen zwei Tage vorher schriftlich einreichen. Man war höchst vorsichtig. Alle, mit denen ich sprach, waren unter dem Schah im Gefängnis gewesen, manche zehn, fünfzehn Jahre. Ich erfuhr, daß der Schah in der Wüste ein Luxushotel hatte bauen lassen über einem unterirdischen Gefängnis für politische Gegner. Der Tanz der Salome über dem Kerker, in dem Johannes der Täufer lag, weil er dem König seine Hurerei vorgehalten hatte.

Man erzählt mir von jenem Kino-Brand in Abadan, bei dem Hunderte von Menschen umkamen. Wie war das eigentlich? In diesem Kino war ohne Vorankündigung [zur Schah-Zeit] ein Film gelaufen, den jemand gedreht hatte bei einem Schah-Fest, insgeheim vielleicht oder auch nicht. Abadan ist eine Stadt der Erdöl-Arbeiter, die sahen nun zum ersten Mal, für wen sie arbeiteten um Hungerlohn. Sie sahen den unerhörten Luxus und die Sex-Orgien ihres Herrschers. Als der Film am nächsten Abend wieder laufen sollte, brannte das Kino ab. Ein Unglücksfall? Man fand die Besucher alle auf ihre Plätzen, verkohlt. Wieso waren sie nicht in Panik hinausgestürzt? Sie waren vergast, ehe sie verbrannt wurden. Einer der Besucher, der auf die Toilette ging und wieder zurück in den Saal wollte, fand die Tür versperrt. Er ist der Kronzeuge, der einzige Überlebende.

Man versteht, daß das Volk seine Hoffnung auf Chomeini setzt. Aber Said hat diese Hoffnung nicht. Schon damals schrieb er: »Nichts ist gefährlicher / als erschöpft am Ziel / anzukommen. / Hier wartet der Richter.«

Said kann nicht bleiben in diesem Land, das weiß er schon im Mai 79, einige Monate nach der Machtergreifung durch Chomeini.

»Der Freund, der mich zum Flughafen bringt, / schweigt. / Er weiß um die schwierige Aufgabe meiner Augen / sich sattzuschauen / für die nächsten Jahre.«

Und damals wußte er noch nicht einmal, daß die neue Regierung im Namen Allahs Tausende von Iranern töten würde. Er wäre auch unter den Toten, wäre er geblieben. Wann wird er wieder heimkehren dürfen? Er wird sich erinnern an seine eigenen Verse von 1979; als sich ihm beim Referendum »tausend Hände mit Flugblättern« entgegenstreckten, schrieb er: »Im Exil suchten wir / mit tausend Flugblättern / eine Hand.«

Mein Versuch, zu verstehen, was im Iran vor sich ging und weiter vor sich geht:

Leicht zu verstehen, daß man das Schah-Regime haßte: eine faschistische Diktatur. Der Vater des Schah: ein Kameltreiber, ein Abenteurer, ein Gewalttäter. Der Schah: der bewunderte Herrscher auf dem Pfauenthron, ein Ausbeuter, ein Genießer, der sich die schönsten Mädchen aus Europa einfliegen ließ für eine Liebesnacht [sie fürstlich belohnte], und der Feste aus Tausend-und-einer-Nacht gab, zu denen er Ausländer einlud, die alle brav kamen, sich hoch geehrt fühlten und ihr Wissen verdrängten: daß in den Wüstendörfern die Menschen hungerten und in den Basars der Aufruhr schwelte. Ich habe in der ›Süddeutschen Zeitung‹ vom 18. April 1977 den Ausspruch eines führenden deutschen CDU-Politikers gelesen, Dregger wars, der schrieb: »Der Iran ist eines der stabilsten Länder der freien Welt.« Frei? Der iranische Geheimdienst, der SAVAK, arbeitete in allen Ländern der freien Welt und überwachte, verhaftete, folterte, deportierte alle verdächtigen Exil-Iraner, vor allem Studenten. Er war unbestritten Meister im Erfinden neuer Foltermethoden. Der Ayatollah Taleghani zum Beispiel bekam eine lange Nadel durch den Penis gesteckt, die bis zur Blase reichte, so daß er nie länger als einige Minuten sprechen konnte. Oder: man steckte zerbrochene Flaschen in den After. Oder: man hängte schwere Gewichte an die Hoden. Oder: man ließ Frauen vergewaltigen durch Zoo-Bären, denen man nur Maul und Pfoten gebunden hatte. Das alles ist bezeugt durch das Protokoll des französischen Anwalts Thierry Mignon, der im Auftrag der Kommission für Menschenrechte einem Prozeß in Teheran beiwohnte. Das Dokument wurde 1965 veröffentlicht. An den Foltermethoden im Iran änderte sich nichts. Und es änderte auch nichts daran, daß sich ausländische Regierungen wie die BRD des Savak bedienten und weiter mit dem Schah sympathisierten und ihn bewunderten. Es änderte nichts an der Gleichgültigkeit der Weltöffentlichkeit und an den Leiden des iranischen Volkes. FREI?!

Als der Schah 1977 Berlin besuchte, demonstrierten Tausende von Studenten, iranische, deutsche, ausländische. Aber die deutsche Polizei hatte den Auftrag, notfalls zu schießen. Sie schoß. Sie erschoß den Studenten Ohnesorg. Vergessen . . .

Und stabil!? Wenige Jahre später floh der Schah, seine märchenhaften Juwelen mit sich nehmend. Sein Geld, das Geld seines Volkes, war schon längst in der Schweiz und in den USA in Sicherheit gebracht. Zurück blieb das Chaos. Das zu ordnen, fiel Chomeini zu. Was für eine Aufgabe!

Ein islamischer [schiitischer] Geistlicher, ein Theologe, kein echter erfahrener Politiker, aus dem Exil heimkehrend, Antikommunist, fanatischer Nationalist, wird an die Spitze eines verwahrlosten armen Staates geschoben. Da steht er nun, die Mehrheit des Volks hinter sich, das wohl, aber mit welchem Konzept?

Oberflächlich besehen: alles Westliche, der iranischen Seele Fremde, muß vernichtet werden: der wirtschaftliche und kulturelle Einfluß der USA, die aus dem Westen eingedrungene Unmoral, die Korruption der Gottlosigkeit. Und alle Amerikaner, damit die vom Schah ins Land geholten US-Militärberater, müssen gehen. Iran den Iranern.

Aber welche Idee steht dahinter? Eine sehr große und sehr alte: die Idee vom Gottesstaat. Die Theokratie.

Nicht so, wie viele alt-orientalischen Völker ihre Könige den

Göttern gleichsetzten oder wie die Könige selbst es taten. Eher so, wie die alten Juden, die Staat und Religion gleichsetzten: die Regierungsgewalt geht direkt von Gott aus, Moses erhält die Anweisungen unmittelbar von Gott selbst, die Gesetze [Zehn Gebote] diktiert Gott selbst, Moses schreibt sie nur auf, die staatlichen Gesetze sind zugleich religiöse Gebote, die Übertretung staatlicher Gesetze bedeutet zugleich Sünde. Es gibt nur eine einzige Ordnung, sie ist durchgängig, betrifft alles und jedes, hält alles gleicherweise in Zucht, den Kult, die Ehe, das Essen, die Bestrafung. Der Staat als Abbild der himmlischen, der kosmischen Ordnung, der ewigen Harmonie. Die Führer des Volks werden von Gott direkt berufen, sie sind unantastbar, solange sie Gott gehorchen. Der einzelne weiß genau, was er zu tun und zu lassen hat, da bleibt kein Zweifel, keine Verzweiflung, er ist aufgehoben in der Ordnung.

Auch die katholische Kirche mit ihrer, wie sie sagt, göttlich eingesetzten Binde- und Löse-Gewalt und ihrer Hierarchie von Priestern ist eine Theokratie. Wehe dem Theologen, der mehr Demokratie in der Kirche verlangt! Eine Theokratie ist vom Wesen her undemokratisch. Der einzelne hat zu gehorchen. Von ihm wird das Opfer der intellektuellen Freiheit verlangt. Gott regiert, der Mensch gehorcht, der Führer wie die von ihm Geführten. So gehts allen gut. Das Paradies vor dem Sündenfall. Chomeini meint es ernst. Für seine, für die Idee der Herrschaft Allahs opfert er Tausende lebender Menschen. Auch die katholische Kirche hat ihre Freigeister henken und foltern und verbrennen lassen. Die Liste ist lang. Und die Kreuzzüge gab es auch. Und die Hexenjagden. Und Lehr- und Schreibverbote. Alles im Namen Gottes, im Blick auf die Idee der Theokratie.

Die Idee hatte schon Platon, es hatte sie Augustinus, es gab sie im Mittelalter bei Campanella, jeder Diktator, rechts oder links, ist ein Utopist, ein Träumer vom Gottesstaat, von der lückenlosen Ordnung. Sogar bei Hitler spukten religiöse Vorstellungen ins persönliche Machtkonzept. Und Marx: Kommunismus als Religion.

Unser aller geheimer und offener Wunsch, der Eigenverantwortung enthoben zu sein, einem Kollektiv-Gewissen gehorchen zu dürfen, zu dienen ohne zu denken, aufgehoben zu sein in der Ordnung, nicht so entsetzlich frei zu sein, so fehlbar durchs eigene Gewissen, so scharf gefordert zu einsamen Entscheidungen, so dem Zweifel hingeworfen. Einen Führer wollen wir, einen Papst, einen Guru, einen guten Diktator. Was wir wollen, das ist der Messias, der uns zurückführt ins Paradies, in den Erden-Mutterschoß, in die frühe Kindheit.

Nach jedem kühnen Sprung vorwärts erschrecken wir und treten geduckt den Rückzug an, auf jede Revolution folgt [zunächst] die feige Stille, das mutlose ängstliche Schweigen, das demütige Bekenntnis zu den alten, scheinbar gestürzten Werten.

War, ist Chomeinis Revolution eine Revolution? Sie ist keine, das ist das Unglück Irans. Chomeini, der Reaktionär, der das Rad der Geschichte anhalten will, der denen, die es antreiben wollen, die Hände abhacken läßt, buchstäblich. Allah will es so. Gott will es. Der Schlachtruf der Kreuzfahrer, die auszogen, Araber und Türken zu morden.

Im Koran, dem Evangelium der Moslim, steht, man müsse die Feinde des Glaubens töten. Das tut Chomeini. Sein Gesetz gibt ihm recht. Wie lange noch?

Für mich bedeutet das Nachdenken über die Theokratie eine neue Art von Auseinandersetzung mit dem Begriff der Autorität.

Ost-West-Treffen in Ostberlin. Dezember 1981. Thema Frieden. Was sonst. Teilnehmer: Schriftsteller und Naturwissenschaftler aus der DDR und der BRD.

Das sagt sich so leicht hin. Haben sich doch soeben auch Honecker und Schmidt getroffen. Nun, das ist einfach: bei solchen offiziellen Treffen geht es höflich zu, man schleicht vorsichtig wie die Katze um jeden heißen Brei. Danach ist in der Presse auf beiden Seiten zu lesen: das Gespräch stellte beide Seiten zufrieden, es ging in einer Atmosphäre der gegenseitigen Wertschätzung vor sich, oder wie immer man das umschreibt, was Diplomatie heißt. Ob das bei Schriftstellern auch so sein wird? Wir sind keine Berufspolitiker, wir sind, als Schriftsteller, unsern Emotionen ausgeliefert, wir wollen nicht Schlaftabletten und Wiegenlieder, wir wollen uns »auseinandersetzen«, ein dummes Wort, wir wollen uns ZUSAMMENSETZEN.

Ich war dabei, als 1952 [oder wann war es?] der deutsche PEN-Club zum letztenmal tagte, es war, meine ich, in Wiesbaden. Und da brach der PEN auseinander. Ost und West hatten keine gemeinsame Sprache mehr. Aber der Sinn und Zweck des PEN war von jeher: die Brücke zu sein zwischen Ländern, die politisch gegensätzliche Ideologien und Praktiken haben. Und nun stürzte die Brücke ein. Hier die linientreuen Kommunisten der DDR, hie die Antikommunisten der BRD. Ich trat damals aus dem PEN aus, weil er seine Charta verriet und seinen Sinn aufgab. Johannes R. Becher und ich trennten uns mit Tränen des Zorns und der Trauer über den Verlust einer wichtigen Sache, wir blieben Freunde. Ich hörte später, meine Mitgliedschaft im PEN habe nur »geruht«, ich war also wieder Mitglied ohne besondere Erklärung. Aber ich blieb ein gestörtes und freudloses Mitglied. Mir fehlten die Freunde aus dem Osten: Becher, Heym, Huchel, Hermlin . . . Sie haben nie erfahren, wie ich ihnen die Treue hielt, stillschweigend und in der Hoffnung, eines Tages könnten wir uns wieder ZUSAMMENSETZEN, nachdem wir uns jahrelang AUSEINANDERGESETZT haben.

Und nun diese Einladung Stephan Hermlins. Nicht offiziell. Nur so: Schriftsteller und andere Intellektuelle unter sich. Privat sozusagen. Aber in autoritär geführten Staaten wird nichts Privates geduldet. Also ist unser Treffen der Regierung

der DDR genehm. Sie erwartet für sich Positives: wir sollen uns überzeugen an Ort und Stelle vom Friedenswillen der Ostblockstaaten, damit wir uns, folgerichtig, um so stärker wehren gegen die Überfalls-Absichten der USA. Klar und legitim.
Was aber denken die DDR-Kollegen darüber? Was erhoffen SIE sich von unserm Treffen? Dasselbe wie ihre Regierung? Auf jeden Fall erhoffen sie sich ein vernünftiges Gespräch unter mündigen Staatsbürgern. Vernünftige Gespräche sind KRITISCHE Gespräche, allemal. Das Treffen als Gelegenheit, Kritik anzubringen: am Westen und an der eigenen Regierung.
Wir Westlichen, was erwarten wir? Dasselbe, für uns und für die Östlichen. Kritik an unsern Regierungen. Kritik daran, daß sie uns indoktrinieren. Daß sie uns zwingen (die eine wie die andre), vor tönernen Götzen zu knien: vor den zementierten Feindbildern: hier die bösen aber listigen Sowjets, dort die brutalen bösen USA. Daß sie uns neurotisch machen. Leiden wir nicht beiderseits unter dem Verfolgungswahn? Glauben wir nicht schon fest daran, daß wir nur sicher sind, wenn wir eng zusammengedrückt im Pferch bleiben, vor dem der Wolf lauert? Wohin kämen unsre Regierungen ohne dieses zusammenhaltende Feindbild?
Und nun überspringt auf einmal eine Schar von Schafen und Böcken die Hürde, um sich gegenseitig die Angst vor dem Wolf auszureden. Beim Übergang über die Zonengrenze [S-Bahn] überraschend freundliche, ja herzliche Beamte, die aber eine Art Verzweiflung zeigen. So viele Leute aus dem Westen. Eine Invasion. Was bedeutet das wohl? Gutes, Böses? Eine Änderung hier wie dort?
Wir sind an die hundert Teilnehmer. Das hat Stephan Hermlin nicht erwartet, als er einlud. Ich kann sie nicht aufzählen, nur ein paar nennen: die alten tapfern Kämpen, die Ingeborg Drewitz, der Bernt Engelmann, der Dieter Lattmann, der Heinar Kipphardt, der Günter Grass [Böll ist zu krank, um zu

kommen], der Erich Fried, der Robert Jungk. Und von drüben die Christa Wolf, der Stephan Heym, der Alexander Abusch, der Strittmatter, der Heinz Kamnitzer, der Hermann Kant. Und die von der Traufe in den Regen Gekommenen: der Jurek Becker, zum Beispiel. Der Reiner Kunze nicht, die Sarah Kirsch nicht, der Rudolf Bahro natürlich nicht, Havemann nicht. Interessant der sowjetische Teilnehmer, einer von vieren – drei Schriftsteller, ein Wissenschaftler –, der nostalgisch anklagend betont, es seien die Sowjets gewesen, die am meisten Opfer gebracht haben für die Befreiung Deutschlands und die Beendigung des Zweiten Weltkriegs. Womit er recht hat. Er will das honoriert haben vom Westen. Interessant natürlich der Physiker Fuchs, der berühmte Atomspion, aber er erntet wenig Applaus mit seiner Aufrechnung: die USA hat sound soviele Nuklearwaffen, die Sowjetunion nur sound soviele . . . Uns helfen derlei Aufrechnungen nichts: ob wir unter drei oder dreihundert Atombomben sterben, was machts aus? Was wir wollen, ist Frieden, keinen noch so begrenzten Krieg. Wir wollen nicht einmal Siege, denn was hätte der Sieger vom Sieg, und was hätten die Überlebenden den Toten voraus auf einer atomverseuchten Erde? Einer von uns spricht es aus: Ich habe nicht Angst vor dem Sterben, sondern vor dem Überleben.

Wirklich: was denken sich die Kriegshetzer eigentlich [es gibt für sie EINEN Namen]. Was springt für den heraus, der als erster losschlägt und seinen Siegerstiefel auf zwei atomverseuchte Kontinente setzt?

Krieg ist, so stellen wir [und nicht als erste] einhellig fest, heute kein Mittel mehr zur Durchsetzung politischer Absichten. Krieg ist Tod, weiter nichts. Die Rolle der Gewalt ist verändert: mit ihr beginnt nichts Neues mehr, mit ihr endet ALLES.

Hier taucht eine Frage auf, die Zündstoff enthält: Einer aus dem Westen sagt: Wir machen große Demonstrationen für den Frieden. Warum nicht auch ihr?

Es wird leidenschaftlich korrigiert: Auch hier in der DDR gibt es große Demonstrationen für den Frieden. Aber wir brauchen sie nicht GEGEN unsre Regierung zu machen, wir machen sie MIT ihr zusammen. Unsre Regierung ist gegen den Krieg.
Die unsre auch.
Warum demonstriert ihr dann?
Wir sind gegen die Stationierung der Nuklearwaffen, die eure Regierung will, wollen MUSS, weil die USA es so will. Hier hätte ich gerne gesagt: Seht ihr nicht und gebt ihr nicht zu, daß wir in der nämlichen Lage sind? Daß wir und ihr mit unserm lieben Friedenswillen einfach überrollt werden können, wenn es unsre großen Stiefbrüder wollen?
Günter Grass, geborener Danziger, zutiefst verstört vom polnischen Unglück, von dem wir eben an diesem Morgen, dem 13. Dezember 1981, gehört haben, kann nicht umhin, davon zu reden. Aber sieht er nicht, wie verstört ALLE sind? Freut sich die DDR etwa? Kann man nicht sagen, die Sowjets liefern nicht eben jetzt den Beweis, daß sie so eine Lage nicht [nicht mehr nach Afghanistan] ausnützen wollen? Daß sie um jeden Preis Frieden wollen?!
Weil sie Angst haben, flüstert jemand in meiner Nähe. Als ob die USA nicht auch Angst hätten! Als ob sie nicht die große Drohgeste ausführten, wie jedes Tier, das Angst hat! Als ob die Angst etwas Schädliches wäre! Als ob erniedrigend wäre, das Überleben dem Heldentod vorzuziehen! Christa Wolf sagt: Krieg war immer Männertat, Männer-Untat. Wir Frauen wurden nie gefragt.
Warum spricht niemand von jenen Frauen, die durchaus in die Bundeswehr wollen, gleichberechtigt zum Töten wie die Männer? Ich habe mich an diesem Tag selbst zum Schweigen verurteilt. Ich will HÖREN, nicht reden. Auch hat mir das polnische Unglück die Stimme verschlagen. Ich möchte jetzt auch nicht gern Parteigänger sein, weder für den Westen noch für den Osten.
Jetzt sagt ein junger Mann [ich vergaß, wer es war, ich vergaß

sogar, ob er aus dem Osten oder aus dem Westen war]: »Was wir hier machen, das kommt mir vor wie ein Kinderkreuzzug.« Mir auch. Wir machen uns auf, um unsern Kontinent, unsre Erde zu retten. Wir Ohnmächtigen, wir reinen Toren. Als ob ein Pentagon, ein Reagan, ein Politbüro auf uns hören würde . . .

Heinz Kamnitzer [DDR] spricht vom schwächenden Pessimismus. Robert Jungk [BRD] fordert uns auf, Mut zur Phantasie zu haben. Bernt Engelmann sagt: »Für Utopien fühlen WIR [Schriftsteller] uns zuständig.«

Phantasie, Utopie, Mut: wenn das nicht Wörter sind, die zum Kinderkreuzzug passen. Wird unsrer Lage nicht doch ein andres Vokabular gerecht, das des Atomphysikers Fuchs, der da aufrechnet, wieviel Bomben mit wieviel Sprengköpfen und wieviel Kilometer Reichweite die USA im Vergleich zu den Sowjets haben? Wir Träumer vom Frieden. Der Boden der Bundesrepublik ist ein einziges unterirdisches Nuklearwaffenlager. Wir sitzen ganz buchstäblich auf dem Pulverfaß und phantasieren von Blumen und Tauben und einer Zukunft, die es nicht mehr gibt.

Ich versuche, mich auf die Seite der harten Realisten zu schlagen. Ich gebe allenfalls zu, daß wir eine ehrenvolle Rolle übernehmen: die der kindlichen Märtyrer für eine hohe ethische Sache, dieselbe Rolle, die während der Hitlerzeit die Geschwister Scholl, der Professor Huber, der Alexander Schmorell übernommen haben. Sie hielten den Faschismus nicht auf. Sie wurden ermordet von dem Staat, den sie retten wollten.

Immerhin: diese Art von Taten werden im Buch des Geistes eingetragen. »So lobt dich DIESE, mich die ANDRE Welt«, sagt Antigonae zu ihrer vernünftigen, staatstreuen Schwester Ismene.

Aber sind wir tatsächlich so machtlos? Haben wir in der BRD nicht unsre Regierung zumindest verunsichert durch unsre Proteste? Gingen nicht alle großen Revolutionen vom WORT aus, und ist das WORT nicht gerade das, worüber wir verfügen? Und bedeutet es nichts, wenn Hermann Kant [DDR] in dieser Versammlung davon sprechen kann, daß es »Befugnisinhaber gebe, die es nervös macht, daß wir uns hier versammeln«? Er sagt: »Wenn man mir verbieten würde, hierher zu gehen, würde ich fragen: Wohin soll ich gehen?« Ich überlege, wie es wäre, wenn alle nach dem Plakat handelten, auf dem steht: »Stell die vor, die machen Krieg, und wir gehen nicht hin.« Warum nicht so? Mir fallen auch die Frauen in der alten griechischen Komödie ›Lysistrata‹ des Aristophanes ein: eine Stadt ist im Krieg belagert, die Situation ist heillos, da kommt eine Abordnung von Frauen aus der Stadt zum Feind und bittet, die Stadt frei verlassen zu dürfen, wobei jede nur das, was ihr das Liebste sei, auf dem Rücken hinaustragen wolle. Es wird erlaubt. Sicher haben die Feindmänner darüber gelächelt und gefeixt. Aber was die Frauen da aus der Stadt schleppen, das sind ihre Männer, und damit ist der Krieg aus. Während ich also zuhöre für eineinhalb Tage und einige Nachtstunden, fühle ich, daß wir, ungeachtet der Verschiedenheit der Ideologien, in denen wir nun einmal aufwuchsen, zu Partnern werden. Natürlich wurden scharfe Kontroversen vermieden, obwohl sie sich bisweilen anboten. Jurek Becker [Dissident] zum Beispiel wurde aggressiv, entschuldigte sich aber nachher öffentlich, und das war schön, und nicht bloß diplomatisch. Die Verschiedenheiten wurden nicht harmonisiert, sie blieben offen, aber wir hatten und haben in diesem historischen Augenblick einfach Wichtigeres zu tun als über Ideologien zu streiten. Wenn das Haus brennt, streitet man nicht über Zuständigkeiten. Man rettet.

Während der politischen Statements, die da jeder abgibt, vorbereitet meist, wird mir ein Gedanke fast zur Obsession. Wenn ich jetzt aufstünde und sagte: »Ihr Freunde aus der DDR, macht ihr mit, wenn wir anfangen, die Mauer niederzureißen? Machen wir doch ein großes, ein ganz unerhörtes Friedensfest auf den Trümmern der Mauer! Das wäre der augenfällige, in aller Welt ungeheuer wirksame Beweis für unsern Friedenswillen!«

Natürlich sage ich das nicht. Aber warum eigentlich nicht? Wenn doch »Phantasie« verlangt wird von uns, und wenn doch Utopien schöpferisch sind?

Beim Nachlesen in den Notizen, die ich mir gemacht habe während des Treffens, finde ich einen Satz, der zu wichtig ist, um vergessen zu werden. Ich weiß nicht, wer ihn sagte: »Es hilft nicht, daß ICH weiß, daß ich den andern nicht angreife, wenn der andre sich bedroht FÜHLT.«

In diesem Zusammenhang, meine ich, sprach Heinar Kipphardt vom »Verfolgungswahn«.

Silvester 1981. Kein Rückblick auf dieses Jahr. Es tut weh, mich zu erinnern. Ein Un-Jahr. Ein finsteres Loch in meinem Leben. Wie das, kann man fragen, an den Erfolg des ›Wolf‹ denkend, an die Geburtstagsfeiern, an die Flut der schönen Leserbriefe, an die beiden höchst interessanten Ostasienreisen . . . Und das ein finsteres Loch? So ist es: ein Loch und finster. Zehn Monate Depression. Kein Mittel dagegen. Wollte auch keines. Wollte es einfach so durchstehen. Ich sehe mich durch einen Dschungel stapfen, allein und ohne Richtung. Erbe meines Vaters: Depressionen. Jeder Tag neue Anstrengung. [Wie gut ich alle Depressiven verstehe!] Und noch kein Absehen. Ich gehe durch den Garten, ein milder Abend, Winter, aber es ist nicht Winter. Ich gehe zu der großen Pinie, die der erste Baum ist, den ich auf meinem Grundstück pflanzte. Sie hat etwas Mütterliches. Ich lehne mich an ihren Stamm, er ist schuppig rauh. Hilf mir du, sage ich zu dem Baum. Er hat etwas so Ehrliches. Er schläft noch. Oder doch nicht? Beginnt nicht der Saft aufzusteigen im Stamm? Wie ist es mit den andern Pflanzen? Die Mimosen: haben sie nicht schon einen hellen Schimmer, geht der goldenen Blüte nicht schon eine Ahnung voraus? Und die frühblühenden Magnolien, haben sie nicht schon größere Knospen als vorige Woche? Und die Feigenbäume: da ist auch schon etwas im Gange, winzige Hände strecken sich aus dem Holz. Überall ist etwas in stiller Bewegung. Ich knie mich auf den Boden und lege mein Ohr auf die Erde: rührt es sich nicht da unten? Aber sicher! Und was ist das? Ein Veilchen! Und dort die Spitze einer Hyazinthe. Geht das Leben weiter? Wirklich? Werde ich weiterleben? Werde ich eines Tages aufwachen und fühlen: ich LEBE ja! Wird es wirklich einmal wieder Frühling? Wieder einmal? Wie oft noch für mich? Zehnmal? Schon kann ich meine Jahre abschätzen, abzählen, an den Fingern vielleicht. Liebe Mutter Pinie, du wirst mich überleben, alle hier werden mich überleben. Und wo werde ich sein? Werde ich den Lebenswinter überstehen?

1982

Gewissensforschung. Ein italienischer Universitätsprofessor, G. B. Amidei, schreibt in einer Zeitschrift über die Brigate Rosse. Eine Umfrage unter Jugendlichen habe ergeben, daß mindestens zwanzig von hundert stille Sympathisanten der BR sind, und zwar mit der Begründung, sie seien überzeugt, daß die BR für eine bessere Gesellschaft kämpfe. Sie finden also die bestehende Gesellschaft schlecht. Amidei fragt: Woher kommt die Galle in ihren Worten, woher das Gift in ihren Herzen? Wer hat da schuld, woher kommt die große, die unüberbrückbare Kluft zwischen den Generationen unsrer Zeit? Kommt sie nicht daher, daß die Brigate Rosse die Reaktion sind auf die Brigate Grasse*, die Summe der Korruption, der Dunkelkräfte, der Skandale, der sozialen Ungerechtigkeiten, des Rüstungswahnsinns? Ist denn für junge Menschen diese unsre Gesellschaft gut, die die Massenvernichtung vorbereitet? Ist der Pessimismus, das tiefe Mißtrauen der Jugend in diese Wahnsinnsgesellschaft nicht verständlich? Hört man denn auf sie, wenn sie protestiert? Schießt man nicht auf Demonstranten, auch wenn sie gewaltlos etwa ein Kernkraftwerk verhindern wollen? Hört man denn auf die Friedensdemonstranten? Schilt man sie nicht Kriminelle?
Zwölf Jahre, schreibt der Professor, habe ich junge Menschen vor mir gehabt und habe sie in Philosophie unterrichtet. Was eigentlich habe ich in ihnen bewirkt außer Groll? Was nützt eigentlich die Presse mit allen guten Artikeln über den Frieden? Muß die Ohnmacht, zu der die Jugend verdammt wird, nicht explodieren in Gewalt, wenn anders sich nichts bewegt? Alles was wir reden und schreiben, bewirkt nichts, ändert nichts an dieser Gesellschaft. Wie soll sie sich wandeln?

* Brigate Grasse: Fette Brigaden.

Könnte sie sich nicht wandeln, wenn wir unser gegenseitiges Mißtrauen aufgäben, das Mißtrauen zwischen Vätern und Söhnen, zwischen Gesellschaft und Macht, zwischen denen, die schreiben und denen, die lesen, denen, die lehren und denen, die lernen sollen? Aber dazu ist nötig, daß erst einmal begriffen wird, woher der Terrorismus kommt und was mit ihm erreicht werden soll für die Zukunft. Dies die Worte einer Einsichtigen.

Die Kunst und das Gute. Premiere im Münchner Marstalltheater. Zwei Kurz-Opern von Kagel. Eigentlich eine Mischung von Sprechtheater, Kabarett und Oper oder Operette. Eine unbehagliche Art von Kunst. Aber Kunst muß nicht behaglich sein. Auch der Raum, in dem gespielt wird, ist unbehaglich: klein, sehr hoch, aus unverputzten roten Backsteinen, eine Art Fabriksaal. Erinnerung an die ersten Nachkriegsjahre: da spielte man Theater, wo es nur eben Raum dazu gab, in Kellern und auf Speichern zwischen Ruinen. Eine der allerersten Dichterlesungen damals war die von Ilse Aichinger und mir in einem ganz nackten Speicher in Darmstadt auf eiskaltem Zementboden. Die Nacktheit eines Theaterraums ist von vornherein eine Herausforderung: hier wird nicht Kunst zum Genuß dargeboten, hier wird etwas zur Diskussion gestellt, hier muß mitgedacht und mitgelitten werden. Warum kam ich nicht dazu, mitzuleiden, obgleich die Stoffe dazu angetan waren, mich zu treffen? Das erste Stück: ein Conférencier kündigt eine Chansonette an, die aber nicht kommt. Schließlich verkleidet er sich in diese Frau und singt, als Frau, während ein Pianist wie ein Roboter immerfort spielt. Für den Komponisten ein Anlaß zu äußerst raffinierten winzigen Veränderungen innerhalb der scheinbar eintönigen Musik. Das wohl, das konnte man bewundern, auch eine tolle schauspielerische Leistung von Benrath, der den Transvestiten spielte und sang, gekleidet und geschminkt wie eine alternde

Hure, schrecklich dann, als er Schmuck und Perücke abwarf. Aber das als Schreckliches gedachte Ganze wirkte schließlich doch nur peinlich. Die Idee des vergeblichen Wartens, die hat uns Beckett ein für alle Male vorgedichtet. Und das Absurde hat Ionesco erfunden. Das zweite Stück ist politisch: ein Diktator hält einen Monolog in irrwitzigen Wortspielen, wobei jeder Satz ins Gegenteil umschlägt. Die Absicht Kagels ist deutlich und wird um so deutlicher, als er den Part des Volks dem Tonband gibt: der Diktator drückt auf die Taste, wenn er Beifall braucht, und drückt wieder, wenn er Ruhe will.

Die Manipulation des Volks funktioniert bis zu einem gewissen Augenblick: das Bandgerät gehorcht nicht mehr, kein Beifall kommt mehr, der Diktator wird nicht mehr gehört. Eine Menge politischer Anspielungen, viel Zündstoff, aber warum packt es nicht? Wahrscheinlich, weil es um einen Grad zu artifiziell ist. Es scheint eine haarscharfe Grenze zu geben, jenseits derer das künstlerisch Perfekte so kalt wird, daß der Zuschauer und Zuhörer nicht mehr betroffen wird. Einsicht: was uns an einem Menschen rührt, was Liebe weckt, ist sein schwacher Punkt. Ein großes Kunstwerk muß irgendwo eine Schwäche haben, wenn es uns anrühren soll. Das Glatte geht uns nichts an.

Noch jetzt, einige Wochen nach jenem Theaterabend, beschäftigt mich diese Frage in Variationen, zum Beispiel: ist der Wunsch des sogenannten »breiten Publikums« nach dem »Positiven« in der Kunst nicht doch berechtigt? Müssen wir denn immer und immer das Böse, das Trübe, das entsetzlich Triste dargestellt sehen? Muß die Kunst der Spiegel der Zeit sein, die aus den Fugen ist? Gibt es denn zwischen diesen Fugen nicht das Schöne? Wenn die Kunst der Spiegel unsrer Zeit ist, muß sie dann nicht auch das Gute widerspiegeln? Muß die Kunst nicht, wenn sie die Welt widerspiegeln soll, um der Wahrheit willen auch die Lichtseite darstellen? Muß sie nicht beides jeweils in einem Werk zeigen? Haben nicht die Märchen recht, die den Bösewicht neben den reinen Toren stellen? Auch Shakespeare läßt zwischen seinen Ungeheuern Raum für die Guten. Bewirken eigentlich solche Stücke wie das von Kagel oder Stücke von Sartre irgend etwas im Zuschauer? Geschieht da wirklich ein entsetztes Erkennen: Das bin ICH in meiner Bosheit? Geschieht eine Katharsis? Geschieht sie nicht vielmehr dadurch, daß wir uns in BEIDEM erkennen, im Dunkeln wie im Hellen? Ich weigere mich, einzustimmen in das Wolfsgeheul vom bösen Menschen.

Auf mich wirkt die Darstellung der Lichtseite viel tiefer, freilich nur dann, wenn eine Lichtgestalt vor einem dunkeln Hintergrund steht, und wenn das »Gute« aus der Spannung zum »Bösen« kommt. Es ist künstlerisch, in der Literatur, viel leichter, viel viel wirksamer, den »bösen« Menschen darzustellen als den »guten«. Das nämlich führt haarscharf an den Kitsch heran oder direkt in ihn hinein. Es gibt das unglaubhaft Böse und das unglaubhaft Gute. Was gezeigt werden kann, das ist die Spannung. Gezeigt werden kann die MÖGLICHKEIT des Menschen zur Größe. Das Große, das dem Niedrigen abgerungen wird. Selbst der Lichtgott Christus wird uns [mir] glaubhaft nur dadurch, daß er versuchbar und im äußersten Leiden schwach war. Der echte Held ist Held, weil er die Finsternis in sich überwindet, aber DA muß sie sein, die Finsternis.

Mir fällt ein Satz ein, der von einem sonst vergessenen Schriftsteller kommt, Alexander Herzen: »Wir sind nicht die Ärzte, wir sind der Schmerz.«

Selbstmorde. Januar 82. Vor Jahren hat man vom Massenselbstmord der Lemminge gesprochen, dieser rattenartigen Tiere, die sich in Scharen ins Meer stürzten, das durchaus nicht ihr Element ist. Man fand keine Ursache.

Jetzt schwimmen Hunderte von Robben in Japan an Land, das nicht ihr Element ist. Die Japaner, die große schlimme Robbenfänger waren, treiben, ja tragen jetzt die Robben von der Küste zurück ins Meer. Vergeblich: sie schwimmen eigensinnig an Land, um dort zu sterben. Der Vergleich mit uns Menschen drängt sich auf. WOLLEN wir den Massenselbstmord durch die Nuklearwaffen? Wollen wir keine Rettung mehr? Ist die Zeit, die unsre Gattung zur Verfügung hatte, abgelaufen? Sind wir zwangsläufig Todes-Süchtige?

Aberglaube. Eben, bei Arbeitsbeginn, finde ich auf den Manuskriptblättern ein Marienkäferchen. Glückskäfer, Glücksbote. Ich biete ihm ein abgefallenes Rosenblatt an. Es zieht mein Papierblatt vor. Ich bin süchtig nach Zeichen. Ich brauche sie. Kleine Brösel vom Brot der Hoffnung. In Notzeiten nährt man sich davon.
Nach einer Arbeitspause sehe ich das Marienkäferchen auf meiner Schreibmaschine. Auch recht. Aber wie soll ich jetzt schreiben, da es sich entschlossen hat, sich im Innern der Maschine einzurichten? Ich versuche es herauszufischen, aber es verschwindet. Wenn ich nun schriebe, würde ich es vielleicht zerquetschen. Zwei Stunden verbringe ich mit der Suche. Dabei wird meine Schreibmaschine gereinigt, das hat sie nötig. Aber kein Marienkäferchen. Jetzt endlich wage ich es, weiterzuschreiben. Wenn ich morgen ein totes Käferchen fände . . . Ich bin zutiefst abergläubisch. Man kanns auch anders nennen.

Ungewöhnlicher Fernsehfilm. Ich sah den Anfang nicht und weiß weder Titel noch Regisseur noch Autor. Ich kam mitten in die Szene, die sicher ziemlich am Anfang lag. Eine Operation war zu Ende, sie war insoweit gelungen, als der Patient lebte. Der Klinikchef sagt zu dem Chirurgen: »Ein großes Glück für die Klinik, diese geglückte Operation.« Der Chirurg sagt: »Hoffen wir, daß es auch für den Patienten ein

Glück ist.« An die beiden Sätze erinnerte ich mich nach dem Ende des Films.
Es war eine Kopf-Operation, der Patient, ein Mann von dreißig Jahren, hatte ein schweres Trauma. Er war, wie sich zeigte, durch den Unfall oder vielleicht durch die Operation auf den Entwicklungsstand eines Neugeborenen zurückgeworfen. Er erwachte aus der Narkose mit dem Wimmern und dem Unlustgeschrei eines Neugeborenen. Im Lauf des Films kam mir der Verdacht, die Operation sei ein gewagtes Experiment: Der Klinikchef wollte zwar keinen Homunculus schaffen, aber einen schon lebenden Menschen so programmieren, daß er eine tabula rasa war, den man zum Mustermenschen, zum gut funktionierenden Bürger machen konnte. Er hatte einen Erziehungsplan zurechtgemacht, in dem alles streng geregelt war. An Stelle eines Vaters hat das dreißigjährige Kind den Klinikchef, an Stelle der Mutter [des weiblich fühlenden, verständnisvollen Partners] den Chirurgen. Unter der Leitung der beiden lernt der Patient nach und nach Gegenstände erkennen und ergreifen, er lernt sich aufrichten, kriechen, gehen, er lernt das alles im Zeitraffer, er kommt rasch ins Trotzalter, wirft dem »Vater« das aufgezwungene Essen ins Gesicht, kommt ins Schulalter, muß lernen, lernen, lernen, lebt im geschlossenen Raum, ist überbehütet, darf nicht Kind sein, hat keine Zeit zum Spielen, weil der ehrgeizige Klinikchef, der Vater, der Planer, das Pensum möglichst rasch durchpauken will. Alles scheint nach seinem Plan zu gehen, bis plötzlich der Stillstand eintritt, der bald zum Rückfall in die frühe Kindheit führt. Der Chirurg, der Mutter-Ersatz, findet die Ursache: das »Kind« darf nicht spielen. Es stand unter zu hohem Leistungsdruck. Der Chirurg läßt eines Tages absichtlich die sonst immer verschlossene Tür offen, das »Kind« entwischt und erlebt zum ersten Mal selig die Freiheit und das zweckfreie Tun, das Spiel. Schließlich will es, da es genug gespielt hat, in die Klinik zurückkehren, aber inzwischen wurde es vermißt, und der Chef hat eine ganze Meute von Weißkitteln nach ihm ausgeschickt. Sie nehmen es

fest und bringen es mit Gewalt zurück. Natürlich igelt sich das »Kind« in Abwehr und Aggressionen ein. Er greift seinen Wärter an, verwundet ihn und flieht. Dieses Mal gelingt die Flucht. Niemand findet den Verschwundenen. Der erlebt nun Abenteuer, wie sie eben pubertäre Ausbrecher erleben. Da er nie selbständig war, auch nie mit Geld umgehen lernte, kommt er in schlimme Situationen, man hält ihn für einen Dieb, sogar für einen Mörder, da er steckbrieflich gesucht wird. Er verkriecht sich schließlich in eine alte Scheune. Dort wird er aufgespürt. Man fürchtet ihn. Ein riesiges Aufgebot an Polizei lauert vor der Scheune, als sei er der schlimmste Terrorist. Schließlich kommt der Chirurg und wagt es, einzutreten. Er bringt das »Kind« dazu, mit ihm aus der Scheune zu gehen. Aber in dem Augenblick, in dem es die Menge der Polizisten mit Waffen und Hunden sieht, bricht seine Aggression wieder aus und wendet sich gegen den Nächstbesten, der unglücklicherweise sein mütterlicher Freund ist. Er sticht mit einer Heugabel nach ihm, verwundet ihn und bricht selbst verzweifelt zusammen. Man kann ihn jetzt abführen. Im Krankenwagen ergreift er die ihm gebotene Hand eines verständnisvollen Wärters oder Arztes. Man atmet auf. Vielleicht ist der Mensch, der als Ausbrecher in der Phase der Pubertät steht, nun fähig, sich zum Erwachsenen zu entwickeln. Und vermutlich oder hoffentlich hat der Chefplaner gelernt, daß Mangel an Freiheit, Leistungsdruck, Überbehütung den jungen Menschen in die Psychose und in die Kriminalität treiben.
Ein Lehrfilm, man merkt es erst nach und nach. Er wirkt schockierend. Er wirkt stärker als es jedes Buch über die Fehler der Erziehung durch ehrgeizige Väter und die Leistungsgesellschaft könnte.

Schlimme politische Manipulation. Eine deutsche Schülerin schickt mir ein gelbes Flugblatt. Überschrift: »Die

planmäßige Schrumpfung und Überfremdung der Deutschen«. Das Mädchen schreibt mir dazu voller Entsetzen: Ist es wieder so weit, wie es 1933 war?
Der Verfasser des Blättchens stellt eine Rechnung auf und meint, sie stimme: bei dem gegenwärtigen Geburtenrückgang werde Deutschland im Jahr 2070 nur mehr 20 Millionen Einwohner haben, wovon 10 Millionen Ausländer seien.
Nun und? Werden bis dahin die heutigen Ausländer noch Ausländer sein? Waren wir nicht alle einmal Ausländer? Wie kams denn beispielsweise zur Bildung einer bayerischen Bevölkerung? Wer kam da alles aus dem Ausland? Fragen Sie jetzt noch, ob da wer aus Böhmen kam oder aus Franken oder aus Italien? Lauter Ausländer. Woher stammt der Verfasser selbst? Der Lauf der Geschichte bringt allüberall die großen Völkermischungen. Hat nicht gerade Herr Hitler, dessen Ansichten sie recht gut kennen und wiederholen, dafür gesorgt, daß Ausländer ins Land kamen: Flüchtlinge mit »fremdem Blut«, Slawen aus Schlesien zum Beispiel? Der Verfasser schreibt: »Jeder Mensch bedarf zu seiner geistig-seelischen Gesunderhaltung einer artverwandten Menschengruppe [was ist »artverwandt«? Alle Menschen sind artverwandt!], die durch Gemeinsamkeit von Abstammung, Lebensraum und Schicksal zum Volk geworden sind.« Schon, vielleicht stimmt das. Aber der Schreiber tut so, als handle es sich um unveränderliche Zustände. Als bliebe ein Volk immer genau so, wie es zu einem bestimmten historischen Zeitpunkt ist. Wann setzt er diesen Zeitpunkt an? 1938 etwa? Er schreibt: »Eine Mischung verschieden veranlagter Völker führt zur Entwurzelung und Heimatlosigkeit und schließlich zum kulturellen Verfall.« Wie stehts damit im alten Germanien? Hat nicht gerade die Vermischung mit Franken und Kelten und Römern und so fort die deutsche Kultur zu ihrer Höhe gebracht? Und wie stehts mit den USA? Wie viele Völker, Rassen, Kulturen haben sich da gemischt: Und sind die

USA verfallen? Und die Sowjetunion: Wie viele Mischungen!
Was am Nationalsozialismus so unerträglich ist, das ist seine Unwissenheit, echt oder gespielt und demagogisch benutzt. Da gibt es einen sturen blinden Glauben an etwas, das gar nicht stimmt. Diese Leute verstehen nicht, daß das Rad der Geschichte nicht zurückzudrehen ist, man kann es allenfalls gewaltsam aufhalten für eine kurze Zeit. Überlebtes, von der Geschichte Überholtes kann man nicht wieder lebendig machen.
Dieser Herr macht seine Sache geschickt: er appelliert an das Volksgewissen, das die Rückführung der Ausländer wünscht, weil [angeblich] die Ausländer in der BRD nie integriert würden, sich immer zweitrangig fühlen, heimatlos und elend blieben, und so fort.
Weiß dieser Herr nicht, daß wir die Gastarbeiter brauchen, weil die Deutschen »niedere Arbeiten« zu verrichten sich weigern? Doch, das weiß er, und hier hat er recht: die Deutschen müssen wieder selbst arbeiten, und keine Arbeit darf als niedrig angesehen werden. Gut. Aber was tun die Ausländer in ihrem eigenen Land, wo es keine Arbeit gibt? Das geht Herrn Otter nichts an, dafür mögen die Heimatländer sorgen. Wenn die aber nicht können? Geht uns nichts an. Was für ein erschreckender nationaler Egoismus!
Und zuletzt die naheliegende Empfehlung an die deutsche Frau: sie muß wieder mehr Kinder kriegen und im Haus bleiben. [Das Mutterkreuz muß wieder eingeführt werden. Das sagt der Herr nicht, aber das meint er wohl.]
Das Schlimme an so einem Blättchen ist, daß Richtiges mit Falschem gemischt ist, und daß das Falsche so gesagt ist, daß es dem deutschen Durchschnittsbürger schmeckt. Er schluckt es unbesehen, ohne zu merken, daß er das Gift des Faschismus schluckt.

Zweierlei Maß. Ein Leser schickt mir einen fiktiven Dialog mit einem Kardinal der katholischen Kirche. Er stellt ihm die Frage, warum der Papst nicht alle jene Menschen und Staaten, die sich passiv wie aktiv in irgendeiner Form dem Kriegsdienst zuwenden, exkommuniziere. Wirklich: warum nicht? Würde es keine Wirkung haben, wenn plötzlich kein Soldat, kein Rüstungsfabrikant, kein Nato-Angehöriger mehr die Kirche betreten, zu den Sakramenten gehen, kirchlich heiraten, kirchlich beerdigt werden dürfte? Wenn in Staaten mit Kernwaffen keine Kirchentür mehr sich öffnen würde, keine Kirchenglocke mehr läuten dürfte?
Pius XII. hat jedes Mitglied der kommunistischen Partei exkommuniziert. Derlei ist also möglich. Warum geschieht es nicht heute? Ehepaare, die als Geschiedene sich wieder verheiraten, dürfen nicht zu den Sakramenten gehen. Das ist also ein Grund zu einer Form von Kirchenbann, von der Kirche her gesehen eine schwere Strafe: wer nicht zu den Sakramenten gehen darf, der ist aus der Gemeinschaft der Kirche ausgeschlossen und wird von ihr sozusagen nicht mehr ernährt: das rettende Brot der Eucharistie wird ihm versagt. Eine Art Dritte Welt entsteht. Aber alle, die den Krieg planen, die Bomben bauen und versuchsweise explodieren lassen, die unsre Atemluft vergiften, also die Massenmörder, die Kindermörder, die dürfen in der Kirche sein, die dürfen zu den Sakramenten gehen, die sind gute Söhne der Kirche Jesu . . .

Januar 1982. Said schickt mir die Nachricht vom Tod des iranischen Schriftsteller-Politikers Paknejad. Er wurde Anfang Januar hingerichtet. Einer von den Fünftausenden, die in den letzten sechs Monaten im Iran hingerichtet wurden durch Chomeini.
Derlei liest man in Zeitungen, hört man im Rundfunk, sieht man im Fernsehen. Man gewöhnt sich an solche Nachrichten. Es ist anders, sehr anders, wenn man einen solchen Menschen

gekannt hat. Wir, Said und ich, kannten ihn. Wir waren bei ihm im März 1979. Er gab uns Informationen über die DNF, die Demokratische Nationalfront, die er mitbegründet hatte. »Fast achtzehn Jahre war ich nicht mehr daheim bei meiner Familie, und jetzt, wo ich dachte, heimfahren zu können . . .« Er war 1953 unter dem Schah-Regime zum ersten Mal verhaftet worden und wurde, nach einigen kurzen Freilassungen, immer wieder eingesperrt, gefoltert auch. Er war ein Linker, der Verbindung hatte zu Arafat. Er wollte den Sturz des Schah, er wollte den Sozialismus. Dafür wurde er 1971 schließlich zum Tode verurteilt. Er stand bereits an der Mauer, die Augen verbunden, er hörte den Schießbefehl, aber nicht die Schüsse, denn es war ein Theatercoup: der Schah hatte so viele Interventionen aus dem Ausland bekommen, daß er die Ermordung nicht wagte. Paknejad blieb im Kerker, bis ihn, nach dem Sturz des Schah, das Volk befreite und auf den Schultern heraustrug und bejubelte. Das war im Januar. Man sah ihm die vergangenen Leiden an. Er ahnte schon die künftigen: er, der Chomeini [wenn auch nur in zwangsläufiger Folge des Schah-Sturzes] zum Sieg verholfen hat, wird von Chomeini jetzt verfolgt als ein Linksradikaler. Einige Monate nach unserm Besuch wurde er verhaftet, da er Pressefreiheit forderte. Wieder eine Freilassung. Und dann die plötzliche Ermordung. Er war einer der je fünfzig, die man täglich wahllos aus den Gefängnissen holt und hinrichtet. Und die Welt schreit nicht auf. Als Hitler die Juden ermordete, glaubte man es nicht. Es überstieg die Vorstellungskraft normaler Leute. Erst wenn so ein Opfer einen Menschennamen hat, wenn das Anonyme ein Menschenantlitz hat, begreift man das Entsetzliche.

Aus einer Politiker-Debatte in Italien zum Terrorismus. Februar 1982. Gescheite Sätze fielen da. Einer sagt: Wir tun so, als sei der Terrorismus ein Bazillus, der von außen her den gesamten Organismus anfällt. Aber der Bazillus wirkt nur, weil der Körper schon krank ist. Wie krank der Organismus ist, sehen wir daran, daß der Terrorismus sich seit zwanzig Jahren immer mehr ausbreitet, immer mehr Sympathisanten findet, international, obwohl man immer mehr Personen einsperrt. Als ob man damit das Phänomen der tiefen Unzufriedenheit mit dem Bestehenden ausrotten könnte. Im Gegenteil: die Gefängnisse sind die Schulen der Terroristen, der schwarzen wie der roten. Man sperrt Kriminelle ein, Diebe etwa. Im Gefängnis werden sie von den politischen Terroristen aufgeklärt über gesellschaftliche Mißstände und die Methoden zu ihrer Beseitigung. Sie verlassen das Gefängnis als Terroristen.

Ein andrer Diskussionspartner sagt: Schuld am Terrorismus ist der Umstand, daß die linken Parteien nicht fähig sind, der Jugend eine Alternative zum bestehenden politischen System zu geben. Statt dessen streiten die linken Partien unter sich und verunsichern die gutwillige Jugend, aus der sie neue Impulse bekommen könnten. Schuld ist der Staat, der unfähig ist, die von der Jugend eingebrachten neuen Ideen aufzunehmen.

Ein andrer: Eine Reihe junger Leute werden rote Terroristen [Brigate Rosse] aus Opposition zum schwarzen [faschistischen] Terror, der aus Frankreich kommt und erschreckend zunimmt [auch in der BRD], und der zu lange unbeachtet und unbekämpft arbeiten konnte.

Ein anderer sagt: Muß es uns nicht zu denken geben, daß der Fall Moro [den BR zur Last gelegt] bis heute nicht aufgeklärt ist? Wer steckt da alles unter einer Decke? Und wo ist die Grenze zwischen dem roten und dem schwarzen Terrorismus? Terroristen beider Farben werden in denselben Ländern ausgebildet: im Südjemen, in Libanon zum Beispiel. Beide Gruppen bekommen Waffen aus denselben Ländern.

Der rote Terrorismus entsteht als Antwort auf den Faschismus in Chile, in Griechenland, in Portugal, in Spanien, das muß uns doch zu denken geben, wenn wir ihn in Bausch und Bogen verdammen. Er hat immerhin dazu beigetragen, daß diese ehemals faschistischen Staaten demokratisiert wurden, wenigstens Spanien, Portugal, Griechenland, und daß Frankreich eine linke Regierung bekam, gerade weil die europäische Urzelle des Faschismus in Frankreich ist. Der Terrorismus muß überall mächtige Sympathisanten haben, und zwar unter Geheimdienstleuten und unter Industriellen, anders wäre es unmöglich, daß die Terroristen derart viele Waffen haben und Schutz bekommen. Es gibt viele Freiräume in der internationalen Politik und Wirtschaft. Die bekannt werdenden Skandale sind nur die Spitze des Eisbergs.

Alle Partner dieser Diskussion sind sich einige darin, daß die Hexenjagd auf Terroristen ganz unfähig ist, das Phänomen auszurotten, ja auch nur in seinem Ausmaß aufzuzeigen. Man sperre in monomanischer Angst fast schon blindlings Leute ein, die überhaupt nie sich schuldig machten. Dadurch verwirre man die Fäden und könne die eigentlichen Drahtzieher nicht mehr finden. Der Terrorismus werde nur dann verschwinden, wenn jene Zustände verschwunden sein werden, die den Terrorismus provozieren.

Die Diskussion stand aber unter dem Titel: Terrorismus in der Krise. Was bedeutet das? Es gab zunächst einen harten Kern politisch geschulter Leute, die ganz geschlossen vorgingen. Als man begann, viele von ihnen einzusperren, sahen sich die Führer gezwungen, neue Personen aufzunehmen. Die aber erwiesen sich als unsicher. Die verrieten die Gruppen unter Druck. Daher das Phänomen der »pentiti«, derer, die bereuen und ausplaudern. So zerbreche der harte, sichere Kern. Um so schlimmer werde der uneinheitliche wilde Terrorismus, der seine politischen Ziele preisgebe und, schwarz gleich rot, einfach zerstöre, wahllos.

So entstehe das Chaos, das nichts Positives mehr enthalte. Hätte der Staat, hätten die linken Parteien rechtzeitig die Impulse der revolutionären Jugend aufgenommen, so hätte die

Gesellschaft sich ändern können. So aber sei ein Potential positiver Kräfte vergeudet worden. Das Ergebnis ist die wüste Vermischung von Kriminalität und politischem Kampf.
Konklusion: wir selbst tragen die Schuld an der Entartung positiver Kräfte und Ideen.

Das Unnütze. In einer Fernsehsendung aus der Reihe Naturschutz: ein Teilnehmer sagt: Ich sehe ein, daß Vögel ihre Nützlichkeit haben, aber Wölfe, und Füchse, wozu sind die nütze?
Die Antwort: Wozu ist eine Symphonie von Mozart nütze?

Die Handschrift der heutigen Jugend: durchweg schlecht leserlich, nervös, unharmonisch, »Saupfoten« könnte man sagen. Bisweilen muß ich die Lupe nehmen, um Absender entziffern zu können. Und bisweilen auch denke ich ärgerlich: da setzt sich der hin und haut ein paar Seiten herunter und denkt nicht dran, daß ich sie entziffern muß. Und doch: gerade diese eiligen Briefe mag ich: sie sind geschrieben in Stunden der Verzweiflung, oder bedrängt von Fragen, die augenblicklich gefragt und beantwortet werden müssen, oder getrieben von dem Gefühl, unbedingt mit irgendeinem Menschen reden zu müssen, ohne Erwartung einer Antwort, einfach hinausgerufen: irgendwer wird das Signal schon empfangen. Ich möchte diese hingeschmierten Briefe nicht missen. Sie zeigen, daß keine Kluft besteht zwischen den Schreibern und mir. So, als kämen sie eben mal bei mir vorbei, setzten sich auf den Boden, redeten sich ihr Problem vom Leib und gingen wieder, getröstet oder auch nicht, jedenfalls für eine kleine Weile nicht allein.

Zivildienst bei Obdachlosen. Ein junger Deutscher schickt mir Fotos, die er während seines Dienstes machte. Was für Männer sind das, die er da betreute? »Nicht-Seßhafte«. Gibt es das im bundesdeutschen Ordnungs- und Sozialstaat? Menschen, die nirgendwo hin gehören, keine Adresse haben, kein Einkommen, keine Familie, keine Hilfe? Das gibt es. Wurzellose, Bindungslose, absolut Einsame, die nur bisweilen in einem der Obdachlosenheime unterschlüpfen. Ich kannte so einen, der den Sommer über irgendwo und irgendwie im Freien lebte, im Herbst aber einen Warenhausdiebstahl beging, damit er eingesperrt würde und den Winter über im Gefängnis versorgt war. Und die Frau in Rom an der Mauer des Hotels Santa Prisca, meine Freundin [ich schrieb über sie in ›Septembertag‹], die gehörte auch nirgendwo hin als eben dahin, wo sie gerade war. Sie saß da auf einer alten Kiste und bettelte und betete den Rosenkranz. Unglücklich war sie nicht. Eines Tages kam sie nicht mehr, sie war irgendwo still gestorben.
Der junge Fotograf schreibt, die »Gesellschaft« sage über die Obdachlosen, die Penner: »Die sind selber schuld, warum arbeiten sie nicht?« Man sagt es ihnen so oft vor, daß sie selber schuld seien an ihrem Geschick, bis sie es glauben. Dann lassen sie sich endgültig fallen. Sie sind durch und durch überzeugt von ihrem Unwert. Der Fotograf lebte sechzehn Monate mit ihnen. Eine Leistung. Wieviel besser, nützlicher, sinnvoller dieser Dienst als der mit der Schießwaffe, der Mordwaffe, die doch nichts mehr nützt im Nuklearzeitalter. Der Fotograf stellt aus seinen Bildern ein Buch zusammen, er nennt es »Spiegelbilder«. Warum? Weil, so schreibt er mir, er selbst sich in diesen Männern wiederfand. Sie haben, sagt er, nichts mehr, wohinter die sich verbergen könnten: kein Ansehen, keinen Besitz, keinen Erfolg, keine Familie. »Gerade diese Bloßheit macht sie mir sympathisch und zu einer Herausforderung. Bei ihnen liegt die ganze Existenz frei und offen da. Jede Zuwendung, jede Verletzung dringt durch und trifft. Sie sind ungeschützt . . .

In den Spiegel sehen heißt stehen bleiben und sich stellen. Sich ausliefern dem eigenen Blick und Urteil . . . In der Furcht vor dem Durchschautwerden steckt die Frage: werde ich noch geliebt, wenn ich mich so zeige, wie ich bin, so schwach, so voller Sehnsüchte, Berechnung und Einsamkeit? Wenn ich meine Schutzmaske ablege?«

Er zitiert aus einem Buch: »Solange ein Mensch nicht zuläßt, daß seine Mitmenschen an seinem Innersten teilhaben, gibt es für ihn keine Geborgenheit. Nur in der Gemeinschaft kann ein Mensch sich klar werden über sich selbst, und sich nicht mehr als den Riesen seiner Träume und den Zwerg seiner Ängste sehen, sondern als den Menschen, der er ist.«

Ich schaute mir die Fotos an. Gesichter, in denen keine Spur von Hoffnung mehr ist. Nicht einmal mehr Bitterkeit. Stumpfe Ergebung. In einigen eine Art verbissener Zufriedenheit. Bei den meisten eine tödliche Erschöpfung, auch bei denen, die noch nicht alt sind. Wenn sie in einer Gruppe beisammen stehen, erinnern sie an ausgesetzte, verprügelte alte Hunde, die sich, herumstreunend, herrenlos, für eine Weile zusammenrotten, ohne ein Rudel zu werden; Einzelgänger auch in der Gemeinschaft im Obdachlosenheim. Unendliche Tristesse. Szenenbilder zu einem trostlosen Stück von Beckett: drei Männer an einem nackten Tisch in einem nackten Raum, sie reden nicht miteinander, sie wissen ja schon alles voneinander und vom Leben. »Warten auf . . .« Worauf? Aber da ist ein Foto, das etwas anderes aussagt: in einem ebenfalls kahlen Raum, der eine Zelle im Kloster oder im Gefängnis sein könnte, beugt sich ein Mann über einen leeren Tisch, wir sehen nur seinen Rücken. Aus dem Fenster daneben, das wir nur als ein Lichtviereck sehen, fällt Helligkeit auf den Mann. Er selber sieht das Licht nicht, er ist zu tief gebeugt, aber das Licht trifft ihn.

Und wir, die ein Obdach haben, die seßhaft sind, die zur wohlanständigen ehrenwerten Gesellschaft gehören? Wir mit unsrer Angst durchschaut zu werden, uns schwach zu zeigen, überhaupt uns zu zeigen ohne Maske? In einem sonst etwas törichten amerikanischen Film eine Szene dazu: ein Pseudo-Arzt läßt in seiner Privatklinik für reiche Leute die Besucher, die sich nicht als Patienten erkennen, nur als Badegäste, in kleine runde Wasserbecken steigen, nackt, Männer wie Frauen, er plaudert mit ihnen konventionell, sie beteuern alle, es gehe ihnen gut, sehr gut. Nach und nach stellt der Arzt Fragen etwa nach der Ehe, nach dem Erfolg im Beruf, nach Sorgen mit der Gesundheit, und die Leute fangen an zu reden, immer ist einer da, der zuerst redet und den Bann bricht, es kann auch ein Provokateur sein, ein Mitarbeiter des Arztes, und es dauert nicht lange, bis alle klagen. Der Arzt sagt: Lauter, reden Sie doch lauter, noch lauter! Und schließlich schreien sie alle hemmungslos hinaus, was sie bedrückt. Eine Höllenszene. Das ist natürlich der Janowsche Urschrei, im Film unernst, parodistisch, als echte Therapie aber ernstzunehmen. Möchten wir nicht alle bisweilen, oder oft, sehr oft, hinausschreien dürfen, was uns quält: unsere Weltangst, unsre Nachtängste, die unnennbaren, unsre Angst vor der Bombe, vor dem Ersticken in der verseuchten Luft, vor dem Krebs, vor der Impotenz, vor dem Mißerfolg, vor den Folgen unsrer geheimen Taten und Unterlassungen, vor dem Verlust an Liebe, vor dem Alter, vor dem Sterben, vor der entsetzlichen Ungewißheit dessen, was nach dem Sterben über uns kommt.

Aus den Tausenden von Briefen, die mich im Lauf der Jahrzehnte erreichten, weiß ich, was Menschen leiden. Aber sieht man sie dann in Gesellschaft, wohl maskiert, ihre eingelernte Rolle spielend . . . Das Zeremoniell der Arrivierten: Wären sie Pfauen, schlügen sie Rad. Wären sie Hunde, stellten sie die Ruten steil auf. Wären sie Kater und Katzen, plusterten sie die Schweife dick auf. Imponiergehabe. Einer nimmts dem andern ab, damit es der andre wiederum ihm abnimmt. Theater. Belustigend und traurig. Die Obdachlosen haben dieses Spiel aufgegeben. Sie sind nichts mehr. Nichts als sie selbst. Das ist nicht eben viel. Aber durchs Fenster fällt das Licht aus der unsichtbaren Quelle. Wie sind wir doch liebenswert, wir Menschen in unsrer Schwäche.

Heidelberger Manifest. Das Bekenntnis von einer Handvoll faschistischer Universitätsprofessoren zum Neofaschismus. Mir fällt Hölderlins Hymne an Heidelberg ein: »Lange lieb ich dich schon, möchte dich, mir zur Lust, Mutter nennen . . . Du, der Vaterlandsstädte Ländlichschönste . . . Quellen hattest du ihm, hattest dem Flüchtigen kühle Schatten geschenkt . . .«

Heidelbergs Name beschmutzt mit faschistischen Parolen, nicht abwaschbar von den alten Mauern. Und das erlaubt der Heidelberger Stadtrat, das erlauben die Studenten, die andern Professoren? Hölderlins Worte gelten nicht mehr.

Homophilie, »schwul sein«. Einladung zur Teilnahme an einem Forumsgespräch »Glaubhaft leben: Christ sein, schwul sein« beim 87. Deutschen Katholikentag 1982.

Im Brief steht, ich solle da einen Vortrag halten, »in dem auch nichthomosexuelle Christen sich finden können.« Meine Reaktion auf diesen Satz ist aufschlußreich, sie erschreckt mich: das klingt ja, als sei ich homosexuell, ich?!

Nun, und? Was wäre, wenn ichs wäre? Wärs denn eine Schande? Das nicht, nur eine Verzeichnung meiner Person. Gut, aber warum meine Empörung? Ich muß der Sache auf den Grund gehen. Ich entdecke in mir eine kleine Schizophrenie [klein nenne ich sie, weil sie sich nicht negativ auswirkt]: ich trete für die Rechte der Homosexuellen ein seit Jahrzehnten, ich habe mit Heinemann seinerzeit für die Abschaffung des Strafparagraphen 175 gekämpft, ich schreibe positiv über das Thema. Aber nun mein Aufbegehren bei einer mißverständlichen Formulierung? Ich will also nicht zu »denen« gehören, weil ich nicht dazugehöre. Ich empfinde es als Zumutung, dazu gezählt werden zu können. Also habe ich kein unbefangenes Verhältnis zu »denen«. Nein, das stimmt nicht. Zu »denen« habe ich ein durchaus unbefangenes Verhältnis: ich hatte immer homosexuelle Freunde [Männer]. Sie sind gescheit, sensibel, leidensfähig und treu. Das Außenseitertum, zu dem sie gezwungen werden durch die sogenannte öffentliche Meinung, macht sie introvertiert und läßt sie dabei seelische Schätze finden, die der »Normale« nicht entdeckt. Zu »denen« stehe ich also, und es empört mich, Sätze wie den der Psychologin und Mitherausgeberin des ›Rheinischen Merkur‹, Christa Meves, zu lesen: »Man wünscht sich wieder saubere, aufrechte junge Männer.« [In einem Bericht über ein Treffen Homosexueller.] Also sind Homosexuelle keine sauberen, aufrechten Menschen? [Männer.] Also sind sie unsauber und geduckt und feige? Also entsprechen sie nicht dem Bild vom sauberen Deutschen, wie Hitler ihn haben wollte? Wie klein ist der Schritt zu der Forderung Hitlers nach SS-Idealgestalten? Wie weit zum »rosa Winkel« und zum KZ? Wie weit auch zum Mutterkreuz für die Frauen, die sieben Kinder geboren haben, Kinder aufrechter sauberer *teutscher* Männer, neben denen die Schwulen arme Schweine sind und dem Volk schweren Schaden zufügen, weil sie meist keine Kinder zeugen?

Sobald die Homophilen von *teutscher* Seite her angegriffen werden, nehme ich entschlossen Partei für sie. Aber tu ich das vielleicht nur, weil ich immer Partei ergreife für Minderheiten, für Unterdrückte? Nun, das wäre immerhin schon etwas. Aber dabei kann ichs jetzt nicht bewenden lassen. Warum zum Teufel beleidigt es mich, daß da jemand meinen könnte, ich gehöre dazu? Ich muß also doch ein ganz schönes Maß an finstern Vorurteilen in mir haben. Zwar habe ich ein unbefangenes Verhältnis zu Homophilen, aber kein unbefangenes zum Phänomen selbst. Wo liegt da mein Denkfehler? Aber handelt es sich überhaupt um einen DENK-Fehler? Geht es um anerzogene Tabus, um Irrationales, das unauflösbar im Halbbewußten nistet? Oder liegt Tieferes vor? »Als Mann und Frau erschuf er sie.« Ist es DAS? Aber verfechte ich nicht selbst die Theorie, daß jeder Mensch bipolar ist, als Mann und Frau in einem? Daß das Männliche nicht mit dem Mann identisch ist und das Weibliche nicht mit der Frau? Und weiß ich nicht, daß es bei homophilen Paaren immer auch einen »Mann« und eine »Frau« gibt, die in anziehender Spannung leben? Und glaube ich etwa, daß der Sinn des Eros die Zeugung ist? Nein. Liebe ist Liebe, so oder so. Oder bin ich als Frau beleidigt, wenn Männer lieber Männer mögen? Gewiß nicht. Also, was ists?

Ich weiß es ganz einfach nicht.

Strikte Ablehner und Verächter der Homophilie rügen die Praktik des Analverkehrs. Aber die gibt es ebenso bei Heterophilen. Auch der »normale« Akt ist nicht immer ästhetisch.

Mitten in meine Überlegungen kommt mir ein Büchlein zu mit dem Titel »Schwul – na und?« [Thomas Grossmann]. Das klingt herausfordernd und ist auch so gemeint. Ich frage mich, was geschehen wäre, hätte das Büchlein auf meinem Tisch gelegen, als die Schüler der Oberstufe der deutschen Schule von Rom bei mir waren. Hätte ich den Mut gehabt, es liegen zu lassen? Ich weiß es nicht. Vielleicht nicht. Vielleicht versuche ich es bei ihrem nächsten Besuch. Das Buch ist gewiß nützlich und notwendig. Aber . . . Also: da ist zunächst das Wort »schwul«. Das ist ein Signal. Es ist ein Wort der Vulgärsprache. Muß man es sagen?

Ich erinnere mich an das kürzliche Gespräch mit einem Homophilen, der mich verlachte, weil ich die Details seines letzten Erlebnisses nicht hören wollte. Du bist prüde, sagte er, provinziell bist du, altmodisch.

Und du? sagte ich, du bist wie ein Kind, das zwanghaft »unanständige« verbotene Wörter sagt.

Unanständig? Du sagst doch auch unbefangen Mund, Brust, Busen . . .
Man kann alles sagen, gewiß. Aber muß man es vulgär sagen? Lies mal das Hohe Lied, da hast du die Sprache, die zum echten Eros gehört.
Ja ja, Myrrhenbüschel, Äpfelchen, Gärtchen, ich weiß.
Hör mal: ich bin in Oberbayern auf dem Land aufgewachsen, da gabs saftige Ausdrücke. Aber es ist ein Unterschied, ob ein Bauernkind die Dinge beim Namen nennt in aller Natürlichkeit, oder ob du sie gebrauchst aus einem Protest heraus. Bei dir haben sie ihre natürliche Unschuld verloren, da sind sie nichts als auftrumpfend. Weißt du, in der Kunst gilt der Satz von der Wichtigkeit des Weglassens, des Schweigens, des Aussparens. Das gilt auch in der Liebe. Und wenn ein Dichter wie Catull solche Wörter gebraucht, so ist das noch was anderes. An dieses Gespräch muß ich jetzt denken, da ich den Umschlag des Büchleins anschaue. Er ist abscheulich: ein Waschbecken in einer öffentlichen Toilette, in aller nackten Häßlichkeit. Kein Mensch, nur zwei Wasserhähne, einer offen, einer geschlossen. Warum zum Kuckuck muß man das so machen? Erreicht man damit nicht mit Sicherheit das Gegenteil von dem, was man wünscht: die selbstverständliche Annahme der Homophilen durch die andern? Ich mag das Wort Homo-Sexualität nicht; der Akzent auf Sexualität bestärkt in den andern die Meinung, das Sexuelle sei das einzig und eigentlich Gemeinte in Männerbeziehungen. Es ist dort genauso wichtig wie in heterophilen Verbindungen, aber es erschöpft sich hier wie dort nicht darin.
Ich weiß nicht, warum die Homophilen sich Schwule nennen und darauf bestehen, dies zu tun. Aus Trotz? Aus übertriebenem Bedürfnis nach kruder Selbstdarstellung? Aus dem strikten Entschluß zum Bekenntnis zu einer verdrängten Tatsache? Als Manifestation der Flucht nach vorn? Aber sie tun nicht gut daran, es so zu machen. So meine ich, mich in die Mentalität der Normalbürger hineinversetzend.

Ich überdenke noch einmal den Vorwurf L.s, ich sei prüde. Bin ich es? Wenn ichs bin, dann ist meine Prüderie nicht moralischer, sondern ästhetischer Art und bezieht sich auf die Häßlichkeit bildlicher und verbaler Darstellung. Aber die stört mich genauso bei den Heterophilen. Freilich: die Schwulen werden sagen, es gehe doch nicht ums Ästhetische; es gehe um ihr Leben, um die Aufhebung einer Verfemung, um die Auflösung alter Ängste und Schuldgefühle, es gehe um ein Menschenrecht. So ist es. Darum werde ich weiter zu ihnen stehen, wie ich zu allen Minderheiten stehe.

Angst vor dem Atombombentod. Immer mehr Briefe meiner Leser voll von Angst. Konkrete Angst vor dem Sterben durch Radiumstrahlen. Meist ist es aber die Angst vor dem Ende allen Lebens, vor dem Tod unsres Planeten. Im Grunde die Angst vor dem Nichts. Die Angst davor, daß alles vergeblich war: der ganze Aufstieg der Menschheit durch Jahrmillionen, die ungeheuren Anstrengungen, Zivilisation und Kultur zu schaffen, die Opfer der Geistigen, der Heiligen – alles umsonst, alles in einem Augenblick zu NICHTS werdend. Wir Menschen: nichts als der Alptraum eines Wesens, das wir Gott nennen. Gott hat eine mögliche Schöpfung imaginiert und gesehen, daß sie mißlingen würde. Er unterläßt sie. Er bleibt bei sich, mit sich allein. Keine Notwendigkeit, einen Sohn zu zeugen, der ans Kreuz geschlagen wird. Keine Notwendigkeit, die Menschen zu lieben: es gibt sie nicht. Gott erspart sich Kummer.
Aber wir: die Geträumten? Wir leiden wirklich. Wer kann uns einreden, daß wir nicht WIRKLICH seien? Wenn wir wirklich sind, können wir auch wirklich vernichtet werden. Vernichtet. Zu Nichts werden. Spurenlos aufgelöst werden in einem unendlichen Universum. Nein, das ist unlogisch: wenn es ein Universum GIBT, so ist es ein WIRKLICHES Universum,

und dann sind wir nicht vernichtbar, es sei denn, das Universum selbst werde zu NICHTS.
Gedankenwirbel. Fehler dabei: ich denke, wenn ich von Vernichtung rede, an die Zerstörung der Materie. Zerstörung ist nicht Ver-NICHTUNG. Zerstörung ist Umwandlung eines Zustands der Materie, aber nicht das NICHTS-Werden der Materie selbst. Wird unsre Erde zerstört, so bleibt da, wo sie war, nicht NICHTS, sondern Gewandeltes. Ich setze die Hypothese, daß Materie wandelbar ist, weil sie noch etwas anderes ist, nämlich das, was man GEIST nennt. Meine Vorstellung: wenn die Neutronenbombe fallen sollte, so bleiben alle materiellen Dinge intakt, nur das biologische Leben ist nicht mehr da. Wenn aber das Umgekehrte geschieht: wenn plötzlich die Materie verschwunden und nur mehr GEIST da ist? Wenn das übrig bleibt, was Platon die IDEEN nennt? Das, was präexistent war seit Ewigkeiten IN GOTT, als DAS WORT, als die Wörter für die Dinge, die Gott dann in die Materie kleidete. Gott sprach: es werde Licht, es werde die Erde . . . Wenn die Ideenwelt wieder hergestellt würde? Wenn wir Menschen so dastünden, wie wir gedacht sind? Wenn die Zerstörung der Erde unsre Befreiung wäre, das Aufsprengen des Gefängnisses? Wenn der vermeintliche Tod unsre Auferstehung wäre? Wenn wir gar keine Angst zu haben brauchten? Wenn wir den Welt-Untergang mit Sehnsucht erwarten könnten?

Zu einer Umfrage: »*Glauben Sie an ein Weiterleben nach dem Tod?*« Eigentlich ist die Frage falsch, denn was tot ist, ist tot. Die Frage meint: Glauben Sie an ein Weiterleben nach dem STERBEN? Hier hat unsre Sprache eine Ungenauigkeit, die mich ungemein stört, denn sie drückt eine Ungenauigkeit unsres Denkens aus.
Nun: natürlich glaube ich an ein Weiterleben nach dem irdischen Sterben, denn: nichts wird zu Nichts. Materie und Energie werden erhalten. Leben wird erhalten, es wird aber

umgewandelt. Die Frage ist: WIE lebt man weiter, in welcher Erscheinungsform?
Mein Glaube an das Weiterleben leitet sich ab von meiner eingeborenen Erfahrung, daß alles, was ist, schon immer war. Ehe der, den wir Gott nennen, die Dinge des Universums erschuf, sprach er ihre Namen aus, das heißt: die Dinge waren in seiner Vorstellung bereits vorhanden, nämlich als IDEEN. So ist auch jeder Mensch als IDEE schon immer vorhanden. Von Ewigkeit her. Es gibt dann den Augenblick, in dem die Idee Fleisch wird, das heißt, daß die Geistperson eine materielle Existenz annimmt.
»Das Wort ist Fleisch geworden«. Das gilt nicht nur für den Christus, sondern auch für uns.
Ob ich vor dieser Erdenexistenz schon andre Leben geführt habe, weiß ich nicht, aber mir scheint, als sei es so. »Reincarnation« ist eine höchst vernünftige Vorstellung. Ich empfinde mich als die Summe oder besser als die Essenz meiner schon gelebten Leben. Ich ernte die Früchte meiner Vorleben und schaffe mir mein Karma für das nächste Leben. Wir Katholiken glauben ja fest an das »Fegfeuer«, das Purgatorium, den Reinigungsort. Das kann durchaus in Übereinstimmung gebracht werden mit den östlichen Vorstellungen von der Reincarnation, wenn man sich über die tiefere Bedeutung der Begriffe einig wird. Ich jedenfalls erlebe mein jetziges Dasein als ein Leben im Fegfeuer, am Prüfungs- und Reinigungsort.
Allerdings ist eine Vorstellung vom »Werden« wandelbar. Bisweilen bin ich sicher, daß ich im Sterben meine Persönlichkeit aufgebe und wie der Funke ins Feuer und der Wassertropfen ins Meer zurückfällt, in die Ungestalt eingehe und einfach wieder »Material« zu einer Neuschöpfung werde. Es fällt mir aber doch schwer, das zu denken, denn ich hänge an meiner Persönlichkeit insofern, als sie die Frucht meines langen intensiven Lebens mit vielen Leiden ist. Wenn schon Materie und natürliche Energie nicht verloren gehen, dann

kann eigentlich auch nicht die Geistperson des Menschen verloren sein, und sie wäre verloren, wenn sie sich auflöste; ihr Wesen ist ja die geschlossene eigenartige einmalige Form. In meinen klarsten, hellsichtigen Augenblicken weiß ich, daß ich solange leben muß, bis ich das bin, was ich als Idee in Gott war und bin. Da ich dies in einem, in diesem Leben nicht erreiche, und da ich es erreichen SOLL, brauche ich mehr als EIN Leben. Daß ich nicht identisch bin mit der, die ich hier und jetzt bin, weiß ich auch, denn wie könnte ich mir sonst zusehen beim Leben, wie könnte ich mich wundern über meine Torheiten, mich freuen über kleine Erkenntnisschritte, mich selber zur Ordnung rufen? Mein »Gewissen«, das ist meine Geistperson, die eine Weile mit diesem meinem Leib und dieser Seele zusammenhaust, aber immer MEHR ist als das, als was ich erscheine. Und diese Geistperson ist mein Ewiges Selbst.

In andern Augenblicken gebe ich die Vorstellung von der Reincarnation auf und denke, daß wir ja schon die Antwort auf das WIE des Fortlebens nach dem Sterben haben: als der Christus gestorben war in seinem irdischen Leib, da erschien er seinen Jüngern, er ging durch geschlossene Türen, konnte essen und trinken, und man konnte ihn, wenigstens für eine Weile, berühren. Da war also so etwas wie Materie, aber diese Materie war nur Materie, weil der GEIST als Materie erschien. Was man als Christus SAH, das war die bereits verwandelte Materie. Wir wissen heute, daß der Grundstoff aller Dinge nicht die Materie ist, – sondern das, was wir GEIST nennen. Ich nenne es: die Idee. Ideen sind unzerstörbare Existenzen. Die Idee vom einzelnen Menschen ist unzerstörbar.

DASS wir weiterleben nach dem Sterben, ist evident. Über das WIE also kann man seine Vorstellungen spielen lassen. Ich für mein Teil lebe so, als lebte ich ewig, von Herkunft zu Hinkunft.

Der traurige Sieger. Im Museum Villa Borghese vor dem Bild des Caravaggio ›David und Goliath‹:
Ein schöner Knabe, braunhäutig, dunkelhaarig, hält das abgeschlagene Haupt des Goliath, er hält es beim buschigen Haarschopf. Seine Hand scheint blutig zu sein, aber das Dunkle kann auch ein Schatten sein. Dieser David, so jung noch, ist ein großer Held, er hat soeben den Kampf zwischen seinem Volk und dem Feindvolk der Philister siegreich beendet.
Wer ist denn dieser Knabe? Nichts als ein Schafhirt, den sein König Saul sah, und er »faßte große Zuneigung zu ihm«, so steht es in der Bibel. David wurde Sauls Waffenträger. David konnte aber auch schön die Zither spielen, so wurde er Sauls Spielmann. Wenn den alten König die schwarze Schwermut überkam, und das geschah oft, so spielte ihm David die Geister der Finsternis in die Flucht.
Saul hat Feinde. Wieder einmal muß er Krieg führen. Er selbst ist zu alt, um mitzuziehen, und David ist zu jung für den Krieg. Und Saul will ihn nicht mitziehen lassen, seinen Liebling. Der aber besteht darauf. Ihn ärgern die großmäuligen Provokationen dieses Philisters Goliath, dem will er es zeigen. Saul gibt dem Knaben also nach und schenkt ihm eine starke Rüstung. Aber die ist zu schwer. David wirft sie unterwegs ab. Waffenlos tritt er dem Goliath entgegen. Dieser Goliath ist sehr groß und sehr stark. Ein Riese. Als er den Knaben sah, waffenlos und ungeübt im Kampf, wird er gelacht haben. Aber der Knabe schaut ihn nur an. Und dann tut er etwas sehr Knabenhaftes: er zieht einen spitzen Stein aus der Tasche und schleudert ihn gegen Goliath. Aber WIE er ihn schleudert! Als hätte er die Praktiken des ZEN-Buddhismus gekannt: er sammelt alle seine Kraft, spürt den schwächsten Punkt des Gegners aus, peilt ihn an und wirft. Das sitzt! Der Stein trifft den unachtsamen Riesen mitten auf die Stirn. Er fällt. Der Knabe läuft hin und schlägt ihm den Kopf ab.
Das ist der Augenblick, den Caravaggio dargestellt hat. Was aber ist nun mit dem jungen Helden? Strahlt er? Triumphiert

er? Ist er stolz? Nichts davon. Nur Trauer und Betroffenheit ist in diesem jungen Gesicht.
Ingeborg erzählt, daß ihr kleiner Kater, als er zum ersten Mal eine Maus erlegt hatte, fassungslos davor saß. Seine Verstörung dauerte lange. Die erste Erfahrung mit der eigenen Macht, Leben auslöschen zu können, ist schrecklich. Mord ist geschehen. Wieder einmal ist Unschuld unwiderruflich zerstört. Wieder einmal ist der Friede zwischen den Geschöpfen gebrochen. Einmal die Schwelle überschritten, sind die nächsten Morde leicht.
Dem Knaben David wird das Haupt des Feindes schwer in der Hand. Er vermag es nicht einmal hochzuheben und als Trophäe zu schwenken. Er hat gemordet. Er hat sich mit Schuld beladen, auch wenn ers für seinen König und sein Volk tat. Mord ist Mord, wofür und warum auch immer er geschah. Das weiß David jetzt. Und jetzt ist er kein Kind mehr, jetzt ist er ein Mann und wird weiter töten, er wird Kriege führen, er wird Neid und Haß auf sich ziehen, sein eigener König und Vaterfreund wird den Speer nach ihm werfen und den Flüchtenden in die Wüste hineinverfolgen. David wird genötigt, sich zu Sauls Feinden zu schlagen. Saul begeht Selbstmord. David kehrt siegreich zurück und wird nach Saul König, aber Frieden findet er nicht. Zwischen seinen Nachkommen und denen Sauls wird Feindschaft sein für lange Zeit. Schuld wird auf Schuld gehäuft, bis David stirbt und den Thron seinem Sohn Salomon läßt.
In dem Bibelbericht vom Tode Davids ist noch einmal von einem Haupt die Rede, das abgeschlagen werden soll im Auftrag Davids an seinen Sohn: Geh hin und töte den Joab und »schicke sein graues Haupt nicht unversehrt in das Totenreich.«
Dies alles steht im Gesicht des Knaben David. Sein Sieg ist nichts als Niederlage.

Ausnahmefall. Michael Ende hat mir erzählt, das japanische Fernsehen habe ihm angeboten, sein Kinderbuch ›Jim Knopf‹ zu verfilmen, als Zeichentrickfilm. Großes Geld wurde angeboten. Michael und sein Verleger Weitbrecht ließen sich Kassetten-Proben schicken: sie waren entsetzt. Michaels sanftes Buch der Menschlichkeit wurde umfrisiert in ein Buch der rüden Gewalt. Da ersticht jemand gleich zu Anfang das Baby in der Wiege. Wo steht das im Buch? Nirgendwo. Ist es nötig in der Geschichte? Keineswegs. Warum also? Weil, so sagt man, so ein Fernsehfilm »gesponsort« werden muß. Was heißt das? Eine Firma, irgendeine, für Lebensmittel oder Tabak oder Whisky, gibt für die Filmproduktion Geld, wenn darin die Reklame für sie vorkommt, mitten drin. Damit die Firma das Geld gibt, muß sie sicher sein, daß sich das Geschäft rentiert. Konkret gesagt: es muß sicher sein, daß die Propaganda für ihr Produkt von Millionen Zuschauern im Fernsehen aufgenommen wird. Das heißt (so denken die), daß ein Film so sein muß, daß er Millionen am Fernsehschirm gefesselt hält. Wodurch aber werden Millionen gefesselt? Nur durch Bewegung, durch lärmende Spannung, durch Raserei, durch Gewalttat. Also her mit Gewalttat-Filmen. Also muß das Baby in der Wiege erdolcht werden. Nur das garantiert die hohe Einschaltquote, das heißt, nur das macht den Einsatz lohnend. Frage: stimmt das überhaupt, daß Kinder und Erwachsene nur durch rasante Bewegung und wüste Schlägereien und Morde am Bildschirm gehalten werden? Mein alter Zorn über eine durchgängig geglaubte Lüge: das Volk will das und das. Die Kinder wollen das und das. Nein: die werden gezwungen, das und das zu wollen. Man setzt ihnen etwas vor. Friß, Vogel oder stirb. Natürlich wollen Kinder Bewegung, aber gibt es nur die arhythmische, die chaotische, die gewalttätige Bewegung? Gibt es nicht viele andre Arten von Bewegung? Diese Teufel von Geschäftemachern sind die Propagandisten des Terrors, über den sie dann den Stab brechen, wenn die Jugend ausführt, was sie selbst provozieren.

Mißverständnis. Ich lese nur gezwungenermaßen in meinen eigenen Büchern. Einmal geschrieben, mag ich sie nicht mehr. Ich werfe meine Jungen aus dem Nest. Reiner Zufall, daß ich heute im ›Wolf‹ las: ich suchte Konzeptpapier und fand leere Rückseiten von etwas, das sich als Korrekturfahnen vom ›Wolf‹ erwies. Was las ich da, was schrieb ich da einmal, in einer Zeit, die schon wieder hundert Jahre zurück liegt? Schrieb ich da überhaupt von mir? Wer ist denn das, über die ich da schrieb? Bin das ich? Wer ist jenes Mädchen, von dem ich erzähle? Irgendwie erkenne ich mich, aber schon bin ich mir wieder fremd. Das Buch handelt von einer Person, die meinen Namen trägt und mein Jugendschicksal hat. Das Gefühl der Identität mit ihr ist mir entschwunden. Es war schon schwach und flüchtig, während ich das Buch schrieb. Ich hatte Mühe, das Wesen zu beschwören, das sich als mein Jugend-Ich ausgab und das mich interessierte; unsre Distanz war beträchtlich. Darum war ich so unbefangen und konnte über mich aussagen als Zeuge, nichts als Täter oder Opfer. Und eben diese Unbefangenheit haben die Kritiker nicht begriffen. Sie hielten für Eitelkeit, was doch nur die Freude am Erkennen eines jungen Menschen war, der ich einmal gewesen bin und in dem ich die Jugend schlechthin erkannte, die Jugend von damals, die von heute.
Warum habe ich denn das Buch geschrieben? Törichte Meinung, ich habe darin meine eigenen Probleme bewältigen wollen und müssen. Als ob man die mit siebzig nicht längst bewältigt hätte! Als ob ein ausgewachsener Schriftsteller nicht derlei nur dann schriebe, wenn er die Sache selbst ganz und gar hinter sich gebracht hat, so daß ihn das WAS viel weniger interessiert als das WIE der Aussage, die literarische Form. Kunst entsteht nur aus der Distanz.
Noch einmal: warum schrieb ich das Buch? Aus einem einfachen, unprivaten Grund: weil mich immer wieder junge Menschen baten, doch einmal darüber zu reden, wie ich war, als ich ihr Alter hatte, und wie ich denn lebte um das zu werden, was

ich sei: ein Mensch der Hoffnung. Und da schrieb ich das Gewünschte eben auf. Eher als Pflichtübung. Daß mir nach und nach die Form Vergnügen machte, eine Form, die vor mir niemand je gebraucht hat, ist eine andere Sache; Gestalten ist eben Freude.

Als man mir von einigen Schmähkritiken berichtete [ich lese selber fast nie Kritiken, wozu auch] reute es mich, das Buch geschrieben zu haben. Goethe hat schon recht, dachte ich: »Sagt es niemand / nur dem Weisen / weil die Menge gleich verhöhnet / das Lebendge will ich preisen / das nach Flammentod sich sehnet.« Warum zum Teufel habe ich mich gezeigt wie ich bin im Guten wie im Minderwertigen? Warum, da ich doch weiß, wie derlei von der Meute mißverstanden wird?

Als Goethe ›Dichtung und Wahrheit‹ geschrieben hatte, fragte man ihn nach der Deutung des Titels. Er sagte, er habe versucht, gegen sich und andre aufrichtig zu sein, aber er sei innigst überzeugt, daß der Mensch in der Gegenwart, ja vielmehr noch in der Erinnerung die Außenwelt nach seinen Eigenheiten bildend modle.

Und Joseph Conrad, der so groß Souveräne, schreibt, daß der Schriftsteller, um andre tief aufzurühren, sich über die Grenzen der normalen Empfindungsfähigkeit hinaustragen lassen müsse, wie ein Schauspieler, der auf der Bühne lauter spricht, als er das gewöhnlich im Gespräch tut, und daß er dabei zum Opfer seiner eigenen Übertreibungen werde und schließlich dahin komme, die Wahrheit selbst als zu kalt und zu stumpf für seine Zwecke zu empfinden. Richtig: im ›Wolf‹ ist alles wahr und nachprüfbar, aber es ist auf der Bühne gesprochen, zu laut oder zu leise, zu kalt oder zu heiß. Aber das ist legitim: in der Überhöhung der Fakten besteht das, was man KUNST nennt.

Gleichzeitigkeit. Mein Fernsehgerät hat sechzehn Kanäle. Ich drücke auf den Telecommander. Ein Programm nach dem andern in rascher Folge erscheint auf dem Bildschirm, innerhalb von weniger als einer Minute sehe ich: eine Reihe von Iranern stehen vor der Mauer, an der sie erschossen werden. [Nachricht.] Ein Terrorist und ein Polizist liegen in ihrem Blut auf einer Straße, ich glaube in Mailand. [Nachricht.] In einem verlassenen Haus lauert ein Vampir auf ein Mädchen, das sich arglos nähert. [US-Spielfilm.] Ein Mädchen liegt in einer Badewanne und seift sich ein, sie macht Reklame für eine neue Seife, ihr Mann oder Geliebter findet, diese Seife mache sie noch begehrenswerter, sie seift sich für ihn ein. [Reklame.] In New York springt ein Mann von einem Wolkenkratzer in den Tod. [US-Spielfilm.] Ein Monster aus dem Weltraum attackiert mit Laserstrahlen ein Raumschiff. [Science-Fiction-Film aus den USA.] Zwei Japaner versuchen sich in wütendem Zweikampf umzubringen. [Spielfilm aus Japan]. Eine Ärztin zeigt Bilder verhungerter kleiner Afrikaner. [Dokumentarfilm.] In San Salvador liegen Leichen auf der Straße. [Dokumentarfilm.] In Beirut brennen Häuser und Lastautos. [Nachricht.] In einem italienischen Gefängnis haben zwei Häftlinge einander erstochen, sie gehörten zwei verschiedenen Gruppen der Mafia an. [Nachricht ohne Bild.] Ein Mann vergewaltigt eine Frau, der Rächer schießt eben auf den Mann. [Spielfilm, ich sehe nicht aus welchem Land.] Wilde Kriegshorden fallen aus der Mandschurei in China ein. [Japanischer historischer Spielfilm.] Ein großes Aufgebot italienischer Polizisten mit Hunden umstellt ein Haus, in dem man Terroristen vermutet. [Nachricht.] Ein Betrunkener zerschlägt die Möbel, ein Mann würgt eine Frau, wüstes Durcheinander. [Französischer Spielfilm.] Auf dem letzten Kanal kommt nichts.

Unsre Welt. Das Bild von unsrer Welt, die die Massenmedien vermitteln. Gewalt. Tausendmal gesehene Gewalttat macht Gewalt zu etwas Alltäglichem, das ganz selbstverständlich zum Leben gehört und schon fast erlaubt ist. Und da wundern sich die guten Bürger, daß die Jugend schießt.

Marx, Marxismus. B. V. fragt mich in einem Brief, ob ich das ›Kommunistische Manifest‹ im Kopf habe. Ja, das habe ich, wenigstens im wesentlichen. Und den ersten Satz besonders: »Ein Gespenst geht um in Europa: das Gespenst des Kommunismus . . .« Noch unbestimmt damals, noch kein klares Programm. Das Manifest sagt genau, was Kommunismus ist, und es gibt das Programm der kommunistischen Partei. Das Gespenst, es wird gejagt damals: »Alle Mächte des alten Europa haben sich zu einer heiligen Hetzjagd gegen dieses Gespenst verbündet, der Papst und der Zar und deutsche Polizisten . . .«

Was ich bei früherer Lektüre angestrichen habe:

»In der bürgerlichen Gesellschaft ist das Privateigentum für neun Zehntel der Mitglieder aufgehoben; es existiert gerade dadurch, daß es für neun Zehntel nicht existiert.«

»Die Bürgerlichen Vorstellungen von Freiheit, Bildung, Recht . . . sind Erzeugnisse der bürgerlichen Produktions- und Eigentumsverhältnisse, wie das RECHT nur der zum Gesetz erhobene Wille der bürgerlichen Klasse ist, ein Wille, dessen Inhalt gegeben ist in den materiellen Lebensbedingungen der bürgerlichen Klasse.«

Im Kommunismus »handelt es sich darum, die Stellung der Weiber als bloßer Produktionsinstrumente aufzuheben«.

»Die herrschenden Ideen einer Zeit waren stets nur die Ideen der herrschenden Klasse.«

»Ein Teil der Bourgeoisie wünscht den sozialen Mißständen abzuhelfen, um den Bestand der bürgerlichen Gesellschaft zu sichern.«

»Die Eigentumsfrage, welche mehr oder minder entwickelte Form sie auch angenommen haben möge, ist Grundlage der [kommunistischen] Bewegung.«

Ich denke: die Eigentumsfrage ist auch die Grundlage der christlichen Ethik. All die lieben Frommen, die den heiligen Franziskus von Assisi verehren, umschleichen seine Forderung nach Besitzlosigkeit. Alle, die sich Christen nennen [und Christ ist man nur, wenn man in der Nachfolge Jesu Christi steht], verdrängen die Tatsache, daß der Meister nichts besaß und mit seinen Anhängern in einer Kommune lebte mit einer gemeinsamen Kasse, in der das Nötige für den nächsten Tag war. Als der reiche junge Mann, der so brav lebte, zu Jesus kam und fragte, was er denn außer brav leben noch tun müsse, da sagte Jesus: »Geh und schenk deinen Besitz den Armen.« Es scheint wirklich so zu sein, daß nur Besitzlosigkeit, freiwillige Armut, den geistigen Aufstieg ermögliche. Marx will nicht einmal Besitzlosigkeit, er will nur die gerechte Verteilung der Güter dieser Erde.

Wir haben weder Marx noch Jesus verstanden, verstehen wollen. Was wir verstehen, das ist: wie man Besitz anhäuft und vor Dieben schützt. Vor Dieben und Besitzlosen.

Es ist von äußerster Folgerichtigkeit, wenn die Neutronenbombe unsern Besitz bestehen läßt, aber die Besitzer hinwegrafft.

Beim Wiederlesen des Manifests erinnere ich mich an den Kongreß der Westmächte 1950 in Berlin, zu dem ich eingeladen war. Da kamen die großen Renegaten, die Dissidenten: Köstler, Silone, Manès Sperber, alle die einmal begeistert waren vom Marxismus-Kommunismus, von der Sowjetunion, und die sich schaudernd abgewandt haben vom Stalinismus, zu dem der Marxismus entartet war. Sie waren große Traurige. Das Manifest lesend, ist man gezwungen zu denken: Aus allen großen Ideen machen wir das Falsche, alles pervertieren wir, das Christentum wie den Marxismus. Alle Chancen werden vertan. Was Marx wollte: die Demokratie [das ist sein Wort], die Gleichheit, die Befreiung der Unterdrückten. Was der Christus wollte: die geistige Freiheit und die Brüderlichkeit. Beide wollten die Menschlichkeit.

Was für ein tragisches Schicksal haben wir Menschen: alles Große wird unter unsern Händen klein und falsch und unmenschlich.

Ein Kinderleserbrief. Eine Zwölfjährige schreibt mir, nachdem sie mein Buch ›Das Geheimnis des Brunnens‹ gelesen hat, es habe ihr »sehr sehr gut gefallen«, denn: »Sie haben es geschrieben wie ein, ja das kann man schlecht schreiben, eben wie jemand, der nur zu gut weiß, wie man als Kind halt denkt. Ich habe vor ein, zwei Jahren ähnlich gedacht wie Nick Maler, den Sie im Buch dargestellt haben, wenn meine Mama mit uns geschimpft hat: ›Keiner mag mich, ich will nimmer leben‹.« Dann folgt unvermittelt, scheinbar, und doch mit innerer Logik, der für eine Zwölfjährige erstaunliche Satz: »Heute denke ich mir, daß jeder Mensch zu einem Zweck lebt. Und wenn es für einen bestimmt ist zu sterben, dann stirbt er, wenns ihm eben bestimmt ist, nicht früher oder später.« Zuletzt noch: »Viele Lehrer an unsrer Schule halten mich für frech, obwohl ich ihnen eben nur die Wahrheit sage, denn ich will nicht den Menschen schmeicheln. Manche Lehrer können die Wahrheit nicht vertragen.«
Susi, die Schreiberin, will »später Dichterin werden«. Das beigelegte Gedicht ist schon ganz begabt. Aber wenn Du, Susi, später als Dichterin die Wahrheit sagen wirst, dann wirst Du es mindestens so schwer haben wie ich . . .

Verdrängte Erfahrungen. Daß man in sozialistischen Staaten unfrei ist, das pfeift bei uns jeder kleine Spatz vom Dach. Läsen diese Spatzengehirne doch einmal das als Buch erschienene Theaterstück des US-Autors Eric Bentley ›Thirty Years of Treason‹, dann wüßten sie, wie unfrei man auch in den USA ist. In dem Stück sind die Protokolle des »Ausschusses zur Untersuchung un-amerikanischer Umtriebe« verarbeitet. Keine Erfindung also, sondern unleugbare und auch nie geleugnete Fakten. Der deutsche Titel heißt: ›Sind Sie jetzt oder waren Sie jemals?‹ Was denn? Kommunist. Die Kommunisten-Hexenjagd ist alt in den USA. Sie hatte ihre Waffenruhe während des Zweiten Weltkriegs, als die USA mit den verhaßten russischen Kommunisten zusammen den ebenso verhaßten Hitler besiegen wollten. Kaum war der Krieg zuende, begann die Jagd aufs Neue. Den Protokollen zufolge wurden etwa acht Millionen US-Regierungsbeamte und Angestellte, schließlich auch Mitglieder der Army und alle in Rüstungsbetrieben Arbeitenden dem Loyalitäts-Eid unterworfen. Besonders verfolgt wurden Leute der Presse und des Films. »Sind Sie jetzt oder waren Sie jemals in der Kommunistischen Partei?« so wurden sie gefragt, nachdem man Spitzel gegen sie eingesetzt hatte. Nur wenige blieben standhaft, die andern kuschten. Ein ruhmloses Blatt in der Geschichte der USA. Daß Bentley aber für sein mutiges Stück 1978 einen »Oskar« des Off-Broadway erhielt, darf nicht verschwiegen werden. In der Sowjetunion wäre derlei nicht möglich. Das Potential an Mut ist in einer noch so mangelhaften Demokratie politisch immer noch wirksamer als in einem sozialistischen Staat sowjetischer Prägung. Allerdings gingen vorher die Mutigen für einige Jahre ins Gefängnis. In den USA. Nicht nur in der Sowjetunion.

Drei Wochen später eine Belehrung: ein Zufallstreffen im Verlag mit dem japanischen Schriftsteller Kenzaburo Oe, dem Initiator der Hiroshima-Friedensbewegung, den ich schon von Tokyo her kenne; wir haben gemeinsame Freunde und gemeinsame politische Anliegen. Aber ich hatte nie eine Zeile von ihm gelesen. Man sagt mir, er sei der bedeutendste lebende japanische Autor. Er ist noch keine fünfzig. Sehr sympathisch, wie er so neben mir sitzt, sehr bescheiden, aber wie in einer Wolke von Dunkelheit, in der bisweilen Blitze aufzukken. Mein Gefühl: da ist einer, prall gefüllt mit Leben und Schmerz; explosiv unter der ostasiatischen Schein-Ruhe. Nun

las ich hintereinander zwei seiner Romane: ›Die Brüder Nedukoro‹ und ›Eine persönliche Erfahrung‹. Ein monströs gutes Buch. Es beweist [mir], daß man in der Darstellung des Sexuellen weit hinausgehen kann über das »Schickliche«, wenn [WENN] der Autor ein echter Dichter ist und von Natur aus eben nicht obszön, sondern souverän und ethisch, also NICHT besessen von der Sexualität, die er beschreibt.
Der Inhalt [im Kern autobiographisch]: ein Ehepaar bekommt ein Kind mit einer angeborenen Gehirn-Hernie, einer schweren Deformierung. Frage: soll das Kind leben oder sterben, soll man eine Operation wagen, wenn das Kind danach doch nicht normal sein wird? Die Mutter weiß noch nichts vom Schicksal ihres Kindes, man läßt sie im Glauben, es habe einen Herzfehler und befinde sich in einer Spezialklinik. Der Vater allein muß die Entscheidung treffen. Er will vor ihr fliehen, er versucht die Flucht in den Alkohol und in den sexuellen Exzeß. Oe beschreibt seine eigenen Erfahrungen dabei mit einer Genauigkeit und einer Grausamkeit gegen sich selbst, die nicht überbietbar sind. Warum schockiert es nicht? Warum beleidigt es nicht unser Schamgefühl? Warum hat man nicht das Gefühl der Obszönität? Weil das Buch die Geschichte einer Katharsis ist. Der Mann geht durch die Hölle der Verzweiflung. Er fühlt sich schuldig für die Krankheit des Kindes. Er bestraft sich selbst, indem er sich aufs äußerste erniedrigt. Er will die Selbstzerstörung in seinen Exzessen. Indem er den Tod seines Kindes zulassen will, will er seinen eigenen Tod. Aber er und sein Autor sind Ethiker. Sie haben ein Gewissen, sie fühlen sich dem Leben verpflichtet. So entschließt sich der Mann im Roman dazu, sein Kind operieren zu lassen, auch wenn es lebenslang ein Pflegefall bleiben wird. Diese Entscheidung fällt auf den letzten Seiten des Buches. Man ahnt sie von Anfang an.
Oe erzählt bei Tische offen davon, daß das Buch autobiographisch sei: die Geschichte seines eigenen Kindes und seiner eigenen Entscheidung. Das Kind ist heute siebzehn Jahre alt

und hat eine hohe Musikalität entwickelt: der junge Mann komponiert mit großem Talent, ungeachtet seiner sonstigen geistigen Behinderung.
Ich las das Buch in einer Hotel-Nacht, und den Rest auf dem Flug von Frankfurt nach München, und plötzlich merkte ich, daß ich haltlos weinte.

29. März. Es ist nicht das erste Mal, daß ein Sterbender mit dem Sterben wartet, bis ich in der Nähe bin: meine Mutter starb, als ich im Flughafen in München landete. Helma P. starb einen Tag nach meiner Ankunft, eine Stunde nach meinem Besuch. Anne M. starb einige Tage nach meinem für sie und mich ganz unerwartet möglich gewordenen Besuch. Und nun C. O. Er starb genau an dem Tag, an dem ich in Deutschland war.
Ich erinnerte mich sofort daran, daß er sich immer gewünscht hatte, in der Wallfahrtskirche Andechs begraben zu werden. Niemand von seinen und meinen Freunden weiß etwas über Zeit und Ort der Bestattung. Ich fahre nach Andechs: Es wird so sein, wie ers sich gewünscht hatte: er wird dort oben beigesetzt, in der Kirche, neben dem Prinzen Heinrich. »Ich möchte von sechs hochadeligen Jünglingen zu Grab getragen werden«, hatte er einmal scherzend zu mir gesagt. Nun wird er wenigstens an hochadeligem Platze beigesetzt. Das freut mich, das gehört sich so, und Andechs ist richtig; und alles ist so sehr in Ordnung, daß ich zunächst gar nichts weiter empfinde als Befriedigung und Erleichterung darüber, daß er endlich erlöst ist von seiner langen schlimmen Krankheit und seinem langen tief zerrissenen Leben, von seinen Dämonen, von seiner schwarzen Einsamkeit. Der Schmerz kam später.
Nach unsrer Scheidung, vor zwei Jahrzehnten, sagte seine Anwältin: Ihr zwei kommt doch nie ganz auseinander.
So ist es. Ich lese den Brief, den er mir voriges Jahr noch schrieb, einen traurigen und liebevollen Brief, schon kaum

mehr leserlich. Daß er sich gewünscht hatte, bei seiner Beisetzung soll man seine a capella-Vertonung des ›Sonnengesangs‹ von Franziskus von Assisi singen, . . . Er hatte das Stück mir gewidmet.
Wann und wo und wie werden wir uns wiedersehen?

Und die Madonna? Aus einem Gespräch mit zwei Studentinnen, eine ist Theologin, die andre Psychologin, beide sind praktizierende Katholiken. Sie kamen zu mir mit mehr oder minder präzisen Fragen. Die Themen: Weltangst, Widersprüche in der Kirche, der reaktionäre Papst, die bleibende Zweitrangigkeit der Frau in der Kirche, die Verweigerung der Priesterweihe der Frau, die Rollenunsicherheit auch der emanzipierten Frauen heute, die Marienverehrung [die beide Studentinnen nicht vollziehen können]. Alle Fragen kreisen um das Thema Frau, und immer wieder kommen wir in unsern Gespräche auf die Madonna zurück. M. ist empört darüber, daß man in der Kirche die Frau zur Madonna [Jungfrau-Mutter] erhöht, um die konkrete Frau nicht erhöhen zu müssen. Was in der Kirche gilt: die Madonna, die Hure [das Negativbild] und das graue Heer der braven Gebärerinnen und Kirchenfüllerinnen. Woher der Miß-Stand? Ich habe schon vor vielen Jahren meine Meinung dazu aufgeschrieben. Damals war mir schon klar, daß die Ursache der Negativ-Wertung der Frau aus einem tiefen Mißverständnis kommt: aus der falschen Identifizierung zweier Begriffspaare: Mann und männlich, Weib [Frau] und weiblich. Das Männliche und das Weibliche: die polaren Kräfte im Kosmos, im Makro- wie im Mikrokosmos, also auch im einzelnen Menschen. Die Spannung zwischen den Polen als Ursache von Schöpfungen. Das Männliche: der Geist, das Zeugende, das Herrscherliche, die Vater-Autorität. Das Weibliche: die Materie, das Empfangende, das Dienstbare.
Gut. Aber gehört das Männliche nur dem Manne zu, das

Weibliche nur der Frau? Wir wissen doch längst, daß jeder Mensch Männliches und Weibliches hat, also in sich selbst die Polarität Geist-Materie. Animus und Anima, wie C. G. Jung es nannte. Yang und Yin, wie es die Ostasiaten nennen. Jeder Magnet hat zwei Pole und behält sie, so oft man ihn auch teilt: die Spannung bleibt.

Warum hat der Mann seine eigene Anima verleugnet? Warum will er nur als Geist gelten, nicht als Materie? Warum zählt für ihn nur der Intellekt, die Logik, nicht aber die Intuition, das Gefühl, der Traum? Als ob seine eigenen Schöpfungen nicht ursprünglich Träume, Gefühle, Utopien gewesen wären, also aus der Tiefe seiner Anima stammend!

Aber da spukt nun die Religion hinein: erst die jüdische, dann die rechtmäßige Erbin: die christliche. Jehowah ist ein Mann, sagt man. Der Gott ist ein Mann, weil er Geist ist? Und Geist ist männlich. Da ist kein Raum für die Frau. Man übersah, daß schon im Alten Testament eine Frau mitspielt: die Sophia, die Weisheit, die vor dem Schöpfergott tanzte und sang. Der Heilige Geist des Neuen Testaments: er ist diese Sophia, er ist das Weibliche. So ist es auch dargestellt in der kleinen byzantinischen Kirche in Urschalling am Chiemsee: die mittlere der drei göttlichen Personen ist eine Frau. [Daß sie in der Mitte ist, wo nach unsern Vorstellungen der Sohn hingehört, ist eine Frage für sich.]

Wann, warum, wozu hat der Mann das Weibliche in sich nicht mehr gelten und wirken lassen? Weil es ihn in seiner Aggressivität gestört hätte. Weil es ihn gezwungen hätte, auch die Frau anzuerkennen als gleichwertige Partnerin, weil das sein ganzes Weltbild und seine jahrtausendalten Gewohnheiten über den Haufen geworfen hätte. Weil es nicht mehr der Herr gewesen wäre. Darin bestärkte ihn nicht nur das Judentum, sondern auch der Hellenismus: wenn er schon nicht gnostisch die Materie für das Böse gehalten hat, so hielt er sie doch für das Minderwertige. Materie, das ist nur Material für den Geist. In sich hat sie keinen Wert. Oder vielmehr: sie ist das

zu Überwindende, das Niedere, das Fleisch. Materie: Mater, Mutter. Das bedeutet die Identifizierung der Materie mit der Mutter, mit dem Reich der Mütter, mit der Frau. Nun hatte man sauber getrennt: hie Geist, Mann, Männliches, dort Materie, Frau, Weibliches. Da der Mann aber, dem verpflichtet, was er als Geist ansah, nichts Niederes in sich duldete, projizierte er das vermeintlich Niedere, seine Anima, aus sich hinaus auf die Frau. Das, was er für böse oder doch für minderwertig hielt, das sah er also in der Frau, seinem »Sündenbock«. Daher die Angst vieler Kleriker vor der Frau: es ist die Angst vor ihrem eigenen Anima-Teil, vor ihrer Geschlechtlichkeit. Die war nun nicht mehr in ihnen, sondern wurde ihm von außen her angeboten in der Eva, der Verführerin. Da er aber nicht umhin kann, das Weibliche im Kosmos und im Alltagsleben zu sehen, mußte man eine Teilung vornehmen: da ist nun das Weib als Fleisch, als Materia, als der Ungeist, als die Verführerin, die Hure, und dort ist sie als die Reinste, die Geistigste, die Madonna, die selbst als Gebärerin Jungfrau blieb, seelisch nicht nur, sondern auch körperlich. Und da sind wir also bei der Madonnen-Verehrung.
Daß die beiden jungen Frauen eben diese nicht mögen, versteht sich. Wo ist die konkrete Frau in diesem Weltbild?
Man versteht, daß die Protestanten dieses Spiel nicht mitspielten. Luther heiratete, die Pastoren dürfen heiraten, Frauen werden ordiniert. Aber schleicht sich nicht auch bei ihnen nach Jahrhunderten der Marienkult wieder ein? Und ist das falsch? Sollte die Madonna nicht auch bei uns neu gesehen werden? Ist die neue Epoche der Geschichte des Menschen nicht schon deutlich erkennbar verbunden mit dem, was auf sozio-politischer Ebene die Emanzipation der Frau ist und auf psychologischer Ebene die Aufwertung der Anima? Steigt nicht das Patriarchat unaufhaltsam ab, sich noch in Kriegen austobend, während der Wille zum Frieden, zum Hegen des Lebens, zum Schutz der Erde, zur Verweigerung des Tötens zaghaft, aber sicher aufsteigt?

Glauben wir denn noch, daß Gott ein Mann ist? Wäre das nicht geradezu eine Negierung der göttlichen Vollkommenheit, fehlte ihm ein Teil der Welt: das Weibliche? Gott ist Mann-und-Frau. Animus-Anima.
Und Maria?

Ich habe endlich eine Auftragsarbeit gemacht, die ich lange innerlich ablehnte, aber nie absagte. Ich ahnte nicht, wohin sie mich tragen würde. Ein braver frommer Auftrag: die Zwischentexte zu schreiben für eine Schallplatte mit der Musik Haydns ›Die sieben Worte Jesu am Kreuz‹. Da stieß ich nun auf den Satz, den ich hundertmal gehört und gelesen hatte, ohne ihn je zu reflektieren oder zu meditieren: »Sohn, sieh deine Mutter, Mutter, sieh deinen Sohn.« Was ging denn da vor sich? Es scheint ganz simpel und könnte sich an jedem Sterbebett ereignen: ein Sohn bittet den Freund, sich nach seinem Tod seiner Mutter anzunehmen, und er bittet die Mutter, den Freund fortan als Sohn zu betrachten. Das wäre simpel, wäre der Sterbende nicht der Christus und wäre sein Sterben nicht ein kosmisches Ereignis, bei dem die Erde bebte, die Sonne erlosch, der Tempelvorhang zerriß. Wer da starb, das war der Herr der Planeten, der Lichtgott, der Sonnenjüngling. Und dieser Göttliche gründet eine ganz neue Beziehung: die geistige Mutterschaft. Das Geschehen ist dem Privaten weit entrückt ins Kosmische hinein. Dieser Johannes bekommt diese Maria als Mutter, aber dieser Johannes ist nicht irgendwer, er ist dem Meister am nächsten, er steht für alle, die der Meister liebt, er steht also für die Menschheit. Der Menschheit gibt der sterbende Gott eine Mutter. Er selbst geht dahin, aber er hinterläßt diese Frau, die ihn nun vertritt. Eine Frau. Als ich bei der Arbeit soweit war, traf mich ein Blitz: in jenem Augenblick wurde Maria erhoben in den Rang der kosmischen Mutter. In ihr war die Materie erhoben und erlöst. Jetzt fällt mir dazu noch ein: der Sohn, das ist der Logos, die Mutter, das ist die Materie. Sollte man den Satz nicht so verstehen, als bedeute er die endliche und endgültige Versöhnung von Geist und Materie? Da Johannes der Verfasser des Evangeliums ist, in dem diese Szene so betont ist, und da er ein Mystiker war, können wir annehmen, daß er das meinte.

Als ich für die Schallplatte schrieb, fiel mir etwas anderes ein: Im Johannes-Evangelium bekam die Menschheit eine Mutter. Wer ist der Vater? Der, den wir Gott nennen. Er war ein Mann-Gott. Er war »Gott-der-Gerechte«. Wenn jetzt die Menschheit eine Mutter bekommt, so bedeutet das, daß dem Mann-Gott eine Frau beigesellt wird, und das bedeutet, daß an die Seite der Gerechtigkeit die Barmherzigkeit gestellt wird. Das heißt: mit dem Tod des Christus tritt das männliche Element der Gottheit zurück und das weibliche bekommt Bedeutung. Maria als Projektion des Weiblichen in Gott. Die Inthronisierung der Anima: dargestellt im Apsis-Mosaik in der Kirche Santa Maria Maggiore in Rom. Da sitzt Maria, die Mutter, die Frau, die Sophia, das Weibliche, neben dem Christus und wird von ihm gekrönt.

Die Erhebung der Frau geschah durch den Christus im Augenblick seines Sterbens. Da wurde der Gott-der-Gerechte zum Gott-dem-Barmherzigen. Da hatte die Menschheit nun eine Mutter und nicht mehr nur einen Vater, den sie fürchtete. War das nicht die große Wende in der Heilsgeschichte? Begann nicht in diesem Augenblick das Neue Testament?

Die vielen Darstellungen der Maria als der Schutzmantel-Madonna. Was für eine tröstliche Vorstellung: da ist eine Kraft im Universum, die uns mütterlich umhüllt.

M., die Theologiestudentin, sagt: Und eben das mag ich nicht, das erinnert mich an eine Gluckhenne.

Ich verstehe: M. ist jung, sie will das geistige Abenteuer ohne die Schutzmantelmadonna. Ich, nach einem Leben voller geistiger Abenteuer, bin geneigt, die Schutzmantelmadonna zu erkennen: das Weiblich-Mütterliche im Weltgeist. Wer sonst als sie kann uns noch retten? Wir sollten das, was die Madonna ist, ganz neu begreifen.

Noch einmal die Madonna. Aus einem Buch fiel mir eine Bildkarte entgegen: die Schutzmantel-Madonna aus dem Wiener Dommuseum [1450]. Die Figur ist aufklappbar. Unter ihrem Mantel trägt die Madonna den »Gnadenstuhl«: Gott Vater mit Kreuz und Taube, die Trinität also. Der Vater hat keine Herrschersymbole; Szepter und Weltkugel sind in den Händen der Madonna, und die Krone ist auf ihrem Haupt. Das ist keine theologisch-dogmatische Aussage, sondern eine mythische: die Madonna, die Weltenmutter, die allumfassende Weiblichkeit. Selbst die göttliche Trinität ist in ihrem Schoß geborgen. Die Madonna: die Mater, die Materia, die Materia Prima, die Maternität. Aus dem Schoß der Urmutter ging die Welt hervor.
Auf einer andern Bildkarte habe ich eine gotische Madonna, hochschwanger, aber was sie in ihrem Leibe hat, das ist, deutlich und ganz bewußt so dargestellt, die Erdkugel.
Korrektur: ich habe mir die Schutzmantelmadonna in Wien angesehen, als ich im März dort war. Sie ist nicht ganz so wie auf der Karte: der Vater hält kein Kreuz mehr, aber die Haltung seiner Arme und Hände zeigt, daß er etwas trug. Aus einem Buch der Bibliothek erfahre ich, daß das auf der Karte dargestellte Kreuz samt der Taube im Original verloren ging und im Barock erneuert wurde, in der Gegenwart aber, als nicht original, wieder entfernt wurde. Aber konsequent war man dabei nicht, denn man ließ der Madonna Krone und Szepter, obwohl auch dies barocke Zutat war.
Ich erfahre aus dem Buch, daß die Darstellung der Schutzmantel-Madonna vor allem in Osteuropa und in Schweden zu finden ist, seltener in Spanien, und daß sie aus einer Zeit großer Not stammt, als die Bauernkriege und der Dreißigjährige

Krieg mit Hunger und Schrecken und Tod das Land überzogen. Man suchte Schutz unter dem Mantel der Madonna. Das verlorene Urvertrauen suchte man, die helfende, schützende Mutter.

Aber die Kirche fand die Darstellung skandalös und schwer häretisch; diese Erhebung der Madonna, der Frau, war unerhört.

Der Kanzler der Universität Paris verbot die Darstellung und ordnete die Zerstörung der ihm bekannten Figuren an. Offenbar gehorchte das Volk nicht außer in einem bekannten Falle, und so mußte schließlich der Papst Benedikt XIV. durch eine Bulle von 1745 diese Darstellung verbieten; ein Wunder und ein Glück, daß sich noch etwa ein Dutzend davon erhielten.

Beim langen Anschauen der Wiener Madonna fiel mir die Nürnberger »Eiserne Jungfrau« ein: da steht auch eine Frau mit einem weiten Mantel, den man öffnen kann, aber darunter ist keine Trinität, und der Mantel gewährt keineswegs Schutz, im Gegenteil, der Verbrecher wurde von ihm erstickt und zerfleischt, denn das Innere des Mantels war mit Eisennägeln gespickt. Die Ambivalenz der Mutterfigur: rettend und verschlingend; man kennt diese Ambivalenz aus den Träumen der Patienten während der Psychoanalyse.

Im Innern der Wiener Madonna ist nicht nur die Trinität, sondern, an den aufgeklappten Seitenflügeln, sehe ich eine große Menge Volks, Kopf an Kopf, Blick und Hände der Madonna entgegenstreckend. Unser aller Sehnsucht nach Geborgenheit im Kosmos.

Nützliche, notwendige Verfremdungen. Ich verdanke sie jener Arbeit für die Schallplatte. Da habe ich nun Hunderte von Malen in den Evangelien die Geschichte von den »Schächern am Kreuz« gelesen und blindlings angenommen, daß sie Räuber und Mörder waren. Stimmt gar nicht!

Denn: nach römischem Recht [und das herrschte damals im besetzten Palästina] wurden nur Juden gekreuzigt, nicht Römer, und Juden nur dann, wenn sie eines der folgenden Verbrechen begangen hatten: Desertion vom Heer [das im Dienst der Römer stand], Hochverrat und Sakrileg [Tempelraub]. Es gab damals eine Untergrundgruppe, die Palästina befreien wollte. Viele erhofften sich von Jesus, er sei der Retter, der Befreier, ganz politisch verstanden. Auch Judas erhoffte das von seinem Meister, daher seine maßlose Enttäuschung, als sich Jesus als politisch ohnmächtig, ja uninteressiert erwies. Sein Verrat geschah aus Erbitterung darüber, daß Jesus durchaus nicht der Messias zu sein schien, der durch Jahrhunderte verheißene Befreier, der König der Juden, der das alte mächtige Davids-Reich wieder aufrichten würde. Und die beiden, die da neben Jesus als Staatsverbrecher am Kreuz hingen, die hatten wohl auch mit dieser Messiashoffnung zu tun und mit dem Befreiungsplan. Auch jener Barrabas, den Pilatus den Juden anbot anstelle des Jesus, war ein Rebell, so steht es bei Johannes. Ein Rebell: ein Angehöriger der palästinensischen Befreiungsbewegung. Und nun die Rebellen am Kreuz. Der eine macht seiner wütenden Enttäuschung Luft: »Du wolltest unser Retter sein, unser König, na, jetzt zeig, wer du bist, steig herunter vom Kreuz, befreie dich und uns, wenn du der Messias bist!«
Der andre verweist ihm die Rede. »Der da«, sagt er, auf Jesus blickend, »der da hat nichts Böses getan, er ist unschuldig gehenkt.« Und dann sagt er das Unerhörte: »Herr« [Herr sagt er zu dem jämmerlich zugerichteten Jesus] »Herr, denk an mich, wenn du in dein Reich kommst.«
Kein Wort mehr von einem irdischen Reich. Kein Gedanke mehr an Politik. Das alles liegt nun weit hinter ihm. Jetzt sieht er das andre Reich, das des Geistes, in dem dieser Jesus regiert. Nimm mich mit, Herr, dorthin, wo so einer wie du regiert!
Und Jesus verspricht es ihm. Ungeheuerlich! Jesus bekräftigt

sein Versprechen sogar mit dem Schwurwort: Wahrlich, ich sage dir: Heute noch wirst du mit mir in meinem Reich sein.
Der Rebell, der Revolutionär, der sein Volk liebt und es aus der Fremdherrschaft befreien wollte, er wird vom Christus angenommen, er wird mitgenommen ins Reich des Geistes.

Die Tapferkeit des Menschen. Hintereinander [wieder einmal] zwei Erzählungen gelesen: Hemingway ›Der alte Mann und das Meer‹ und Faulkners ›Der Strom‹. Ich glaubte sie längst verstanden zu haben. Ich hielt sie für das pessimistische Bekenntnis zur Vergeblichkeit aller menschlichen Anstrengung. Daß Hemingway sich das Leben nahm, schien mir diese Interpretation zu stärken. Jetzt lese ich die Geschichten anders.
Hemingways alter Mann, der Fischer, der sich sein Leben lang wünscht, einmal einen ganz großen Fisch zu fangen, DEN Fisch seines Lebens, er fängt ihn schließlich. Aber der Fisch ist zu groß, er macht sich zum Herrn, er zerrt das Boot mit sich hinaus aufs Meer. Schließlich ermattet er doch, der Fischer zieht ihn an Land. Aber was an der Angel hängt, das ist das nackte Gerippe: die Haie haben ihm den Fisch, seinen Fisch, Stück für Stück von der Angel weggefressen. Und Faulkner: ein Lebenslänglicher wird mit andern abgeordnet, bei der großen Überschwemmung des Mississippi einen zerborstenen Deich zu stützen. Der Strom reißt sein Boot mit, er verliert seinen Mitgefangenen, rettet eine schwangere Frau, kämpft mit den Wasserfluten, verliert dabei sein Ruder, rettet sich auf ein Inselchen, schnitzt dort mit viel zu kleinem Taschenmesser ein Ruder [ein lächerliches, schier unmögliches Unterfangen], er schafft es, begibt sich wieder aufs Wasser, kämpft weiter, rettet schließlich die Frau mitsamt dem inzwischen geborenen Kind, findet auch den verlorenen Mitgefangenen

wieder und will, nach erledigtem Auftrag, wieder ins Gefängnis zurück, freiwillig, er hat nie an Flucht gedacht, aber da wird er geschnappt, man glaubt ihm seinen freiwilligen Entschluß nicht, er bekommt zu den hundert Jahren Strafe noch weitere zehn.

Der Strom, das Meer, das Boot, der Kampf mit dem reißenden Wasser, der Kampf mit dem Fisch, das Ende: Vergeblichkeit, Ergebung.

Das alles erzählt mit sozusagen kleinen Worten, ganz realistisch, in allen Einzelheiten, sachkundig was Fischerei und Stromfahrt angeht, ohne jede Bemühung um psychologische Erklärungen, ohne Blick auf Symbolik und Metaphysik und Religion. Nichts als detaillierter Bericht. Aber der Leser weiß: das geht mich an, der alte Fischer, der bin ich, sein Fisch ist der meine, der Strafgefangene, der bin ich, sein Kampf mit dem reißenden Wasser, das ist mein Kampf, und daß am Ende nur ein Gerippe an der Angel hängt und daß man wieder eingefangen wird, das ist mein Schicksal. Menschenlos, allgemein und trist. Aber plötzlich begreife ich: DAS ist nicht der Sinn der beiden Geschichten. Wäre er dies, müßte man nach dem Lesen sich zum Selbstmord aufgelegt fühlen. Aber eben dies ist nicht die Wirkung. Die Wirkung ist vielmehr jene, die große Tragödien haben: die der Katharsis, der Reinigung, der höhern Erkenntnis. Wie kommt das? Weil die beiden Erzählungen nicht an der Vergeblichkeit menschlichen Tuns interessiert sind, sondern am Aufwand menschlicher Tapferkeit und Kraft. Nicht der faktische Erfolg zählt, sondern die Haltung des Menschen. Beide Erzählungen sind Hymnen auf die Tapferkeit des Menschen. Die Protagonisten sind Helden, obgleich oder weil sie sich nicht einen Augenblick dafür halten.

Was zählt, ist unser Mut, zu leben. Nicht der Fisch zählt, sondern unsre Erfahrung beim Fischen.

Eben kam der Brief eines jungen Theologen mit einem Gedicht Martin Bubers, das ich noch nicht kannte und das genau in meine Überlegungen zum Thema Gewalt paßt.

GEWALT UND LIEBE

1926

Drei Strophen für das
wendende Zeitalter

1
Unsre Hoffnung ist zu neu und zu alt –
Ich weiß nicht, was uns verbliebe,
Wäre Liebe nicht verklärte Gewalt
Und Gewalt nicht irrende Liebe.

2
Verschwör nicht: »Liebe herrsche allein!«
Magst du's bewähren?
Aber schwöre: An jedem Morgen
Will ich neu um die Grenze sorgen
Zwischen Liebestat-Ja und Gewalt-Nein.
Und vordringend die Wirklichkeit ehren.

3
Wir können nicht umhin,
Gewalt zu üben,
Dem Zwang nicht entfliehn,
Welt zu betrüben,
So laßt uns, Spruchs bedächtig
Und Widerspruchs mächtig,
Gewaltig lieben.*

* Aus: Martin Buber ›Nachlese‹. Verlag Lambert Schneider GmbH, Heidelberg 1955.

Leere Seiten. Man hat Goethe vorgeworfen, daß er in den späten Tagebüchern nichts Persönliches schreibe. Man kanns den Lesern nie recht machen. Sie haben ihm übelgenommen, daß er kein Wort zum Tode Schillers schrieb. Seine Entgegnung:
»Meine Tagebücher melden nichts von jener Zeit, die weißen Blätter deuten auf meinen hohlen Zustand.«
Der stärkste Ausdruck des Schmerzes: das Schweigen.
So konnte ich einige Tage keine Zeile schreiben nach dem Lesen einer kleinen Zeitungsnotiz [in ›Publik Forum‹], daß das gesamte Spendenaufkommen von ›Brot für die Welt‹ zwischen 1959 und 1980 nur dem Fünftel des Preises für ein Atom-U-Boot entspreche.